Zu diesem Buch

Heimliche Wünsche und verschwiegene Ängste beeinflussen intime Beziehungen. Schamhaft verbergen Partner persönliche Phantasien und Bedürfnisse voreinander, Schweigen verhindert eine Bewältigung traumatischer Erlebnisse. Solche Tabus und Blockaden stehen der glücklichen Entfaltung von Sexualität im Wege.
Reden über Sex ist kein Allheilmittel, aber ein Weg, um Unsicherheiten zu überwinden. Dieses Buch will helfen, ein Gespür dafür zu entwickeln, wann ein Gespräch wohl tut und wann es besser ist, zu schweigen.

Marty Klein lebt als Ehe-, Familien- und Sexualtherapeut mit langjähriger Praxiserfahrung in Kalifornien.

Marty Klein

Über Sex reden

Heimliche Wünsche, verschwiegene Ängste

Aus dem Amerikanischen von
Claudia Preuschoft sowie Hella Knappertsbusch
und Brigitte Jakobeit

rororo
Rowohlt

rororo zu zweit
Lektorat Barbara Wenner

Deutsche Erstausgabe
Veröffentlicht im Rowohlt Taschenbuch Verlag GmbH,
Reinbek bei Hamburg, April 1991

Die Originalausgabe erschien 1988 unter dem Titel
« Your Sexual Secrets. When to keep them, When and How to Tell »
im Verlag E. P. Dutton, New York

Umschlaggestaltung Nina Rothfos/Barbara Hanke
Gesetzt aus der Sabon (Linotronic 500)
Gesamtherstellung Clausen & Bosse, Leck
Printed in Germany
1280-ISBN 3 499 18824 4

Für meine Eltern, die mir
beibrachten, daß ich tun kann,
was ich tun möchte, und für meine Frau,
die alles möglich macht.

Inhalt

Vorwort 9

I. Die Anatomie sexueller Geheimnisse 11
1. Formen sexueller Geheimhaltung 13
2. Wirkungen sexueller Geheimhaltung 20
3. Der Wert sexueller Geheimhaltung 32

II. Verbreitete sexuelle Geheimnisse 47

4. Sexuelle Erregung und sexuelle Reaktionen 50
5. Phantasien und Gefühle 69
6. Die Vergangenheit 98
7. Absichtliche Irreführung 119

III. Eingestehen oder schweigen? 141

8. Wann sollten Sie die Wahrheit sagen? 143
9. Vorbereitung auf ein Geständnis 171
10. Wenn Sie Ihr Geheimnis für sich behalten wollen 201
11. Eltern und Kinder 218

Danksagungen 236

Ausgewählte Literatur 237

Vorwort

Ich möchte Sie einladen, dieses Buch so zu lesen, als sei es für Sie persönlich geschrieben worden. Denn das trifft zu.

Hier werden einige Ihrer stärksten Gefühle angesprochen: Ihre Sorgen, ob Sie sexuell ‹annehmbar› sind, ob Ihr Körper die ‹richtige› Größe und Form hat, und ob und wie Sie Ihrem Partner gefallen können. Aber auch Ihre Schuldgefühle wegen Ihrer sexuellen Gedanken, Gefühle und Wünsche.

Obwohl ich dieses Buch speziell für Sie schrieb, wird das vielleicht nicht immer erkenntlich. Deshalb sollten Sie, wenn Sie die Fallbeispiele lesen, im Geiste die Details einsetzen, die für Sie von größerer Bedeutung sind. Machen Sie die Menschen in den Geschichten älter oder schwul oder was immer für Sie relevant ist.

Und denken Sie daran, daß der Begriff «Partner» mehr bedeutet als nur «Sexualpartner». Es bedeutet «Beziehungspartner», das kann ein enger Freund sein, ein Kind oder ein Elternteil. Die sexuellen Geheimnisse, die wir vor diesen vertrauten Menschen geheimhalten, können ebenso wichtig sein wie das, was wir vor unseren Liebhabern oder Ehepartnern verheimlichen.

Wenn Sie die Fallbeispiele lesen, denken Sie daran, in welchem Zusammenhang diese Menschen ihre Einsichten gewannen. Oft sind Monate wöchentlicher Psychotherapie notwendig, bevor es zu einem kleinen Durchbruch kommen kann. Glauben Sie nicht, wenn Sie die kurzen Berichte dieser therapeutischen Erfolge lesen, damit würde die ganze Geschichte wiedergegeben. Das wäre Zauberei und nicht Therapie.

In einem Buch dieser Art wäre es eine grobe Nachlässigkeit, würde man darüber hinweggehen, daß sexuelle Geheimnisse zu einer Angelegenheit von Leben und Tod werden können. Zur Zeit leidet unsere Welt an der entsetzlichen Aids-Epidemie. Diese Krankheit verbreitet sich vor allem durch infizierte Injektionsnadeln, Bluttransfusionen, den Geburtsvorgang und intimen sexuellen Kontakt.

Vernünftige Menschen sind übereinstimmend der Meinung, daß das bewußte Infizieren eines anderen ein verabscheuungswürdiger, brutaler Akt ist. Wenn Sie einen zukünftigen Liebhaber nicht informieren, daß Sie Aids haben oder ein Test gezeigt hat, daß Sie HIV positiv sind, vermitteln Sie den Eindruck, als seien Sie nicht mit Aids infiziert. Ein derart irreführendes Verhalten ist eine Lüge. Es ist unverzeihlich.

Häufiger als diese bewußte Täuschung werden Informationen über die Vergangenheit geheimgehalten, wenn aus ihnen geschlossen werden kann, daß man in die Kategorie gehört, bei der das Risiko höher ist als normal. Manche Menschen verschweigen bestimmte Dinge, weil sie fürchten, die Wahrheit würde mögliche Sexualpartner in die Flucht schlagen.

Auch das ist egoistisch, feige und letztlich unmoralisch. Es steht im Widerspruch zum lebensbejahenden Charakter von Sexualität. Angesichts des tödlichen Risikos von Aids ist es ein unveräußerliches Recht, aufgrund ausreichender Informationen selbst darüber zu entscheiden, ob man ein Risiko eingehen will. Wenn Sie einem möglichen Liebespartner Informationen über sich vorenthalten, berauben Sie ihn oder sie dieses Rechts.

I.
Die Anatomie sexueller Geheimnisse

Sexualität hat auch heute noch etwas Geheimnisumwittertes. Sozial und kulturell wird der individuelle Hang zu einer ‹Geheimpolitik› im Umgang mit Sexualität positiv oder negativ verstärkt. Ein schönes Geheimnis kann fraglos erotische Spannungen intensivieren. Doch oft schützen oder steigern Heimlichkeiten nicht unsere Lebensqualität, tragen nicht zu einem erfüllten Sexualleben bei. Im Gegenteil, sie schränken unsere sexuelle Entfaltung ein, lähmen oder blockieren sie sogar weitgehend.

Eine solche Blockade kann zum Beispiel entstehen, wenn Mädchen sich aufgrund ihrer erotischen Phantasien über ihre Väter oder Brüder verwerflich finden oder wenn Jungen verstohlen die Spuren ihrer feuchten Träume beseitigen. Die unter Männern wie Frauen gleichermaßen verbreiteten Schwierigkeiten, eine gelassene Einstellung zur Masturbation zu entwickeln, zeigen deutlich, wie gut die klassische Verbindung von Sex und Schuld immer noch funktioniert. Mittlerweile gehören die Entdeckungen der Psychoanalyse zum Alltagswissen. Es ist bekannt, daß die Fundamente erwachsenen Verhaltens in der Kindheit gelegt werden, insbesondere daß sexuelle Erfahrungen schon mit der Geburt einsetzen.

Uns interessiert hier, warum, wann und in welcher Weise sexuelle Geheimnisse entstehen, welche Auswirkungen sie auf die Lebensgeschichten der Betroffenen haben. Vor allem geht es in diesem Buch um die Frage, wie sexuelle Geheimnisse die Verständigung in Paarbeziehungen beeinflussen.

Der Begriff «sexuelles Geheimnis» meint etwas anderes als

«Lüge». Ich möchte hier folgende Definition vorschlagen, die sich in der therapeutischen Praxis als nützlich erwiesen hat: Sexuelle Geheimhaltung betrifft jegliche Form der Zurückhaltung bzw. Steuerung von Informationen über die eigene Sexualität. Es handelt sich also auch um passive Haltungen wie das Zulassen von irrtümlichen Annahmen bei nahestehenden Personen, unabhängig davon, wie diese Annahmen entstanden sind.

Oft bestehen sexuelle Geheimnisse vor sich selbst in Form einer selektiven Amnesie gegenüber traumatischen Erfahrungen wie etwa Inzest. Ähnlich der Bewußtlosigkeit, in die der Körper bei unerträglichen Schmerzen fällt, reagiert das Gedächtnis auf überwältigende emotionale Verletzungen mit Verdrängung.

Als weniger dramatisch erweist sich die Selbst-Verschleierung, das heißt, wenn eine wirkliche Neigung so wenig akzeptabel erscheint, daß sie unbewußt von anderen Gefühlen überlagert wird. So sind beispielsweise viele Männer unfähig, sich ihre Angst vor starker weiblicher Sexualität einzugestehen, und zeigen doch ihre Angst indirekt durch permanente, ungerechtfertigte Kritik an ihren Partnerinnen. Ironischerweise verstärkt die Selbst-Verschleierung nur noch die Angst und intensiviert den inneren Konflikt.

In jeder Paarbeziehung existieren unausgesprochene Erwartungshaltungen hinsichtlich Verständigung, Vertrauen, Nähe. Solche nahezu unvermeidbaren, nicht klar geäußerten Erwartungen an den Partner oder die Partnerin stellen optimale Bedingungen für die Entstehung von sexuellen Geheimnissen dar. Vertrauen kann durch einen offenen Streit ebenso verletzt werden wie durch weniger offensichtliche Manipulationen. Jedes Individuum hat eine persönliche sexuelle Vorgeschichte mit Gefühlen, Erfahrungen und Überzeugungen, die mit denen des Partners nicht übereinstimmen und zu Kollisionen führen können. Welche Informationen über diese Vorgeschichte als relevant und als mitteilbar empfunden werden bzw. was ein Geheimnis bleiben soll, bildet oft den Anlaß für verletzende Auseinandersetzungen, Unverständnis, Angst und Wut.

Divergierende Erwartungshaltungen können sich in einer Partnerschaft auf unterschiedliche Weise manifestieren:

– durch ‹Tabu›-Themen, die nicht angesprochen werden (dürfen),
– in Aspekten der Beziehung, die (auf Drängen eines Partners) nicht nach außen getragen werden (dürfen),
– im Umgang mit Meinungsverschiedenheiten und Mißverständnissen,
– in der Art und Weise, wie Zuneigung gezeigt und Kritik geübt wird,
– in der Art und Weise, wie die Partner die Aufmerksamkeit des anderen einfordern.

1. Formen sexueller Geheimhaltung

In unserer Kultur kann jeder denkbare Aspekt der Sexualität tabuisiert werden. In alltäglichen Erfahrungen zeigt sich dies etwa an vorgetäuschten Orgasmen, verheimlichten Affären oder Phantasien über gleichgeschlechtlichen Sex; und leider gehört zu diesen verbreiteten Tabuisierungen auch der sexuelle Mißbrauch in der Kindheit.

Sogar das schlichte Zugeständnis, Freude am Sex zu empfinden, kann der Tabuisierung unterliegen. Zum Beispiel heißt es oft, Frauen würden den Sex nicht wirklich genießen, ihn entweder nur der Nähe wegen in Kauf nehmen oder als Druckmittel gegen ihre Partner einsetzen. Viele Frauen schämen sich für ihre Lust, halten ihr vollkommen normales Verhalten für ‹unnatürlich›. Noch unterstützt wird diese fatale Einschätzung von Männern, die – ob explizit oder subtil – die ‹Moral› ihrer Frauen oder Freundinnen in Frage stellen, wenn diese sich offen zu ihrer Freude am Sex bekennen.

Auf solchen, wenn auch nur einmal erfahrenen Druck reagieren Frauen dann oft, indem sie ihre Neigungen zunächst vor ihren Partnern verbergen, dann vor Männern prinzipiell und schließlich vor sich selbst.

Die rigideste Form sexueller Geheimhaltung liegt vor, wenn die Existenz eines Sexuallebens gänzlich verleugnet wird, etwa von manchen Teenagern, unverheirateten oder verwitweten Frauen oder alten Menschen. Sicherlich ist der gesellschaftliche Druck gerade auf alte Menschen in diesem Punkt besonders massiv.

Allgemein läßt sich feststellen, daß die sexuelle Geheimnisbildung vorrangig in folgenden Bereichen stattfindet: Stimulanz und Reaktion, Ängste und Phantasien, Vorgeschichte, bewußte Täuschungen.

Gründe und Motive für sexuelle Geheimnisse

Für die verschiedenen Formen sexueller Verheimlichung gibt es weitverbreitete und immer wieder angeführte subjektive Begründungen, die allesamt einer näheren Untersuchung nicht standhalten können. Nachfolgend möchte ich die wichtigsten dieser Begründungsmuster vorstellen:

Verheimlichung ist natürlich – Praktisch jede Ausdrucksform ‹natürlicher› Sexualität wird kulturell verzerrt. Sanftmut bei Männern, Bestimmtheit bei Frauen, sinnliche Berührungen, Onanie ohne Schuldgefühle gelten als ‹unnatürlich›, nicht zuletzt, weil sie massiv unterdrückt wurden. In anderen Kulturen werden diese Ausdrucksformen durchaus als ‹natürlich› angesehen. Gesetzt den Fall, sexuelle Geheimnisse seien tatsächlich ‹natürlich›, so stellten sie aus diesem Grund mitnichten einen selbstverständlichen Teil unseres Verhaltens dar. Verglichen mit den Standards anderer Kulturen sind unsere sexuellen Ausdrucksformen keineswegs ‹natürlich› – bekanntlich sind viele Naturvölker wesentlich toleranter als wir.

Jede Kultur verfügt über eigene Vorstellung von der ‹Natürlichkeit› sexueller Geheimnisse. Die extrem voneinander abweichenden Normen verschiedener Gesellschaften zeigen, daß es vergeblich ist, sexuelles Verhalten mit dem Begriff ‹Natürlichkeit› zu beschreiben. In modernen Industriegesellschaften ist es meiner Meinung nach hinfällig, überhaupt mit Begriffen ‹natürlicher› Sexualität zu operieren.

Menschliche Sexualität ist häßlich, schlecht oder zerstörerisch und sollte verborgen werden – Die Vorstellungswelt des 19. Jahrhunderts wurde beherrscht von der argwöhnischen Vermutung, in der Sexualität lauere eine destruktive Kraft, deren Gefahren man für omnipräsent hielt. So wurden Tisch- und Stuhlbeine mit Deckchen verhängt aus Angst, Männer könnten sich an Frauenbeine erinnert fühlen und erregt werden. Diese Manie wurde bis in uns heute amüsierende detaillierte Sprachregelungen fortgesetzt; so wurden Geflügelbrüste und -schenkel umbenannt, damit diese Körperteile bei der familiären Tischkonversation nicht ausgesprochen werden mußten.

Wir wissen zwar, daß das viktorianische 19. Jahrhundert nicht allein eine Epoche der Prüderie und Unterdrückung war, sondern daß Verbote und Tabus einen Lustgewinn versprachen. Das allerdings ändert wenig daran, daß im 20. Jahrhundert viele Menschen aufgrund einer viktorianischen Grundeinstellung jeglicher Form von Sexualaufklärung skeptisch gegenüberstehen. Sexualität ist für viele ein angstbesetzter Bereich, mit dem sie sich nicht rational auseinandersetzen mögen. Doch führt erst die Angst vor Sexualität zu einer negativen oder ablehnenden Haltung zur Sexualität. Aus dieser zumeist unbewußten Vorstellung heraus entsteht der Schluß, daß Geheimnisse um die eigene Sexualität notwendig seien. Doch trägt diese Vorstellung im Regelfall selbstzerstörerische Züge. Konstruktiver und lebensbejahender erscheint es mir, die eigenen Sexualängste zu ergründen.

Mein Partner kann mit meinen Geheimnissen nicht umgehen – Viele Menschen sind der mehr oder weniger berechtigten Überzeugung, ihre Partner könnten Offenheit in sexuellen Dingen nicht verkraften. Es sei deshalb besser, Geheimnisse voreinander zu bewahren, um sich gegenseitig zu schonen.

Für die Angst vor der Ablehnung durch den Partner nennen die Betroffenen die unterschiedlichsten Gründe. Auf den ersten Blick erscheinen die Erklärungen für ihre Ängste plausibel. Häufig geht es in solchen Fällen um folgende oder ähnlich gelagerte Probleme:

– zahlreiche Partnerwechsel in der eigenen Vergangenheit,
– ein zerbrechliches und sensibles Selbstbewußtsein des Partners,
– negative Erfahrungen des Partners in früheren Beziehungen,
– die Sorge, den Partner durch die wirklichen eigenen Bedürfnisse zu schockieren.

Auch nach traumatischen Erfahrungen wie sexuellem Mißbrauch oder Vergewaltigung entstehen spezifische Ängste vor impulsiven

Reaktionen des Partners, zum Beispiel vor einer gewaltsamen Rache am Täter.

Es ist auffällig, daß die meisten Personen, die glauben, selbst durchaus mit der unverhüllten Sexualität des Partners umgehen zu können, eben diese Fähigkeit ihrem Partner nicht zutrauen. Niemand kommt mit einem Partner zurecht, der weniger offen ist als man selbst. In vielen Fällen weisen Vermutungen über die Inflexibilität des Partners stärker auf die eigenen Schwierigkeiten hin als auf die des anderen. Diese Einschätzungen sitzen tief und bleiben hartnäckig bestehen, selbst angesichts des bewiesenen Gegenteils.

Eine weitere Erklärungsmöglichkeit

Oft werden Unzulänglichkeiten des Partners in den Vordergrund gespielt, um den eigenen Unmut zur Offenheit zu rationalisieren. Geheimnisse dienen dann als Selbstschutzmaßnahme, der nicht selten unverarbeitete Kindheitserfahrungen zugrunde liegen. In dem beschriebenen Verhaltensmuster von Erwachsenen ziehen elterliche Sanktionen kindlicher Sexualität Konsequenzen nach sich, die zu einem immensen subjektiven Leidensdruck führen können.

Vielen Kindern wurde und wird subtil suggeriert, ihre unschuldige Sexualität sei anstößig. Sie wachsen in Familien auf, in denen über Sex entweder gar nicht oder verächtlich gesprochen wird. Später, als Erwachsene, wissen sie sich an bestimmte Momente zu erinnern, in denen sie ihre Sexualität als bedrohlich erfahren mußten: wenn etwa eine erotische Phantasie als unnormal kritisiert wurde, oder die demütigende und beschämende Situation, beim Onanieren erwischt und dafür bestraft worden zu sein. Auch unabsichtlich vermitteln Eltern, die irgendwelche Probleme mit der eigenen Sexualität haben, unzählige unterschwellige Botschaften an ihre Kinder, die dafür sehr empfänglich sind.

Kinder beobachten den Umgang ihrer Eltern miteinander sehr genau. Physische Kälte, ablehnende Reaktionen eines Elternteils auf die Annäherung des anderen, Kritik an sexuellen Anspielungen und ihre Körpersprache vermitteln Kindern den Eindruck, Sex sei keine schöne Sache.

Fast alle Eltern fühlen sich manchmal unsicher oder unbehaglich im Umgang mit den Genitalien ihrer Kinder. Sie reden ausweichend von «da unten», waschen und berühren die Kinder dort nicht mit der gleichen Selbstverständlichkeit wie an anderen Körperstellen und reagieren bei Fragen ausweichend. Dieses Verhalten wirkt auf das Kind besonders unverständlich, wenn sich die Eltern ihrem restlichen Körper mit Hingabe und Fürsorge widmen.

Der Umgang mit Sexualität in der Öffentlichkeit ist kaum dazu angetan, die trotz bestem Willen der Eltern nahezu unvermeidlichen Negativerfahrungen, die ein Kind im privat-familiären Bereich sammelt, konstruktiv zu korrigieren. Wenn sich in den letzten Jahrzehnten auch vieles geändert hat, ist die schulische Sexualaufklärung keineswegs ideal. Bestimmte gesellschaftliche Interessengruppen und konservative Elternverbände erschweren nicht selten die engagierten Bemühungen von fortschrittlichen Institutionen (in der Bundesrepublik etwa PRO FAMILIA, Anm. d. Ü.), Pädagogen, Psychologen und Sozialarbeitern.

Die Medienüberflutung mit pornographischer Massenunterhaltung und sexistischer Werbung tut ihr übriges – sie ist ureigentlich sexual- und lustfeindlich. Die Neugier und das Interesse von Kindern und Jugendlichen an Sexualität werden ausgenutzt und mißbraucht.

Das Gebot zur Geheimhaltung

In unterschiedlicher Weise ist Sex an Scham, Schuld und Wut gekoppelt. Ein Kind, das Sexualität pauschal als zerstörerisch erfährt, überträgt dieses Urteil auf die eigene Person. Es kombiniert seine vereinfachte Moral mit einer simplen Logik und denkt: Sex ist schlecht. Ich bin ein sexuelles Wesen, also bin ich schlecht. Folglich nimmt Sexualität eine zentrale Stelle in den kindlichen Vorstellungen von Strafe und Ablehnung ein.

Die Erfahrung elterlicher Ablehnung in sexuellen Belangen ist hierbei von entscheidender Bedeutung. Kinder sind sich lebhaft des Umstands bewußt, daß ihr Überleben von der Pflege und dem guten Willen ihrer Eltern direkt abhängig ist. Sie fürchten folglich, Mißbilligung könne dazu führen, verlassen zu werden. Ebenso wie der Nachwuchs jeder anderen Gattung kämpfen auch menschliche Kinder vorrangig um ihr Überleben. Sie sind selbstverständlich auch bereit, dafür ihre Sexualität zu verbergen, die anscheinend von ihrer gesamten Umgebung mißbilligt wird, auch wenn sie die Gründe dafür nicht durchschauen. Hier liegt der Ursprung des Gebots zur Geheimhaltung: Die aus den kindlichen Sorgen um das ‹nackte› Überleben entstehende Annahme, daß alle mit Sexualität verbundenen Gedanken, Gefühle und Handlungen verheimlicht werden müssen. Aus der Perspektive der kindlichen Psyche ist das ein ‹vernünftiger› Kunstgriff, um sich in einem ihnen unerklärlich feindseligen Milieu behaupten zu können.

Diese Annahme kann – bewußt oder unbewußt – bis ins Erwachsenenalter fortleben. Dann richtet sie sich mehr auf das psychische als auf das physische Überleben, ohne deshalb an Bedeutung einzubüßen.

Bereits vor der Pubertät bauen Menschen also sexuelle Geheimnisse auf. Nach Freud liegt etwa zwischen dem 6. und 11. Lebensjahr eine «Latenzzeit», in der das Kind seine sexuelle Energie sublimiere, um Distanz zu den eigenen inzestuösen und aggressiven Wünschen zu schaffen.

Neuere Untersuchungen haben diese Deutung bestätigt und vertieft. Die große kulturvergleichende Studie von Ronald und Juliet Goldman zeigt, daß Kinder in dieser Zeit fortfahren, Interesse, Vorstellungen und Vokabular in sexueller Hinsicht zu entwickeln. Sie tun dies in möglichst großer Entfernung zur Welt der Erwachsenen, deren Regeln sie nun erlernt haben.

In dieser Situation entsteht ein enormer innerer Konflikt. Das den Kindern aufgezwungene Wertsystem der Erwachsenen steht den eigenen Wünschen und Bedürfnissen entgegen. In seiner Naivität denkt das Kind in Schwarzweißkategorien. Was es gelernt hat, verfestigt sich im Verlauf seiner Kindheit, und so ist es wenig überraschend, daß das Prinzip der Geheimhaltung in der Pubertät weiter ausgearbeitet wird. Zunehmend verunsichert, entwickelt sich in der Pubertät ein zusätzliches Muster: die Geheimhaltung vor dem eigenen Ich.

Viele junge Mädchen nehmen absichtlich keine Verhütungsmittel mit zu Verabredungen, deren Verlauf sie eigentlich schon voraussehen können. Sie lassen sich, ausgelassener Stimmung und verliebt, auf ungeschützten Sex ein. Die Sexologin Carol Cassell bemerkt in *Die Sehnsucht nach dem 7. Himmel* richtig, daß diese Mädchen sich selbst einreden, es sei ihnen «passiert», anstatt einzugestehen, sehr wohl aktiv zu dem beigetragen zu haben, was geschehen ist.

Die Liste individueller Geheimnisse wird im Verlauf der sexuellen Reifung immer länger. Das Gebot der Geheimhaltung behält selbst dann seine Geltung, wenn enge, langfristig angelegte Beziehungen und Freundschaften eingegangen werden. Die hinter der Tabuisierung stehende Logik ist simpel: «Was meine Sexualität betrifft, kann nicht gut sein.»

Dabei ist es ganz unerheblich, ob es sich um eine naheliegende oder angenehme Seite des Sex handelt. So kann der multiple Orgasmus für Frauen eine tiefbefriedigende Fähigkeit darstellen, gleichzeitig aber dem verinnerlichten Selbstbild widersprechen, eine ernste und kontrollierte Person zu sein, die niemals mehr Leidenschaft zeigt als der Partner. Also halten es viele Frauen für notwendig, diesen aufregenden Teil ihrer Sexualität zu verleugnen oder sogar zu verlieren.

Das ist das Ergebnis der tiefliegenden Überzeugung, ‹schlecht› zu sein. Wer sich selbst nicht akzeptiert, kann sich nicht vorstellen, von anderen akzeptiert zu werden. Hiermit hängt auch die Fehleinschätzung zusammen, selbst mit der unbekannten Sexualität des Partners umgehen zu können, ihm diese Fähigkeiten aber gleichzeitig abzusprechen. Die meisten Menschen haben unbewußt die Lektion aus ihrer Kindheit übernommen, ihre Sexualität verbergen zu müssen.

Das Gebot der Geheimhaltung macht Tabuisierung zu einer omnipräsenten Erscheinung. Es sichert das psychische Überleben in der Kindheit und verliert auch in der Pubertät nicht an Bedeutung. Und schließlich behält das Gebot zur Geheimhaltung in der letztlich sexualfeindlich gesinnten Erwachsenenwelt seine Gültigkeit.

2. Wirkungen sexueller Geheimhaltung

Unterstützt von Fallbeispielen sollen im folgenden vier Problemfelder näher untersucht werden, die mit sexueller Geheimhaltung in Zusammenhang stehen: Isolation, vermindertes Selbstwertgefühl, Verstärkung vorhandener sexueller Schwierigkeiten, Störungen seelischer Heilungsprozesse.

Isolation

Die Gründe für sexuelle Geheimnisse vor dem Partner sind nachvollziehbar und verständlich. Sie etablieren sich oft unbewußt und wie von selbst. Dabei handelt es sich um einen keineswegs harmlosen Vorgang.

Sexuelle Heimlichtuerei kann Partner voneinander isolieren und verhindern, daß Liebende sich wirklich kennenlernen. Je umfassender die Verheimlichung ist, desto tiefer greift Entfremdung, während die Angst vor Entdeckung sich grundsätzlich hemmend auswirkt, und das ganz besonders beim Sex.

Weiter führt Verdrängung zu Isolation, wenn die Aufarbeitung traumatischer Erlebnisse verhindert wird. In Anbetracht der hohen Anzahl von Vergewaltigungen und sexueller Gewalt ist dieser Umstand besonders bedeutsam. Viele Straftaten werden gar nicht erst bekannt, weil die Betroffenen niemandem davon erzählen.

Schließlich führt ein Geheimnis dazu, daß Sexualität als etwas überaus Bedrohliches empfunden wird, da bei einer intimen Begegnung die bewußte Selbstkontrolle überaus schwierig ist. Wer glaubt, ein Geheimnis bewahren zu müssen, wird sich auch in einer von Intimität und Lust bestimmten Situation, wo Entspannung und Offenheit zugelassen werden können, unbehaglich fühlen, aus Furcht, jeder sexuelle Ausdruck, auch Unlust oder eine ungewöhnliche Neigung, könnte verräterisch sein.

Der Sexualpartner wird zum Gegner, die eigentlich vertrauteste Person wird zu einer großen Bedrohung, da das wohlgehütete Geheimnis gelüftet werden könnte. Ein emotionaler Rückzug scheint die einzig ‹vernünftige› Lösung zu sein, Gefühle von Isolation und Entfremdung sind unausweichlich.

In eben diese Sackgasse war Gail geraten. Die junge Lehrerin war am Anfang ihrer Therapie frustriert und pessimistisch. Sex empfand sie als unbefriedigend, ohne etwas dagegen tun zu können. Ihr Verlangen wurde immer seltener, was sie für ihren Mann Sam bedauerte: «Er ist nicht sehr aufgeschlossen. Ich kann nicht ich selbst sein. Wäre er anders, könnte ich ihm sagen, daß ich Sex mit oraler Stimulierung schöner fände. Aber ich habe Angst, er könnte es ablehnen, und sage deshalb lieber nichts. Manchmal ist es einfach. Doch manchmal werde ich wütend, obwohl ich versuche, mir nichts anmerken zu lassen. Am schlimmsten ist, wenn ich ganz abwesend bin und Sam mich fragt, was los ist. Ich gebe dann keine Antwort, und es trennen uns Welten.»

Im Laufe des Gesprächs ergab sich, daß diese Frau versuchte, jedem Konflikt aus dem Weg zu gehen. So gehörte es in der Ehe zu ihrer Rolle, Mißstimmigkeiten zu vermeiden und mögliche Differenzen erst gar nicht aufkommen zu lassen.

Als ich sie auf dieses Muster aufmerksam machte, stimmte sie traurig zu: «Das gilt besonders für Sex. Da sich der Streit an meinen Bedürfnissen entzünden würde, zwinge ich mich dazu, den Frieden zu wahren. Deshalb äußere ich meine Wünsche erst gar nicht.»

Auf der anderen Seite glaubte sie, «Opfer» bringen zu müssen, und rationalisierte so ihren Mangel an Offenheit, dem sie die «Harmonie» in ihrer Ehe zugute hielt. Leider funktionierte diese Strategie nicht, auch wenn sie gut gemeint war. Gails Heimlichtuerei und emotionale Zurückhaltung waren nicht Lösungen, sondern Bestandteile ihres Problems.

Nach einiger Zeit war sie in der Lage, die jahrelange angestaute Wut zuzulassen. Sie kam jetzt mit ihrem Mann gemeinsam zur Therapie. In der ersten Sitzung war die Stimmung zunächst freundlich, schlug dann aber um. Sam machte sich darüber lustig, daß Gail beim Sex oft ganz woanders sei. Das führte zur Eskalation der ohnehin angespannten Situation.

«Wenn du immer etwas zurückhalten müßtest, hättest du auch Schwierigkeiten, Zuneigung zu zeigen.» Sie erzählte ihm nun, was sie bislang verschwiegen hatte, und Sam war völlig überrascht. Er hatte von dem Verzicht seiner Frau keine Ahnung gehabt und sie offensichtlich auch nie danach gefragt. Er bevorzugte, daß Gail beim Verkehr und nicht durch orale Stimulierung den Höhepunkt erreichte. «Ich fühle mich dann männlicher. Ich wußte nicht, daß es dir soviel bedeutet. Beim Sex möchte ich mich dir einfach nahe fühlen.»

Folgende Graphik soll zeigen, wie Isolationsgefühle durch Verheimlichung aufrechterhalten werden:

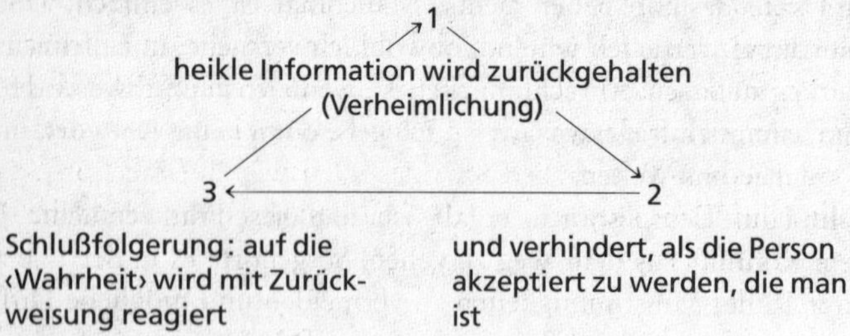

1. Prekäre Information wird zurückgehalten.
2. Partner kann Liebe und Anerkennung nur eingeschränkt zeigen.
3. Befürchtung, die ‹Wahrheit› stoße auf Ablehnung, wird bestätigt.
1. Prekäre Information wird zurückgehalten.

Dieser klassische Teufelskreis ist nur schwer zu durchbrechen und bedeutet, daß Isolationsgefühle lebendig bleiben und nicht abgebaut werden können.

Vermindertes Selbstwertgefühl

Geringe Selbstachtung ist eine weitere Auswirkung sexueller Geheimnisse. Der Verdacht, nicht als die Person wahrgenommen und geliebt zu werden, die man tatsächlich ist, übt Druck aus auf das eigene Selbstwertgefühl.

In dem meisten Beziehungen hält sich das Maß gegenseitiger Vertrautheit und Offenheit in etwa die Waage. Zögert ein Partner, sich dem anderen zu offenbaren oder für den anderen offen zu sein, wird er so dem anderen indirekt nahelegen, es ihm gleichzutun. So beschränkt man selbst die Möglichkeiten, herauszufinden, wie groß die Gemeinsamkeiten der eigenen Sexualität mit der anderer Menschen sind, besonders in den tabuisierten Bereichen. Das Geheimnis erschwert den Zugang zu der Erkenntnis, daß man ganz ‹normal› ist.

Schließlich empfinden viele Menschen Schuldgefühle wegen ihrer Heimlichtuerei, die sich wiederum negativ auf das Selbstwertgefühl auswirken. Denn das Verhalten, Informationen zurückzuhalten, auf die der Partner einen berechtigten Anspruch hätte, stellt einen Regelverstoß gegen ein zentrales Element partnerschaftlichen Selbstverständnisses dar: Man hält es für richtig und erstrebenswert, einander alles Wichtige mitzuteilen. Bedrückende Kindheitserinnerungen an das ‹schlechte Gewissen› werden wachgerufen. Wer Geheimnisse hat, fühlt sich zuweilen wie ein ungehorsames Kind seinen Eltern gegenüber. Wie die Isolation verursacht Geheimhaltung Minderwertigkeitsgefühle:

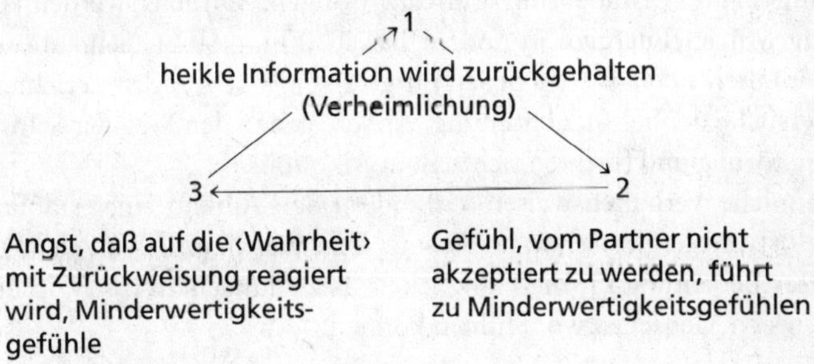

1. Prekäre Information wird zurückgehalten.
2. Partner kann Liebe und Anerkennung nur eingeschränkt zeigen. Die Selbstachtung sinkt.
3. Damit bestätigt sich die Befürchtung, die ‹Wahrheit› stoße auf Ablehnung, was das Selbstwertgefühl sinken läßt und
1. ... erneut zu Zurückhaltung von Information führt.

Risikobereitschaft ist für eine vertraute, lebendige Beziehung von entscheidender Bedeutung. Die Fähigkeit, Risiken eingehen zu können, nimmt ab, je stärker die Gefühle von Isolation und Minderwertigkeit sind. Die Angst vor Ablehnung läßt einen Menschen verzagen, zugleich reduziert das Vortäuschen echter Gefühle die Möglichkeiten, Nähe und Vertrauen genießen zu können. Kommunikationswege werden verbaut, den Partnern wird die Chance vorenthalten, gemeinsam neue Seiten ihrer Persönlichkeiten kennenzulernen. Es wächst die Gefahr, daß die Beziehung schal und leblos wird.

Wie in Gails Fall führen Isolation und geringes Selbstwertgefühl zu Frustration, Wut und Enttäuschung. Sie fühlt sich von ihrem Partner betrogen, der sie zu verurteilen scheint. Wer davon ausgeht, von anderen abgelehnt und für etwas verurteilt zu werden, provoziert unbewußt soziale Zurückweisungen. Die spekulative Vorwegnahme erweist sich dann als vermeintlich berechtigte Sorge.

Zu diesem psychischen Muster gehört konstitutiv die Angst davor, Aggression zu zeigen, denn das Ausagieren von negativ belegten Gefühlen würde – so befürchten die Betroffenen – die mühsam aufgebaute Fassade zum Einsturz bringen. Oftmals werden die aggressiven Energien in andere Bereiche umgeleitet. Schikanöses Verhalten oder übertriebener Ehrgeiz sind nach außen gerichtete Versuche der Selbstbehauptung. Andere gehen den Weg der Selbstzerstörung und flüchten sich z. B. in Alkoholismus.

Solche Verhaltensweisen verhindern den Aufbau eines stabilen Selbstwertgefühls schon im Ansatz. Das allerdings ist von elementarer Bedeutung für die Fähigkeiten, Beziehungen zu leben, in denen sich Menschen wohl fühlen können.

Sexuelle Probleme

Geheimnisse sind, ohne als problemauslösender Faktor erkannt werden zu müssen, an einer Reihe von sexuellen Problemen beteiligt. Wer außerstande ist, seine eigenen Wünsche und Gefühle sowie die eigene Vergangenheit anzuerkennen, verfügt nicht über die Voraussetzungen für das Erleben befriedigender Sexualität: Entspannung, Vertrauen, Begeisterungsfähigkeit.

Bedingt durch Heimlichtuerei kann Sex sehr unbefriedigend sein:

- Selbstschutzmechanismen werden durch Sex massiv bedroht,
- es entsteht eine Situation, wo Nähe, Spontaneität und Begeisterung ausdrücklich erwünscht sind,
- sexuelle Intimität erhöht Verwundbarkeit und Neigung zu Selbstkritik.

Entgegen einer leistungsorientierten Auffassung von Sexualität bedarf es im Grunde nur sehr weniger Voraussetzungen, um guten Sex zu erleben. Entscheidend sind die subjektiven Fähigkeiten, sich entspannen zu können, die Sinne zu öffnen sowie sich selbst und den Partner zu akzeptieren.

Sexuelle Geheimhaltung basiert auf beherrschtem und kontrolliertem Handeln. Wenn jemand sich beim Sex ständig Gedanken macht, wie er wirkt und aussieht, ob er den anderen etwa langweilt oder abstößt, entgeht dieser Person die Chance, sich auf die Erfahrung selbst einzulassen.

Sexuelle Schwierigkeiten zeigen sich an unterschiedlichen Erscheinungen. Funktionsstörungen wie Erektions- oder Orgasmusprobleme stehen neben der generellen Unfähigkeit, Lust empfinden zu können. Solche Symptome werden durch sexuelle Verheimlichung mitverursacht, aufrechterhalten oder verschlimmert.

Die 29jährige Tänzerin Ann wußte auf der Bühne sehr selbstsicher zu wirken, war aber im Umgang mit ihrem Freund befangen und gehemmt.

Problem: Mangelnde Orgasmusfähigkeit

Verheimlichung: Vorlieben, was sie erregt, Intensität ihrer Erregung

Angst: Verurteilt zu werden, auf den Partner abstoßend zu wirken

«Wenn ich allein bin, habe ich oft einen Orgasmus. Ich weiß, was ich tun muß, und lasse mir Zeit. Ich würde meinem Freund aber nie erzählen, daß ich onaniere. Er würde daraus schließen, er würde mich nicht ausreichend befriedigen. Es frustriert ihn schon genug, daß wir nie gemeinsam den Höhepunkt erreichen.»

Auf den Vorschlag, ihrem Freund zu demonstrieren, was sie gern mag, reagierte sie entrüstet: «Das wäre mir zu peinlich. Außerdem würde er mich bestimmt für verrückt halten, wenn er sieht, auf welche Weise ich gern berührt werden mag. Er findet mich sicher unmöglich. Auf der einen Seite wünsche ich mir, daß Jeff herausfindet, was mir gefällt. Andererseits weiß ich nicht, wie er auf meine Lust reagieren würde.»

Ann war durchaus fähig, einen Orgasmus zu erleben. Dennoch fühlte sie sich unbehaglich, dieses Wissen mit ihrem Freund zu teilen. Dadurch war Sex zu einem Problem geworden, das sich zwischen die beiden geschoben hatte. In Ann staute sich Wut an. Im Laufe der Zeit hätten sich die Wut, sexuelle Frustration und Pessimismus negativ darauf auswirken können, Sex überhaupt als lustvoll zu erleben.

Wie die meisten Menschen hatte Ann natürlich nicht explizit entschieden, sich selbst etwas vorzumachen. Sie meinte eher, dazu gezwungen zu sein. Diese Verpflichtung ergab sich für sie folgerichtig aus der spekulativen Annahme, ihr Freund könne ablehnend reagieren. Diese Projektion sagt mehr über ihre eigenen Probleme aus als über das Verhalten ihres Partners. Wie viele andere Klienten hoffte Ann, ihre Heimlichtuerei würde sie vor Verurteilung und Verlassenwerden schützen. In Wirklichkeit führte ironischerweise eben diese Heimlichtuerei zur Entfremdung des Paares.

Anfänglich konnte sich Ann nicht mit der Idee befreunden, daß Jeff möglicherweise ihre wahre Sexualität akzeptieren würde. Sie hatte sich irgendwann mit der Tatsache abgefunden, in ihrer Beziehung auf eine befriedigende Sexualität verzichten zu müssen. Nach einiger Zeit jedoch bekam sie mehr Mut und entschloß sich, ihre Heimlichtuerei aufzugeben.

Das Ergebnis war überwältigend: «Jeff war hocherfreut und sofort bereit, auszuprobieren, was mir gefällt. Er wollte gar nicht verstehen, wovor ich solche Angst haben konnte und warum mich seine Reaktion so überraschte.»

Diese Reaktion ist nicht unüblich. Oft zeigen die Partner, um derentwillen Geheimnisse aufgebaut werden, nach einem Bekenntnis viel mehr Verständnis, als die ‹Geheimnisträger› erwartet hatten. Das liegt daran, daß die unzutreffenden Annahmen mit der Projektion einer negativen Selbsteinschätzung auf den Partner arbeiten. Wie in Anns Fall trägt die Verheimlichung von Bedürfnissen und Wünschen dazu bei, ein schmerzliches und unnötiges Problem aufrechtzuerhalten.

Für ein anderes Beispiel steht Jane, dreifache Mutter, die an ihrer Unfähigkeit litt, sich anderen anvertrauen zu können.

Problem: Sexuelle Unlust

Verheimlichung: Eine lange zurückliegende Schwangerschaft

Angst: Vor ungewollter Schwangerschaft und davor, als «Schlampe» verurteilt zu werden

«Ich verstehe nicht, warum ich sowenig Lust auf Sex habe. Ich liebe Tom, er ist ein gutaussehender, warmherziger und verständnisvoller Mann.» Zögernd und erst auf wiederholtes Fragen nach ihrer sexuellen Vergangenheit kam die Wahrheit ans Licht: «Ich habe ihm nie von meiner Abtreibung erzählt. Das war lange bevor ich ihn kennenlernte, und ich hielt es für unwichtig. Ehrlich gesagt habe ich auch Angst vor seiner Reaktion. Ich wollte nicht, daß er mich für leichtfertig und verantwortungslos hielt. Außerdem ergab sich nie eine Gelegenheit, darüber zu sprechen.»

Entgegen der verbreiteten Auffassung von Frigidität entwickelt sich sexuelle Unlust auch aus der Wahrnehmung, Sexualität sei leidvoll und bedrohlich. Jane sehnte sich danach, mehr Lust empfinden zu können, wurde aber durch ihre Angst vor Entdeckung und Ablehnung daran gehindert. Gleichzeitig befürchtete sie eine erneute Schwangerschaft. «Gelegentlich ertappe ich mich mitten beim Sex bei dem Gedanken, es könne wieder passieren.» Es gab also noch einen Aspekt, der Sex als bedrohlich erscheinen ließ. Da Jane sich der Heimlichtuerei verschrieben hatte, konnte sie nicht davon ausgehen, daß ihre Partnerschaft zu ihrer emotionellen Entlastung beitragen könnte. Sie mußte einsehen, daß sie sich nur würde entspannen können, wenn es ihr gelingen würde, ihr sexuelles Erleben aus der Verknüpfung mit ihrem Geheimnis zu befreien. Dennoch nahm sie eher in Kauf, das Interesse an Sex vollständig zu verlieren, als Tom ins Vertrauen zu ziehen.

Auch in einem weiteren Fall geht es um geringes sexuelles Verlangen. Randy war berechtigterweise sich selbst gegenüber nicht offen, denn seine Gefühle hätten seine Beziehung sehr gefährdet. Allerdings bedeutete diese mangelnde Selbsterkenntnis, daß er jegliche Lust auf Sex verlor.

Problem: Sexuelle Unlust
Geheimnis: Möchte keine Kinder
Angst: Vor häuslichen Konflikten

«Es verwirrt mich sehr, keine Lust auf Sex mehr zu haben. Am Anfang unserer Bekanntschaft liebten wir uns oft und hatten viel Spaß. Wir mochten die gleichen Dinge, zum Beispiel oralen Sex. Selbst jetzt sind wir nur in einem Punkt verschiedener Meinung: sie will ein Baby und ich nicht, jedenfalls noch nicht. Später vielleicht, wenn wir nicht mehr so am Anfang unserer Karrieren stehen und nicht viel unterwegs sind.»

Leider kam es deswegen oft zu massiven Auseinandersetzungen mit seiner Partnerin. Sie argumentierte dann mit ihrem Alter, daß es bald zu spät sei, um noch schwanger zu werden. Randy war ihrer Enttäuschung und ihren Tränen gegenüber machtlos. Nach ihren meist fruchtlosen Gesprächen vermieden sie das Thema stets eine Zeitlang. Die ungeklärte Situation belastete allerdings die Beziehung und überschattete ihr Intimleben. Wenn sie miteinander schliefen, glaubte Randy, unausgesprochene Vorwürfe seiner Frau zu spüren: «Dieses Mal hätte ich schwanger werden können.» Insgeheim war er wütend darüber, daß sie die schönsten gemeinsamen Stunden verdarb, und fühlte sich gleichzeitig schuldig, ihr die Erfüllung ihres sehnlichsten Wunsches vorzuenthalten.

Schließlich argwöhnte Randy sogar, sie könnte absichtlich ‹vergessen›, die Pille zu nehmen. Im Verlaufe einer Gesprächstherapie wurde ihm klar, wie sehr ihn das Problem belastete, und er erkannte, daß er im Grunde die Kinderfrage nicht nur aufschieben wollte, sondern er mit diesem Argument seine grundsätzliche Ablehnung von Kindern verbarg.

Eine Einsicht wie die Randys kann gravierende Probleme nicht lösen, das Wissen um den prinzipiellen Charakter mancher Schwierigkeiten kann sogar zunächst depressive Reaktionen nach sich ziehen. Langfristig jedoch wirkt sich eine solche Einsicht allerdings befreiend aus. Heute hat Randy wieder Lust auf Sex, und das Paar setzt sich konstruktiv mit den gemeinsamen Zukunftsplänen auseinander.

Wird die Angst vor den Folgen sexueller Offenheit übermächtig, verliert Sex an Anziehungskraft. Dann werden auch andere Formen der Intimität problematisch. Viele Menschen, die mit einem sexuellen Geheimnis leben, befürchten, durch ein ‹Geständnis› ihren Partner zu verlieren. Tatsächlich aber verlieren sie ihn allmählich durch den emotionalen Rückzug.

Das Beispiel von Joseph demonstriert, wie aus einem Geheimnis die Notwendigkeit entsteht, alle sexuellen Handlungen einer strengen Kontrolle zu unterwerfen. Solche Schutzmaßnahmen blockieren eine entspannte und wohltuend erlebte sexuelle Entfaltung.

Problem: Erektionsschwierigkeiten

Verheimlichung: Intensive, ‹anormale› Phantasien

Angst: Vor Kontrollverlust, den Partner zu schockieren

«Beim Sex stelle ich mir sehr gern vor, mit einer anderen Frau zusammenzusein. Manchmal male ich mir aus, jemanden zum Sex zu zwingen oder eine andere Person dabeizuhaben. Oder auch, belauscht und beobachtet zu werden. Ich weiß, daß solche Ideen nicht ganz normal sind. Dazu noch impotent zu sein macht Sex für mich zu einem großen Problem. Während sich in meinem Kopf die tollsten Dinge abspielen, bin ich im Bett eine Niete.»

Joseph erzählte seinen Freundinnen nichts von seinen Phantasien. Es war ihm nicht möglich, ihnen wenigstens seine Sorge, nicht normal zu sein, mitzuteilen, ohne die Phantasien selbst zu berühren. Er befürchtete, dann sofort verlassen zu werden.

Die Angst vor der eigenen Sexualität verhinderte in Josephs Fall unbewußt jede Erektion. Aus Sex war eine sorgfältig zu kontrollierende Aktivität geworden, so daß niemand seine angebliche ‹Unanständigkeit› entdecken konnte. Unter diesen Umständen mußte ein normales Funktionieren gefährlich sein.

Es ist für jemanden wie diesen Klienten wichtig, zu erkennen, wie alltäglich seine Phantasien sind. Die Teilnahme an einer Männergruppe, gezielte Gespräche mit Freunden oder die Lektüre von Literatur, die sich mit sexuellen Phantasien beschäftigt, sind Möglichkeiten, sich der eigenen ‹Normalität› zu vergewissern.

Ich schlug Joseph vor, erst nach solchen Bemühungen zu entscheiden, ob er mit seiner Partnerin über seine Phantasien und Erfahrungen sprechen wolle. Unabhängig davon, wie seine Entscheidung ausfallen würde, hilft die Selbstakzeptanz der eigenen Normalität,

Gelassenheit und Sicherheit beim Sex zurückzugewinnen. Damit ist schon ein wichtiger Schritt getan, um Erektionsprobleme zu bewältigen.

Ein sehr problematischer Bereich ist die Onanie, um die es in einem weiteren Fallbeispiel gehen soll.

Beschwerde: Vorzeitige Ejakulation

Geheimnis: Onanie

Angst: Der Partner könne sich unzureichend fühlen, als unreif eingeschätzt zu werden

Wie jeder hatte Ted als Kind viel onaniert und war dafür von seinen Eltern getadelt und bestraft worden. Er führte eine in jeder Hinsicht glückliche Ehe, gab aber die Gewohnheit zu onanieren nicht auf. Wie in seiner Kindheit fühlte er sich durch die Angst vor Entdeckung gehetzt und getrieben. «Wenn meine Frau es herausfände, wäre sie traurig und glaubte, mich nicht zu befriedigen. Es ist fast, als würde ich fremdgehen. Also sage ich es ihr nicht.»

Ted litt unter einer doppelten Belastung. Ungewollt hatte er sich angewöhnt, den Höhepunkt so schnell wie möglich zu erreichen. Seine übereilten Masturbationstechniken hatten sich auf das Liebesspiel übertragen. Zusätzlich hinderten seine Schuldgefühle ihn daran, sich zu entspannen und das Beisammensein mit seiner Partnerin genießen zu können. Auch diese Beklemmungen lösten vorzeitige Ejakulationen aus.

Da sie von Teds Geheimnis nichts wußte, konnte seine Frau weder seine Neigung akzeptieren noch seine Schuldgefühle reduzieren oder ihm dabei helfen, sich wieder mehr Zeit zu nehmen und sich an Entspannung zu gewöhnen. Beklemmungen waren die unvermeidlichen Resultate der Geheimhaltung, ursächlich für die Schwierigkeiten dieses Klienten ist nicht die Masturbation, sondern ihre Verheimlichung.

Ted leidet noch als Erwachsener unter den Ängsten seiner Kindheit. Er handelt gemäß einer frühzeitig gesammelten Negativerfahrung von Sexualität. Die Umkehrung dieser Erfahrung in eine positive bzw. die Akzeptanz der eigenen Normalität würden den ersten Schritt zur Bewältigung der körperlichen Probleme bedeuten.

Im Verlauf dieser Therapie stellte sich als entscheidend heraus, daß er dieses Ziel erreichen konnte, ohne zwangsläufig seine Partnerin einzuweihen. Der wichtigste Schritt bestand darin, das Geheimnis akzeptieren zu lernen, ohne es mit jemand anderem zu teilen.

Unverarbeitete Vergangenheit

Unzählige Menschen haben traumatische Erlebnisse wie Inzest, sexuellen Mißbrauch, Nötigung oder Vergewaltigung erfahren. Noch bis in die jüngste Vergangenheit hinein wurden Häufigkeit und Auswirkung solcher Vorfälle unterschätzt, in manchen Fällen sogar dem Opfer angelastet. So ist es kaum verwunderlich, daß viele Betroffene sich gezwungen sahen, derartige Erlebnisse zu verheimlichen.

Diese traumatischen Erfahrungen gehen fast immer mit der Ausbildung eines Geheimnisses einher, das sich dann auch im Erwachsenenalter fortsetzt. Eine schlimme und schmerzvolle Wiederholung der ursprünglichen Mißhandlung, diesmal jedoch von dem Opfer selbst verübt.

Wenn Vertrauen und Intimität in einer Beziehung gedeihen sollen, müssen traumatische Sexualerlebnisse aufgearbeitet worden sein. Das ist schon unter günstigen Umständen schwer und wird durch selbstauferlegte Geheimhaltung fast unmöglich.

Geheimhaltung verhindert, daß Hilfe von außen angeboten werden kann. Obwohl manche Partner mit Vorwürfen und Schuldzuweisungen auf ihren eigenen Schmerz reagieren, leisten die meisten bereitwillig Unterstützung. Durch permanente Geheimhaltung geht die Chance, als die Person, die man wirklich ist, anerkannt zu werden, ungenutzt vorbei. Der Irrtum wird bestärkt, durch ein traumatisches Erlebnis mit einem Makel behaftet zu sein.

Aus der Überzeugung heraus, Geheimhaltung sei zwingend, läßt sich kein Weg aus der Vergangenheit erkennen. Der Betroffene handelt, als würde der Mißbrauch weiterhin stattfinden. Die Opferrolle kann erst überwunden werden, wenn offen über das Trauma gesprochen werden kann und es möglich ist, freie Entscheidungen über die eigenen Lebensperspektiven zu treffen – einschließlich der Frage, wem das Geheimnis anvertraut werden soll und wem nicht.

3. Der Wert sexueller Geheimhaltung

Nun können Heimlichkeiten das sexuelle Erleben sehr wohl auch intensivieren. Daß Leidenschaft mit Grenzüberschreitungen einhergeht, ist eine in der Sexualforschung immer wieder aufgestellte These. Verschiedenste Formen der Geheimnisbildung können dazu beitragen, soziale Tabus oder Verhaltensmuster zu durchbrechen. Sexuelle Geheimhaltung birgt ein Aggressionspotential in sich, das Gefühle von Stärke und Macht freisetzt. Subjektiv können solche Gefühle einen starken Lustgewinn bereiten.

Andererseits zeigt die therapeutische Praxis immer wieder, daß die Betroffenen als bewußte Ursache für Verheimlichungen zumeist die Angst vor Ablehnung und Zurückweisung angeben. Unbewußt dagegen bleiben die in diesen Fällen oft maßgeblich beteiligten frühkindlichen Ängste. Die befürchtete Zurückweisung durch den Sexualpartner kann sich dann zu einer extremen Belastung auswachsen.

Hier entsteht eine Double-bind-Situation: Das Geheimnis, installiert als Schutzmaßnahme vor Zurückweisung, blockiert nahezu zwangsläufig eine tiefe und befriedigende Bindung. An dieser Stelle ist es allerdings notwendig, noch einmal auf eine wichtige Unterscheidung hinzuweisen: Die Verdrängung von schmerzhaften Erfahrungen ist nicht zwangsläufig mit einer Selbsttäuschung identisch. Vielmehr bedeutet Vergessen, im Sinne einer im Unbewußten verschütteten Information, bei der Aufarbeitung von Traumata einen heilsamen Schritt.

Die Angst vor Nähe

Das Kleinkind erlebt seine erste Beziehung, die zu seinen Eltern, als positiv, wenn seine Bedürfnisse nach Wärme, Trockenheit und Nahrung befriedigt werden. Bleibt die Befriedigung aus, empfindet das Kind sein Abhängigkeitsverhältnis als negativ. Nach D. W. Winnicott reicht die Gewährleistung der primären Bedürfnisbefriedigung aus, um eine positive Grundeinstellung zu Nähe zu bewirken,

Grundvertrauen aufzubauen und eine bestimmte Frustrationstoleranz zu entwickeln.

Dennoch untergräbt die Diskrepanz zwischen der unschuldigen Hilflosigkeit des Kleinkinds und der Unerfahrenheit der meisten Eltern in der Praxis die reibungslose Entwicklung von Geborgenheits- und Sicherheitsgefühlen. Denn die kindliche Psyche ist nicht dazu imstande, die täglichen Irritationen und Enttäuschungen durch die Eltern adäquat zu verarbeiten. Eine zentrale Konflikterfahrung der Kindheit besteht mithin darin, selbstbezogen und beanspruchend und zugleich vollkommen abhängig zu sein.

Folgerichtig erlebt das Kind jede Situation entweder als Bedürfnisbefriedigung oder als Vernichtungsdrohung. Seine Forderung nach unverzüglicher Befriedigung ist bedingungslos. In der kindlichen Wahrnehmung nimmt die Bedrohung eine dreifache Dimension an: vernichtet, erstickt oder verlassen zu werden. Dieses elementare Gefühl kann beibehalten werden und spätere Beziehungen (mit)bestimmen. Wenn dem so ist, verbindet der Erwachsene eine ‹realistische› Angst vor Ablehnung, die vergleichsweise einfach zu bewältigen wäre, unauflöslich mit der unbewußten Drohung der Vernichtung.

Die Illusion der Sicherheit

Ungeachtet aller Ängste ist der Mensch als soziales Wesen dazu verurteilt, Beziehungen einzugehen und zu kommunizieren. Er befindet sich in dem ständigen Dilemma, dem Bedürfnis nach Beziehungen nachzugeben, ohne sich dabei einer zerstörerischen Gefahr auszusetzen und ohne die Beziehungen selbst zerstören zu wollen. Es liegt auf der Hand, daß dieses existentielle Problem besonders in Intimbeziehungen auftaucht. Nähe wird zugelassen, wenn die Situation es fordert, und abgelehnt, wenn sie zur Belastung oder Einengung führt.

Derartige Beziehungen balancieren auf einem schmalen Grat. Wenn Offenheit die Gefahr der Verletzlichkeit zu groß erscheinen läßt, kommunizieren die Partner wie unter Pseudonymen miteinander, eher ein Image von sich als sich selbst vermittelnd.

Die Bildung sexueller Geheimnisse ist ein Bestandteil dieses Mechanismus, ein manipuliertes Selbstbild zu konstituieren. Dies geschieht unter stummer Billigung einer sozialen Umgebung, die davon ausgeht, daß Menschen mit ihrer Sexualität zurechtkommen.

Die Sicherheit, die eine derartige Strategie vermittelt, ist eine scheinbare. Die Intimität wirklicher Anerkennung kann so nicht entstehen, nur die vermeintliche Sicherheit eines Waffenstillstands. Doch verspricht die Anwendung dieser Strategien oft langanhaltende Effekte: Macht- und manchmal auch Lustgewinn, Herstellung von Distanz gegenüber allzu bedrohlicher Nähe, Möglichkeiten, ansonsten unausgelebte Gefühle auszuagieren, Einlösung unbewußter Lebensskripte.

Machtgewinn

Geheimnisse aktivieren verborgene Fähigkeiten, mit deren Hilfe das graduelle Verhältnis so verschiedener Faktoren wie Vertrauen, Geborgenheit, Befriedigung und Zusammenhalt im Umgang mit dem Partner oder der Partnerin gesteuert wird. Der Zugang zu bestimmten Informationen wird gewährt oder verwehrt und somit eine Entscheidung getroffen, den Partner in bestimmte Gefühls- oder Lebensbereiche einzuweihen oder nicht. Durch ein Geheimnis kann man die eigene Lebensgeschichte verändert darstellen und so die gemeinsame Zukunft beeinflussen.

Geheimhaltung kann allerdings auch eine Person stärken und stabilisieren, indem eine Erfahrung, ein Gefühl oder ein Objekt vor unerwünschten Mitwissern geschützt wird. Psychisch verteidigt man dann so etwas wie einen geheimen Schatz, von dessen Existenz niemand ahnt. Dabei kann es sich um eine Affäre, um ein über Jahre geführtes ‹Doppelleben› oder so etwas so Banales wie eine kaum sichtbare Tätowierung handeln.

Ein Geheimnis funktioniert auch dann als Sicherung einer Beziehung, wenn außerordentlich intensive sexuelle Empfindungen ‹gebannt› werden sollen. Die Betreffenden haben das Gefühl, einer überaus angstbesetzten sexuellen ‹Hörigkeit› nur durch ein Verbergen von Wünschen ausweichen zu können. Oft sind ausweichende Reaktionen auf als unbefriedigend erlebten Sex Ausdruck einer unbewußten Angst davor, daß Sexualität übermächtig und dominant werden könnte. Sich ein unbefriedigendes Sexualleben einzugestehen, kann durchaus mit der Hinnahme dieses Zustands einhergehen, aus der nicht unberechtigten Ahnung heraus, dem Partner ansonsten zuviel Macht über die eigene Persönlichkeit einzuräumen, sich verfügbar zu machen, zum ‹Sklaven der Lust› zu werden.

So kann Geheimhaltung eine wirksame Schutzmaßnahme gegenüber sich selbst und gegenüber anderen darstellen, eine bewußte Entscheidung sein, bestimmte Dinge lieber im dunkeln zu lassen, solange man nicht zu einer tieferen Bindung bereit ist.

Schaffen von Distanz

Verheimlichung eignet sich dazu, Distanz herzustellen. Wer zu große Nähe scheut, empfindet diese Fähigkeit als sehr hilfreich. Wird etwa ein zurückliegendes traumatisches Erlebnis einem Partner vorenthalten, braucht der Betroffene eine durch die Mitwisserschaft bedingte allzu große, ihm schwer erträgliche emotionale Nähe nicht zu befürchten.

Eine weitere Möglichkeit, Distanz zu schaffen, liegt in der Annahme einer Opferrolle, wenn etwa sexuelle Praktiken entgegen der eigenen Neigung dem Partner zuliebe ausgeübt werden. Wünsche und Vorlieben des Sexualpartners zu erfüllen, innerlich jedoch unbefriedigt zu bleiben oder gar abgestoßen zu sein, bedeutet, daß Sexualität eher gegen- als miteinander erlebt wird.

Die heimliche Sehnsucht nach einer vergangenen Liebe oder Beziehung kann ebenfalls Distanz schaffen. Gegen die in ihrer Abwesenheit idealisierte Person wirkt der gegenwärtige Partner blaß und unattraktiv. Er wird so in einer erträglichen Entfernung gehalten, die Beziehung erstarrt.

Wer in einer Liebesbeziehung zu ersticken oder unterzugehen meint, sucht den Rückzug in die Geheimhaltung. Sie wird dann eingesetzt gemäß dem frühkindlichen Gefühlsmuster, daß man nur behalten darf, was man vor der Welt verborgen hält. So kann ein Wunsch, eine Erinnerung, eine Vorliebe dem Partner vorenthalten werden, damit er von der Teilnahme an diesem Teil der Persönlichkeit ausgeschlossen bleibt. Es wird auf diese Weise strikt kontrolliert, welchen Grad an Nähe man situativ zulassen will. Qualität und Stabilität einer Beziehung können sich durch ein solches Verhalten sogar entscheidend verbessern. Es muß nicht auf die Probe gestellt werden, wieviel Toleranz und Verständnis der Partner aufbringen will oder kann. Zudem verhindert man so möglicherweise, daß unberechenbare Verhaltensweisen einer anderen Person das eigene Dasein verkomplizieren oder eventuell tiefgreifend beeinflussen.

Das Ausagieren von Gefühlen

Eine unserer unterbewußten Überlebensstrategien besteht darin, daß wir bestimmte Gefühle nicht aussprechen. Statt dessen verleihen wir ihnen durch indirekte Handlungen Ausdruck. Dies bezeichnet man als Ausagieren.

Wut ist das Gefühl, das wir am häufigsten verbergen. Der kindliche Teil in uns fürchtet, verlassen oder zerstört zu werden, sobald wir dieser Regung freien Lauf lassen. Folglich verschleiern wir sie, und zwar mittels jener Konsequenzen, die sexuelle Geheimnisse mit sich bringen: Wir verletzen den anderen oder brechen eine Vereinbarung. Solche Konsequenzen kompensieren auf subtile Weise die Wut, die wir – unserem Unterbewußtsein folgend – nur unter großem Risiko direkt aussprechen können. Angst, Schmerz, Eifersucht, Verzweiflung und Konkurrenzverhalten sind ebenfalls Gefühle, die wir gelegentlich mittels sexueller Geheimnisse ausagieren.

Sehen wir uns ein Beispiel an, in dem der Konflikt zwischen Nähe suchen und Nähe fürchten unterbewußt ausagiert wird. Vor kurzem suchte mich eine Schauspielerin auf, eine große schlanke Frau, die ziemlich mitgenommen wirkte. Lynette, wie ich sie hier nenne, wollte über ihre «endlosen Frustrationen» sprechen. In unserer dritten Sitzung erzählte sie einen Vorfall vom vergangenen Wochenende.

«Mein Mann, Karl, und ich waren zusammen einkaufen, und plötzlich lief mir ein alter Freund über den Weg, Jay. Wir drei verstanden uns ausgezeichnet und saßen fast eine Stunde lang in einem Café. Später fragte mich Karl, woher ich Jay kenne, und ich erfand eine Geschichte vom Schauspielunterricht.»

Ich nickte und sagte zunächst nichts. Lynette fuhr fort: «In Wahrheit haben Jay und ich oft zusammen geschlafen, bevor ich Karl heiratete. Ich habe Schuldgefühle wegen dieser Lüge, aber ich brachte es einfach nicht fertig, die Wahrheit zu sagen.»

Als ich Lynette nach dem Grund fragte, hatte sie gleich einige logische Antworten parat. Allerdings trug sie diese ziemlich gleichgültig vor, bis sie schließlich schulterzuckend hinzufügte: «Außerdem ist Karl auch kein Engel. Fragen Sie nur einmal nach der früheren Kassiererin an unserem Bankschalter. Oder beispielsweise nach der, die jetzt dort arbeitet.»

Plötzlich war Lynettes Stimme lebhaft, daher ging ich der Sache nach. Offensichtlich glaubte sie, daß Karl gelegentliche Affären mit anderen Frauen pflegte. Hatte sie jemals versucht, ihren Groll diesbezüglich mit Karl zu klären? «Ja», sagte sie verbittert. Sie hatte ihn mit ihren Vermutungen konfrontiert, aber nie zufriedenstellende Antworten erhalten. «Er sagte jedesmal, wie sehr er sich wünscht, daß ich glücklich bin, aber sobald ich ihm erzähle, was mich stört, reagiert er ungeduldig. Letztendlich habe ich kapiert, daß es nur Zeitverschwendung ist.»

Nachdem ich dies zur Kenntnis genommen hatte, ging ich zu Lynettes anderen Beziehungen über. Wie sich herausstellte, hatte sie genau dieses Gefühl der Machtlosigkeit und Bedeutungslosigkeit bei ihrem Vater, ihrem ersten Mann und ihrem Chef. Und auch bei ihrem vorherigen Therapeuten. Was steckte hinter diesem Muster?

«Die Leute machen einen wahnsinnig, sie können nicht damit umgehen», sagte sie an einem Punkt unseres Gesprächs. «Niemand will wissen, was man wirklich denkt, egal was sie sagen. Diesen Fehler habe ich lange genug gemacht und er wird mir nicht noch einmal passieren.» Lynette machte es sich wirklich schwer, indem sie ihre Wut verbarg, die aber irgendwie ausgelebt werden mußte. Wie gelegen kamen ihr doch da ihre sexuellen Geheimnisse, wie etwa das mit Jay. Damit konnte sie Karl demütigen und hatte gleichzeitig das Gefühl, sie behalte die Oberhand.

Doch das eigentliche Problem sind nicht die Lügen dieser Klientin, sondern ihre spekulative Annahme, daß Nähe durch bestimmte Gefühle bedroht würde. Sobald Lynette das begreift – indem sie nämlich ihre noch vorhandenen Ängste des Verlassenwerdens überwindet –, wird sie in der Lage sein, weitaus rationaler zu entscheiden, wie sie Menschen gegenübertreten sollte, die ihr wichtig sind. Auf dieses Ziel ist ihre Therapie momentan ausgerichtet.

Normalerweise stellt das Ausagieren von Gefühlen keinen produktiven Kompromiß dar. Zwar fühlt man sich für den Augenblick besser, doch das jeweilige Problem wird unter Garantie zu irgendeinem späteren Zeitpunkt wieder auftauchen.

Die Erfüllung der Lebensskripte

Die Theorie, daß jeder von uns seinem ganz persönlichen Lebensskript folgt, stammt von Eric Berne und wurde Anfang der sechziger Jahre entwickelt. Den Ausführungen der Transaktionsanalyse zufolge rühren diese Lebensskripte von Entscheidungen her, die wir in unserer frühen Kindheit getroffen haben. Obwohl jene Entscheidungen einst unserem Überleben dienten, führen sie beim Erwachsenen zu Handlungsmustern und Einstellungen, die unsere Flexibilität und Freiheit im Leben erheblich einschränken und die uns daran hindern, auf die Möglichkeiten und Anforderungen der Gegenwart angemessen zu reagieren.

Kein Mensch entscheidet sich bewußt dafür, mit einem Skript zu leben. Tatsächlich haben wir meist nicht einmal eine blasse Ahnung davon, wie unsere Skripte aussehen. Und doch – ob bewußt oder nicht – treffen wir ein Leben lang Entscheidungen, die den vorbezeichneten Rollen in diesen Skripten entsprechen.

Fast jeder kennt die Gemeinplätze, die solche gängigen Skripte benennen: der Peter Pan, der nicht erwachsen werden will; der Liebessüchtige, der sich mit allem abfindet, damit er bloß nicht allein ist; der zornige junge Mann, der lieber Kritik übt als Liebe empfängt. Desgleichen gibt es auch Skripte, die mittels sexueller Geheimnisse erfüllt werden:

– «Ich bin nicht besonders liebenswert und werde es nie sein.»
– «Ich bin ein schlechter Mensch.»
– «Ich werde von allen betrogen und mißbraucht.»
– «Ich muß Leute schützen, die mich verletzen.»
– «Meine Aufgabe ist es, den Frieden aufrechtzuerhalten und dafür zu sorgen, daß sich niemand aufregt.»
– «Frauen genießen den Sex nicht.»
– «Sexuell passen Männer und Frauen nie zusammen.»
– «Die Männer (die Frauen) lieben mich wegen meines Verstandes, aber von meinem Aussehen sind sie gelangweilt.»
– «Für Homosexuelle wird Sex immer kompliziert sein.»
– «Ich bin keinem Menschen so wichtig, als daß er sich um mich kümmern würde.»

Später in diesem Buch werde ich mich mit einer ganzen Reihe von sexuellen Geheimnissen beschäftigen, die zur Erfüllung dieser Skripte beitragen. An dieser Stelle möchte ich zunächst nur ein Beispiel geben, um den Zusammenhang zwischen Skript und Geheimnis zu verdeutlichen.

Das folgende Skript ist weit verbreitet, wird allerdings oft auf nichtsexuelle Weise ausgelebt. Im folgenden Fall wiederum wurde es sexuell ausagiert.

Skript: «Ich habe schon immer irgendein emotionales Problem gehabt – ohne das wäre mein Leben leer.»

Geheimnis: «Ich habe Herpes.»

Maurice, ein untersetzter Mann mit auffallend blauen Augen, litt seit sechs Jahren unter Herpes. Durch eine Kombination aus Gruppentherapie und einer medikamentösen Behandlung gelang es dem Klienten, die Krankheit unter Kontrolle zu bringen. Mittlerweile bricht sie nur noch ein- bis zweimal im Jahr aus.

Dennoch verbirgt dieser Mann seinen Gesundheitszustand vor seinen Sexualpartnerinnen. Sobald die Gefahr der Ansteckung droht, gibt Maurice vor, er sei «einfach nicht in Stimmung». Vielleicht hätte eine seiner ständigen Freundinnen einfach seinen Herpes akzeptiert – hätte nur die Möglichkeit dazu bestanden. Beide hätten, falls notwendig, gemeinsam eine Beratung aufsuchen oder «safer sex» praktizieren können.

Doch Maurice hält an seinem Herpes fest. Und das braucht er, da eine ernsthafte Beziehung ohne störendes Problem ihm zu große Angst einflößt. Denn das macht ihn verletzlich, gibt ihm das Gefühl, die Beziehung gewänne die Oberhand und würde ihn entwurzeln, und er habe keinen Halt mehr.

Indem Maurice aus seiner Krankheit ein Geheimnis macht, wird diese zum Problem. Auf diese Weise lebt er in einer Beziehung angstfreier – und kann «überleben». Zudem vermag er mit Hilfe dieser Geheimhaltung auch den Glauben in den Mythos um sein Skript zu schüren, welches lautet: «Könnte ich bloß mein Problem klären, dann wäre das Leben wunderbar.»

Selbstverständlich gelingt es uns nur schwer, unsere Skripte zu durchschauen, da wir ein Teil dieser Skripte sind. Dennoch sollten wir unsere Lebensmotive hinterfragen. Was scheint uns unvermeidlich? Was ist unser «Schicksal»? Wozu sind wir überhaupt geboren? Welche Vorstellungen haben unsere Familien von uns?

Die Illusion – und ihr Preis

Oberflächlich betrachtet scheint es, als verschafften sexuelle Geheimnisse der Beziehungswelt eine größere Sicherheit. Nur ist dieses Sicherheitsdenken eine Illusion. Da die drohende Zerstörung aus unserer Vorgeschichte herrührt, ist die Gegenwart nicht dazu geeignet, längst Vergangenes abzusichern.

Die Illusion von Sicherheit muß teuer bezahlt werden. Obwohl das Verschweigen von sexuellen Problemen jene in der Kindheit als so bedrohlich empfundene Erfahrungen nicht zu ändern vermag, hat genau diese erwachsene Geheimniskrämerei, die im Dienst jener kindlichen Sicherheitswünsche steht, machtvolle und unbeabsichtigte Folgen.

Die Tatsache, ein Geheimnis für sich zu behalten, verschafft niemals echte Macht, sondern eine Pseudo-Macht. Das bedeutet, daß wir den Versuch aufgeben, von anderen als annehmbar akzeptiert zu werden – statt dessen geben wir uns damit zufrieden, daß wir (von uns selbst oder anderen) nicht als unannehmbar angegriffen werden.

Maurice etwa hat die Möglichkeit, akzeptiert zu werden, längst aufgegeben – angeblich wegen seines Herpes. Statt dessen begnügt er sich damit, daß ihn andere wegen seines Herpes nicht angreifen oder gar zurückweisen. Dies gelingt ihm, indem er seinen Zustand verschweigt.

Solche mit Pseudo-Macht verbundenen Strategien erfordern oftmals Zurückhaltung: indem man beispielsweise dem Partner nicht sagt, auf welche Weise man erregt werden möchte, oder aber wie man es nicht möchte. Nur wer die Initiative ergreift, kann selbstbestimmt an das Problem herangehen und verhindern, daß es die Beziehung weiterhin kontrolliert: «Ich möchte, daß wir uns stärker auf meinen Orgasmus konzentrieren. Wie könnten wir das tun?»

Das Verschweigen sexueller Dinge scheint auch nützlich zu sein, um emotionalen Abstand innerhalb einer Beziehung zu schaffen und sie unter Kontrolle zu halten. Allerdings wird die Nähe zum anderen nie wieder richtig entstehen, wenn wir sie erst einmal eingeschränkt haben. Intimität und Nähe sind ein Ergebnis von Vertrauen, von der Bereitschaft, mit einem anderen Menschen Risiken einzugehen und neue Erfahrungen zu sammeln. Sobald einer der beiden Partner auf diesen Prozeß Kontrolle ausübt, verläuft er einseitig. Möglicherweise kann sich Nähe dann nicht mehr weiterentwickeln, bis sich die Umstände verändern.

Gleichwohl können solche mittels sexueller Geheimhaltung ausagierten Gefühle Genugtuung verschaffen. Aber sie verhindern immer die Offenheit zum Partner und berauben uns der Energie, die nötig wäre, um eine schmerzvolle Situation zu verändern. Genau hier liegt das Problem, wenn wir die Überlebensängste ausagieren: Wir fühlen uns zwar kurzfristig wohler, aber schon bald wird es uns bestimmt wieder schlechtgehen. Ironischerweise schaffen wir uns somit genau jene Situation, die wir am meisten fürchten – indem wir unsere sexuellen Anliegen für uns behalten.

Unglücklicherweise gibt es eine Reihe von Beziehungen, die den direkten Gefühlsaustausch geradezu verhindern. In manchen Partnerschaften ist ein schwacher oder ängstlicher Partner erforderlich, damit die Beziehung stabil bleibt. Einstellungen wie «Ich schaffe es nicht allein» lassen solche Beziehungen weiter bestehen, aber sie hemmen die Entwicklung der Partner.

In solchen Fällen ist Auflehnung und Rebellion – und zwar durch sexuelles Verschweigen – eine Möglichkeit für denjenigen in der Rolle des Schwachen oder Ängstlichen, um Wut und Scham auszuleben. Leider sind die Betroffenen dabei dermaßen in ihre Überlebensproblematik verstrickt, daß ihnen jeglicher Blick für verheerende Langzeitfolgen fehlt.

Letztendlich wird die Erfüllung der in der Kindheit entstandenen Skripte durch die Anwendung sexuellen Verschweigens teuer erkauft. Wie bereits erwähnt: Diese Skripte tauchen auf, wenn unser Verstand sich mit einem einzigen Ziel beschäftigt, nämlich den Schmerz aus der Kindheit zu vermeiden. Auf diese Weise tragen die Skripte ganz wesentlich dazu bei, daß wir die Anforderungen unseres gegenwärtigen Erwachsenenlebens ignorieren.

Solche Skripte sind einer alten Tante vergleichbar, die ihre Nichte vor bösen Jungs bewahren möchte, die «nur das eine» wollen. Das Dumme ist nur, daß die Nichte inzwischen dreißig ist und einen netten Mann kennenlernen möchte. Hört sie auf ihre Tante, wird sie ihn nie finden. Das Problem mit den erfüllten Skripten liegt – wie beim Ausagieren von Gefühlen – darin, daß wir für den Augenblick Erleichterung finden, auf lange Sicht hin jedoch unser persönliches Glück verhindern.

Infolgedessen ist die Bereitschaft, den zahlreichen, mit sexuellen Geheimnissen verbundenen Illusionen und ihren Folgen ins Auge zu sehen, ein entscheidender Schritt in Richtung sexueller Befriedigung und besserer Beziehungen. Wer dies auf sich nimmt, wird sich durch eine intensivere, befriedigendere Beziehung entschädigt sehen.

Viele von uns tragen eine unterbewußte Angst in bezug auf Sexualität und Beziehungen mit sich herum. Geheimnisse bieten sich hier geradezu als verlockende Lösung an, um den Urteilen und möglichen Angriffen jener vorzugreifen, auf die wir uns näher einlassen.

Und so lernen wir den Wert von Geheimnissen schätzen. Im

Grunde jedoch agieren wir lediglich Gefühle aus, die uns gefährlich werden könnten, schaffen wir Distanz, klammern uns an eine vermeintliche Macht und erfüllen alte, überholte psychische Skripte.

Wenn Dinge verschwiegen werden, scheinen Beziehungen sicherer zu sein; denn schließlich verringern sich so das Vertrauen und Engagement, das notwendig wäre, um wirklich in und mit der Beziehung zu leben. Mit Hilfe von Geheimnissen bauen wir uns eine eigene Welt innerhalb unserer Beziehungen auf, die es uns wiederum gestattet, Gefühle der Unzufriedenheit zu umgehen.

Oberflächlich betrachtet scheint es, als ob die Kosten für diese Vorteile gering sind. Das trifft insbesondere dann zu, wenn wir sie in unsere Persönlichkeit einbauen und damit unseren Hang zu Härte, Launenhaftigkeit, Spott, Resignation oder was auch immer verstärken.

Selbstverständlich sieht die Realität anders aus, denn die Kosten für den kurzen, vergänglichen Wert des Geheimhaltens sind hoch. Aber in Anbetracht des Dilemmas, in dem wir uns befinden – daß wir nämlich Menschen zum Überleben brauchen, andererseits aber Angst davor haben, daß uns dieses Bedürfnis zerstört –, hören wir diese heikle Wahrheit nur ungern.

Es ist schwer, einem hungernden Kind klarzumachen, daß das Essen, das es gefunden hat, giftig ist. Oder, etwas sachlicher ausgedrückt, es ist schwer, einem gejagten Mann klarzumachen, daß der Wagen, in dem er fliehen will, gleich in die Luft fliegt.

Epilog: Erotische Distanz

Einigen Sexologen zufolge haben sexuelle Geheimnisse noch einen weiteren Vorteil. Sie erzeugen ein Mysterium, das angeblich und durchaus legitim eine sexuelle Beziehung bereichert. Wenngleich ich diese Auffassung nicht unbedingt unterstütze, ist es doch interessant, näher auf sie einzugehen.

Verfechter dieser Theorie der «erotischen Distanz» wie etwa die Psychologen Jack Morin, Robert Stoller und C. A. Tripp, teilen Beziehungen in zwei Phasen auf. Die erste ist das ‹Ich-kann-nichtgenug-von-dir-bekommen›-, das ‹Alles-macht-mir-Lust›-Stadium, das Dorothy Tennov als «lustvolle Entgrenzung» bezeichnet. In dieser Phase bedarf es keiner besonderen Anstrengungen, um das sexuelle Interesse aufrechtzuerhalten.

Allerdings verschleißt sich diese Phase der «lustvollen Entgrenzung» unvermeidbar, und sobald dies der Fall ist, sagt Morin: «Einige Leute wissen intuitiv, wie sie die Leidenschaft erhalten können. Sie verwenden ganz verschiedene Möglichkeiten, um eine gewisse Distanz zu schaffen, um der sexuellen Nähe eine erotische Barriere vorzuschalten.» Im Überwinden dieser Barriere läge die eigentliche Herausforderung, erklären diese Theoretiker, und nur so ließe sich eine phantasievolle und angeregte Sexualität über die Zeit retten.

«Sexuelle Geheimnisse», so Morin, «stellen nur eine Möglichkeit dar, damit diese so wichtige Barriere erhalten bleibt. Vielleicht schaffen sie auch ein Gefühl, man wünsche sich etwas Unanständiges oder Verbotenes, was ebenfalls erregen kann.»

Wie bereits erwähnt, hege ich eine gewisse Skepsis gegenüber dieser Anschauung. Gehen wir trotzdem einmal kurz davon aus, daß sie zutrifft. Dann stellt sich die Frage, ob wir die Verantwortung für diese Dynamik übernehmen und sie auf eine vorteilhafte Weise handhaben können. Oder sind wir ihr auf Gedeih und Verderb ausgeliefert und auf dem besten Weg, sie selbstzerstörerisch auszuleben?

Sollte sexuelle Geheimhaltung tatsächlich ‹notwendig› sein, um Sex auf Dauer aufregend zu halten, dann sollte zumindest versucht werden, ihre negativen Auswirkungen möglichst gering zu halten. Dementsprechend sollten Geheimnisse möglichst Groll ausklammern, in eine ausgelassene Stimmung versetzen, den Partner nicht verletzen, falls sie ans Tageslicht kommen, nicht an der grundlegenden Bindung der Partnerschaft rühren und vor allem nicht auf die speziellen Unsicherheiten des Partners abzielen.

Sofern wir nicht ganz auf Geheimnisse dieser Art verzichten können, sollten wir Wert darauf legen, daß es sich um ‹harmlose› Verschwiegenheiten handelt. Hierunter fallen etwa bestimmte Tricks, mit deren Hilfe wir unseren Partnern gefallen möchten, eine bevorzugte Phantasie oder ein persönliches Ritual, das uns selbst als Stimulierung dient.

In mancher Hinsicht unterscheiden sich sexuelle Geheimnisse nicht von anderen Geheimnissen. Nur ist Sexualität für die meisten von uns nicht wie jede andere Sache. Es gibt nur wenige Kulturkreise in der Geschichte, die der Sexualität an sich ein so großes emotionales Gewicht beimessen.

Folglich erleben wir eine schreckliche Unruhe und Angst, wenn uns Sexualität Schuldgefühle und Verletzlichkeit einflößt. Oberflächlich gesehen stellen sich sexuelle Geheimnisse als geeigneter Schlüssel zum Überleben dar. Wollen wir als Erwachsene jedoch frei sein, müssen wir unsere Ängste aus der Kindheit bewältigen. Positiv ist dabei, daß wir, wie einige Fallbeispiele zeigten, zu diesem Zweck nicht auf den Genuß von Sexualität verzichten müssen.

II. Verbreitete sexuelle Geheimnisse

Sind Sie sexuell normal? Wenn ich Ihnen auf diese Frage antworten sollte, würde ich sagen: ja. Und das, ohne zu wissen, wie oft Sie Sex haben, mit wem, wie gut oder auch nur, wie. Überrascht?

Fast jeder scheint sich zu fragen, ob er oder sie sexuell normal ist. Bei anderen Dingen wissen wir, wie wir im Vergleich zu anderen abschneiden. Wir sehen zum Beispiel, wie andere Menschen essen, Kleider kaufen, telefonieren oder ihre Kinder erziehen. Wir können uns mit unseren Mitmenschen vergleichen und stellen dann gewohnlich fest, daß wir ganz in Ordnung sind.

Aber beim Sex? Wen soll man beobachten? Mit wem kann man darüber sprechen? Außerdem können ernsthafte Gespräche über Sex sehr frustrierend sein. Folglich vergleichen wir uns mit den Bildern in den Medien, in denen uns klassische Schönheit präsentiert wird, Selbstbewußtsein, ein perfekt funktionierender, verläßlicher Sexualtrieb – und jede Menge Zeit, all das auch zu genießen. Bei einem solchen Vergleich ziehen wir unvermeidlich immer den kürzeren.

In Therapiesitzungen, bei Vortragsreisen und in Briefen werde ich immer wieder gebeten, Maßstäbe anzugeben für das, was in der Sexualität als ‹normal› gilt. Im allgemeinen verweigere ich das. Anstatt sich an irgendwelchen Zahlen zu messen, wäre es mir lieber, wenn Sie ein positives Selbstgefühl entwickeln würden und akzeptieren lernten, daß Sie sexuell normal sind. Mein wichtigstes Motiv, dieses Buch zu schreiben, besteht darin, auf diesem Weg möglichst vielen Menschen die nötigen Informationen, Richtlinien und die Ermutigung zu vermitteln, um sich selbst annehmen zu können.

Fangen wir an mit einer einfachen Aufzählung, die illustriert, wie groß die Bandbreite von ‹Normalität› im sexuellen Verhalten ist. Sie sind *nicht* unnormal, nur weil Sie:

- einmal am Tag Sex haben oder einmal alle drei Monate.
- Ihr Leben lang nur einen Sexpartner haben oder ein Dutzend Partner im Jahr.
- jeden Tag masturbieren oder überhaupt nicht – unabhängig davon, ob Sie verheiratet sind oder nicht.
- während des Geschlechtsaktes an jemand anders denken als an Ihren Partner – selbst wenn es jemand ist, der vollkommen unerreichbar ist.
- überhaupt keine Phantasien haben, es mit jemand anders zu tun.
- an einer sexuell übertragbaren Krankheit leiden.
- oralen oder manuellen Sex dem genitalen Verkehr vorziehen oder umgekehrt.
- gern viele verschiedene Positionen ausprobieren oder jedesmal das gleiche tun.
- sich Ihres Körpers schämen oder stolz auf ihn sind.
- die sexuellen Veränderungen, die das Alter mit sich bringt, erregend oder deprimierend finden, oder wenn Sie überhaupt keine Veränderungen bemerken.
- das Gefühl haben, daß sich Ihre sexuellen Vorlieben und Gefühle im Lauf eines Monats oder eines Jahres verändern.
- Erektions- oder Orgasmusprobleme haben.
- es schwierig finden, über Ihre Gefühle oder Vorlieben zu sprechen, selbst mit der Person, die Ihnen am nächsten steht.
- Opfer von Vergewaltigung, erzwungenem Geschlechtsverkehr oder Belästigungen in der Kindheit waren.
- sich fragen, ob Sie normal sind.

An welchem Punkt auf dieser Liste Sie Ihr persönliches Problem wiederentdecken, ist völlig egal. Es geht vielmehr darum, ob Sie sich überhaupt wiederfinden. Wir haben alle verschiedene Lieblingsfarben, bevorzugen eine bestimmte Geschmacksrichtung von Eiskrem oder sehen ein Fernsehprogramm besonders gern, und wir akzeptieren diese Vorlieben, ohne sie in Frage zu stellen. Es wäre gut, wenn wir unsere eigenen sexuellen Vorlieben – und die anderer – ebenso leicht akzeptieren könnten.

Warum bedarf der Begriff ‹Normalität› einer besonderen Erörterung? Weil die Unsicherheit, ob man ‹normal› ist, vielen der Heimlichkeiten zugrunde liegt, die in den folgenden Kapiteln besprochen werden. Würden mehr Menschen in der Gewißheit leben, sexuell normal zu sein, würde sich ihr Leiden schnell erheblich verringern.

Fallstudien

Psychotherapie ist ein wunderbares Mittel, um Menschen zu helfen, sich selbst besser zu verstehen und über ihre Grenzen hinauszuwachsen. Die Klienten gewinnen Einsicht in die grundlegendsten Bestandteile der menschlichen Persönlichkeit. Sie werden mit ihren eigenen Gefühlen wie Angst, Wut, Liebe, Traurigkeit, Freude und Schuld vertrauter und können sie besser ertragen.

Eine Therapie zu machen ist nicht das gleiche, wie in einem Klassenzimmer zu sitzen. Therapeuten halten ihren Klienten keine Vorträge, sondern helfen ihnen, zu erfahren, was ihr Verhalten und ihre Beziehungen bedeuten. Ich möchte Ihnen die Möglichkeit geben, diesen Prozeß mitzuvollziehen, anstatt einfach nur zu berichten, was die Betreffenden gelernt haben. Darin besteht der Wert von Fallstudien.

Weil die Beispiele relativ kurz sind, erscheint der Prozeß vielleicht wie Zauberei. Bedenken Sie jedoch, daß jeder Fall Monate – gelegentlich Jahre – harter Arbeit erforderte. Manchmal ist die Arbeit langweilig, frustrierend oder schmerzhaft. In einer Psychotherapie stellen sich Erfolge nur langsam ein. Für keinen der Menschen, denen sie in den folgenden Kapiteln begegnen werden, kam der Erfolg über Nacht.

Jede Person, deren Geschichte Sie hier lesen, ist ‹normal›. Sie alle kamen in die Therapie, weil sie mehr vom Leben haben wollten. Die Vorstellung, Therapien seien nur etwas für kranke Menschen, ist überholt und unrichtig. Um sicherzustellen, daß die Vertraulichkeit in den Fallgeschichten bewahrt wird, habe ich Details der einzelnen Fälle verändert oder aus verschiedenen, ähnlich gelagerten Fällen ein Beispiel konstruiert.

Vermeiden Sie es, die Menschen in diesen Fallberichten zu beurteilen. Nehmen Sie sie an, voll Zuneigung, so wie ich Sie drängen möchte, sich selbst voll Zuneigung anzunehmen. Lernen Sie aus ihren Schmerzen und Freuden. Sie wissen doch: Wir sitzen alle im gleichen Boot.

4. Sexuelle Erregung und sexuelle Reaktionen

Wenn wir erwachsen sind, hat der Zwang zur Heimlichkeit bereits einen Tribut gefordert. Wir halten unsere Inzestphantasien, unsere Neugier auf die Körper anderer Menschen, das lustvolle Vergnügen, das wir an Masturbation und überhaupt am Sex empfinden, für schlecht und meinen, es müßte unterdrückt werden.

Um uns vor dieser ‹schlechten› Seite unserer selbst zu schützen, versuchen wir, sie unbewußt zurückzuweisen oder spalten sie vom Rest unserer Psyche ab. Das ist das Gegenteil von Ganzheit und Selbstannahme, die psychische Gesundheit ausmacht. Auch wenn es schmerzhaft ist, einen Teil des Körpers als nichtzugehörig zu betrachten, wird dieser Vorgang meist als absolut notwendig empfunden. «Wenn du deiner schrecklichen Sexualität nicht Herr wirst», sagt unsere innere Stimme, «wird sie die Oberhand gewinnen.»

Das ist der Grund, weshalb wir nahezu alles tun würden, um uns vor diesem ‹bösen Teil› zu schützen. Wir würden sogar unsere Selbstachtung opfern oder in unserem Leben ganz auf Intimität verzichten.

Abstand von der ‹gefährlichen Sexualität› gewinnt man nicht durch eine einmalige Anstrengung, um dann das Problem vergessen zu können; es ist eine lebenslange Aufgabe. Sie können kurzfristig Erfolg dabei haben, Ihre sexuellen Gedanken und Gefühle zu verscheuchen, aber sie werden immer darauf lauern, sich wieder in Ihr Bewußtsein zu drängen. Wer davon überzeugt ist, daß diese sexuellen Vorstellungen schlecht sind, muß rund um die Uhr auf der Hut sein.

Die meisten Menschen versuchen, sich selbst zu disziplinieren, indem sie soziale Normen befolgen, die definieren, welches sexuelle Verhalten ‹akzeptabel› ist. So werden wir selbst zu Anstandswauwaus unserer Psyche. Annehmbares Verhalten wird mit Adjektiven wie «höflich», «damenhaft», «respektabel» und «normal» beschrieben. Alle anderen Arten von Sex, wie außerehelicher Geschlechtsverkehr, andere Formen sexuellen Verhaltens oder ein Geschlechtsverkehr, der nicht der Fortpflanzung gewidmet ist, werden als schmutzig, tierisch, unnatürlich oder sündhaft diffamiert.

Nehmen Sie den Fall des neununddreißigjährigen Maschinisten, der vor einigen Monaten zu mir kam. Jack brachte eine Menge Energie dafür auf, sich und seine Umgebung vor «sexueller Perversion» zu schützen. Er tat so, als handele es sich dabei um eine ansteckende Krankheit, und er sei für sie besonders anfällig.

Jack war gegen sexuelle Aufklärung in Schulen, weil er meinte, damit würde man Kinder zum Geschlechtsverkehr auffordern. Er fand, Homosexuelle müßten eingesperrt oder «geheilt» werden, damit sie Heterosexuelle nicht verführen könnten. Er versuchte, die private Ausleihe von zensierten Videos zu unterbinden, damit andere Menschen keine «kranken Vorstellungen» von der Sexualität bekämen. Und er war der Ansicht, nur verheiratete Paare dürften Zugang zu Verhütungsmitteln haben.

Jacks starkes Bedürfnis, den sexuellen Ausdruck anderer Menschen einzuschränken, war nichts weiter als eine Aussage über sich selbst. Er hatte eindeutig Angst vor der Macht der Sexualität – besonders seiner eigenen. Um mit dieser Angst fertig zu werden, hatte er unbewußt seine eigenen «gefährlichen» sexuellen Empfindungen zu einem äußeren Objekt gemacht. Weil dieses «Objekt» aus ihm selbst kam, sah er überall Gefahren lauern.

Jacks Geschichte erinnert mich an eine indische Fabel, die mir sehr gefiel: Es war einmal ein Mann, der so viel Abscheu vor seinem eigenen Schatten empfand, daß er beschloß, ihn für immer loszuwerden. Er fing an zu laufen, aber ganz gleich, wie schnell er lief, er konnte ihm nicht entkommen. So rannte er schneller, schneller und schneller. Schließlich war der Mann vom dauernden Laufen so erschöpft, daß er tot umfiel.

Er hatte nicht bemerkt, daß der Schatten nur verschwunden wäre, wenn er aufgehört hätte zu laufen und sich unter einen Baum gesetzt hätte.

Jacks Geheimnis, das er vor sich selbst verbarg, war ein starkes Interesse an Sexualität. Anstatt sich seiner Angst bewußt zu werden, sich mit ihr auseinanderzusetzen und eine Möglichkeit zu finden, mit ihr umzugehen, eignete er sich verzerrte Theorien über Sexualität und sexuelles Verhalten an. Er fühlte sich am sichersten unter Menschen, die mit ihm einer Meinung waren, wo jeder die eigene machtvolle Sexualität ebenfalls lautstark verleugnete und man zusammen versuchte, den sexuellen Feind «da draußen» zu bekämpfen.

Ich versuchte nicht, mit Jack über seine Ansichten zu diskutieren. Statt dessen half ich ihm, sich seiner unbewußten Überzeugung bewußt zu werden, ein vitaler Teil seiner selbst sei schlecht. Solange er diese unbewußte Einstellung nicht verändern könnte, würde er überall den Teufel lauern sehen. Aber es ist möglich, dem eigenen Schatten schließlich zu entkommen.

‹Richtiges› sexuelles Verhalten

Unsere Gesellschaft ist sehr vielfältig, und es gibt unzählige individuelle Geschmäcker. Dennoch wird Ihnen vertraut sein, wie unsere Gesellschaft ‹normales› sexuelles Verhalten definiert:

- Penis-Vagina-Geschlechtsverkehr, Missionarsstellung
- zwischen zwei Menschen, die einander lieben, wobei einer ein Mann und der andere eine Frau ist
- der Mann unternimmt den ersten Schritt
- der Mann hat sofort eine Erektion
- die Frau ist damenhaft (schwitzt nicht, ist nicht laut oder allzu begeistert)
- sie wird sehr feucht
- Sex ist einfach und bedarf keiner Diskussion
- die Frau kommt leicht zum Orgasmus
- der Mann kommt kurz nach ihr zum Orgasmus

Dieses Ideal gehört zum Gemeingut unserer Gesellschaft wie die Begeisterung für Sportgrößen oder Leinwandstars. Allerdings passen die meisten von uns Untersuchungen zufolge nicht in dieses Idealbild ‹richtiger› sexueller Erregungs- und Reaktionsmuster. Eine

Untersuchung der Zeitschrift *Redbook* aus dem Jahr 1975 berichtete, daß 85 Prozent ihrer verheirateten Leser Cunnilingus betrieben, und 43 Prozent hatten analen Geschlechtsverkehr.

Bedauerlicherweise fühlen sich manche Menschen gezwungen, ihre Vorlieben ihrem Partner oder auch nur sich selbst nicht einzugestehen. Grund dafür ist ihre Angst, sie könnten zurückgewiesen werden, weil sie Spaß an einer ‹falschen› Art von Sex haben. Dem liegt eine verheerende Erinnerung an die Kindheit zugrunde. In der erwachsenen Version spielt der Partner die Rolle eines Elternteils, und wir selbst sind das Kind. Und es erscheint uns am sichersten, die alte Kindheitsstrategie anzuwenden: Bist du im Zweifel, verberge die Wahrheit.

Leider führt das zu Schuldgefühlen, der Furcht, entdeckt zu werden, und der Überzeugung, nicht so geliebt zu werden, wie man ist. Deshalb bekennen wir in der Öffentlichkeit den Glauben an ‹normalen› Sex. Aber sämtliche modernen Untersuchungen sexuellen Verhaltens zeigen, daß die Menschen privat etwas ganz anderes tun. Daher der Scherz: «Was mir gefällt, ist eine Variante. Was dir gefällt, ist exzentrisch. Was ihnen gefällt, ist pervers.»

Zum Beispiel sind nur wenige Menschen bereit, offen zu sagen, erotische Filme und Bücher dürften nicht unterdrückt werden; niemand will bezichtigt werden, Pornographie zu fördern. Und doch sind Erotika eine Milliarden-Dollar-Industrie. Sie könnten nicht existieren, wenn es nur ein paar tausend moralisch schwache Kunden dafür gäbe. Millionen ‹normaler› Menschen konsumieren Erotika.

Eigentümer von Sexshops sagen schon seit Jahren, daß ihre Kunden ganz normale Menschen sind, Menschen wie ich und du. Aber aus Angst vor Strafe will es niemand zugeben. Die meisten von uns sind nicht erwachsen genug, um die Verantwortung zu übernehmen und in sexueller Hinsicht ihrer eigenen Urteilskraft zu trauen. Wir masturbieren immer noch heimlich im Badezimmer und verstecken uns vor Mami.

Verbreitete Geheimnisse

Wenden wir uns nun einem besonders geheimnisumwitterten Bereich zu, der sexuellen Erregung und Reaktion. Was uns erregt und wie wir auf welche Form der Erregung reagieren, verschweigen wir auffällig oft. Dazu gehören die sexuellen Vorlieben, die Bedingungen, unter denen Sex stattfindet, der eigene Sexualtrieb, unsere Körper, sexuelle Funktionsstörungen und der Vorwurf: «Du erregst mich eigentlich gar nicht.»

Vorlieben

Am häufigsten betreffen sexuelle Geheimnisse die bevorzugte Art von sexueller Stimulation. In einer Kultur, die die Maßstäbe für das, was als «richtig» gilt, so eng definiert, ist es nicht verwunderlich, daß sehr verbreitete Vorlieben oft für Abweichungen gehalten werden. Als gäbe es nicht schon genug Gründe, weshalb wir uns unserer Sexualität schämen.

Zum Beispiel gibt den Forschungsarbeiten von Shere Hite und Lonnie Barbach zufolge die Hälfte aller amerikanischen Frauen an, sie würden die Stimulierung der Klitoris der Stimulierung der Vagina vorziehen, um zum Orgasmus zu kommen. Und doch finden viele Männer und Frauen, irregeleitet von der Freudschen Psychologie, Liebesromanen und dem herkömmlichen Alltagswissen der Männer, diese häufige Vorliebe abwegig oder unerwünscht.

Welche Auswirkung hat diese kulturelle Neigung? Barbach stellte fest, Frauen seien darüber ebenso frustriert, wie Männer es wären, wenn sie wüßten, daß von ihnen erwartet wird, den Orgasmus zu erreichen, indem man ihre Hoden reibt.

Weil der Geschlechtsverkehr im allgemeinen nicht genug klitorale Stimulierung bietet, kommen Frauen durch oralen oder manuellen Geschlechtsverkehr leichter zum Orgasmus. Manche Männer bevorzugen diese Art der Sexualität ebenfalls, weil es weniger Energie erfordert, intensivere Empfindungen hervorruft und weniger Druck auf sie ausübt, «gut im Bett zu sein». Und doch halten Frauen wie

Männer diese Vorliebe wie so viele andere geheim und kommen zur Therapie, weil sie deswegen beunruhigt sind.

Ein solcher Fall war Dave. Er war ein gesunder Mann im mittleren Alter, der Spaß an der Sexualität hatte. Mit seinem Geschlechtsleben war alles in bester Ordnung, aber er war sehr beunruhigt, weil er Fellatio lieber hatte als Geschlechtsverkehr. Allein wegen dieser Sorge suchte er einen Therapeuten auf.

«Vielleicht bin ich insgeheim schwul?» sagte er ängstlich bei unserer ersten Sitzung. «Guter Gott, hoffentlich nicht. Ich will auf keinen Fall, daß jemand das denken könnte. Außerdem – woher soll man wissen, daß eine Frau nichts gegen oralen Sex hat, auch wenn sie es mitmacht?» Verständlicherweise hatte Dave nie seinen Wunsch nach oralem Sex ausgesprochen und zögerte, sich ihm hinzugeben, wenn eine Frau es spontan machte. Er sagte, die Heimlichtuerei gäbe ihm das Gefühl, ein Schwindler zu sein. Von Zeit zu Zeit stellte er seine Beziehungen zu Frauen völlig ein. Sexualität wurde zu einem Konflikt, der ihn einsam machte und in dem er hin und her gerissen war zwischen Lust, Frustration und Sorge.

Nach zwei Sitzungen war klar, daß Dave kein bestimmtes Problem mit Intimität hatte. Was er vor allem brauchte, war die Versicherung, völlig normal zu sein. Ich dachte, der *Hite-Report* könne helfen. Darin heißt es, daß fast alle der 7000 interviewten Männer angaben, enorme Lust bei der Fellatio zu empfinden. Ein Mann schrieb sogar: «Ein liebender und leidenschaftlicher Mund ist jederzeit stimulierender und erregender als eine Vagina.»

Ich konnte Dave dazu überreden, ein paar Freundinnen zu fragen, wie sie Fellatio gegenüber empfinden. Drei der vier Frauen, die er fragte, versicherten ihm, sie würden es genießen. Er ist nun davon überzeugt, daß sein Interesse daran ‹normal› ist, kann Zutrauen zu sich selbst haben und muß seine sexuelle Vorliebe nicht länger geheimhalten.

Frauen kommen aufgrund vergleichbarer Situationen ebenso häufig in die Therapie wie Männer. Eine dreißigjährige Sekretärin namens Marie wurde von einem Arzt an mich überwiesen. Marie machte sich Gedanken, weil sie die Stimulation ihrer Klitoris weit mehr genoß als andere sexuelle Ausdrucksformen.

Marie hatte hauptsächlich ihrem Mann Don zuliebe Geschlechtsverkehr. Sie genoß zwar die körperliche Nähe, war aber normalerweise hinterher frustriert. Sie forderte Don auf, «mehr» zu machen, hatte aber das Gefühl, nicht mit ihrem Bedürfnis herausrücken und es «zugeben» zu können. Aber ohne eine explizite Diskussion konnten sie nicht in Übereinstimmung kommen.

Marie war besonders beunruhigt, weil sie nach dem Geschlechtsverkehr ins Badezimmer schlich, um zu masturbieren. Weil sie normalerweise sehr erregt war, brauchte sie nur eine Minute bis zum Orgasmus. Aber ihre Lust mischte sich mit anderen Gefühlen: Wut auf ihren Mann, weil er sie nicht befriedigte, Schuldgefühle, weil sie es sich «mit der Hand machen mußte» und ohne ihn einen Orgasmus hatte, und Angst, daß er es herausfinden und sich abgelehnt fühlen würde.

Nach nur zwei Therapiesitzungen beschloß Marie, sich Don anzuvertrauen. Wie sie mir ein paar Tage später berichtete, war es «genauso schlimm, wie ich es befürchtet hatte. Er war verletzt, und wir stritten erbittert.»

In den folgenden Wochen hatten Marie und Don häufig Auseinandersetzungen über Sex. Sie warfen sich gegenseitig vor, alte Wunden wieder aufzureißen, und klagten sich gegenseitig aller möglichen Fehler an. «Aber schließlich hatte ich genug», erzählte sie mir eines Tages. «Ich dachte nach und fragte Don: ‹Bin ich nicht immer noch die gleiche liebende Ehefrau, die ich immer gewesen war? Ich habe ein schlichtes, sexuelles Bedürfnis, und ich werde mich nicht dafür entschuldigen.›»

An diesem Punkt fingen Marie und Don mit einer Paartherapie an. Es war klar, daß sie mehr als ein sexuelles Problem hatten, sie hatten ein Machtproblem. Maries Aufrichtigkeit hatte es aufgedeckt, und es gab kein Zurück. Sie und Don haben es immer noch manchmal schwer miteinander, aber ihre Konflikte haben sich verändert. Sie empfinden mehr Respekt füreinander und haben vor, zu einer neuen Form von gegenseitiger Offenheit zu kommen. Wenn sie es schaffen, werden sie einander näher sein als je zuvor.

Bedingungen

Wie der Therapeut Bernie Zilbergeld in seinem Buch über die männliche Sexualität schreibt, stellt jeder von uns einzigartige, individuelle Bedingungen für befriedigenden Sex. Entgegen allem, was uns Liebesromane und James Bond-Filme vermitteln, reicht es nicht einfach aus, einen willigen Partner zu haben. Doch glauben viele Menschen, sie sollten, wenn es um sexuelles Verlangen und sexuelle Befriedigung geht, wie Bargeldautomaten sein – allzeit bereit und funktionstüchtig, vierundzwanzig Stunden am Tag.

In Wirklichkeit sind die Voraussetzungen, unter denen Menschen Sexualität als lustvoll empfinden, unendlich vielfältig. Für den einen gehört dazu das Gefühl von Nähe, für den anderen ein jugendlicher Partner, für wieder andere das Gefühl, Regeln zu verletzen, und eine verläßliche Empfängnisverhütung.

Das was ich hier «Bedingung» nenne, ist nach Zilbergeld alles, was Ihnen zu mehr Entspannung verhilft, Sie die sexuelle Erfahrung angenehmer und intimer erleben läßt, und was Sie offen dafür macht. Gemeint ist alles, was hilft, das Nervensystem von überflüssigen Belastungen zu befreien, damit es offen ist, sexuelle Botschaften auf befriedigende Weise zu empfangen und weiterzugeben. Wenn Sex nicht hält, was er verspricht, sind wir nur allzu bereit anzunehmen, daß mit uns selbst irgend etwas nicht stimmt, anstatt mit der Situation.

In der Annahme, wir dürften nicht von solchen Bedingungen abhängig sein, verbergen wir sie. Eine Bedingung kann zum Beispiel darin bestehen, bestimmte «Lustkiller» zu vermeiden. Das kann bedeuten, daß man nicht wegen seines Körperumfangs oder -gewichts aufgezogen wird oder daß man nicht das Gefühl haben darf, gedrängt zu werden; manchen Menschen nimmt auch der Geruch von Zigaretten oder die mechanische Liebes«technik» des Partners jegliche Lust. Eine meiner eigenen Bedingungen – ich gestehe es! – ist: keine Country-music!

Sex kann Angst auslösen, langweilig, frustrierend oder unerfreulich sein, wenn nicht auf unsere Bedingungen eingegangen wird, warum lassen wir uns so oft auf sexuelle Begegnungen ein, bei denen die für uns persönlich wichtigen Bedingungen fehlen? Normalerweise ist der Grund dafür, daß wir nicht glauben, andere könnten unsere Bedingungen akzeptieren – weil wir sie selbst nicht akzeptieren. Bei diesem Problem muß ich an Simon denken, einen Boutiquebesitzer, mit dem ich vor einigen Jahren arbeitete.

«Ich bin verrückt nach diesem neuen Mädchen», erzählte er mir. «Sie ist sehr hübsch, und sie mag mich.» Aber weshalb verlor er dann während des Liebesaktes sein Interesse?

Ich fragte ihn, ob es außerhalb des Bettes irgendwelche Probleme gab. «Oh, sie trinkt ganz gern», erwiderte er. «Und tatsächlich hat sie es auch gern, wenn ich ebenfalls trinke. Sie sagt, es gibt ihr das Gefühl, sexy zu sein.» Und wie empfand er das selbst? «Na ja, ich bin nicht gerade versessen darauf», sagte er, «aber ich nehme an, es ist in Ordnung.» Das ist eine der Antworten, bei denen im Kopf eines Therapeuten eine Alarmglocke losschrillt. Ich beschloß, es vorerst dabei zu belassen.

In der folgenden Woche war Simon wieder da. «Wir haben wieder miteinander geschlafen», sagte er, sobald er sich gesetzt hatte. «Und mittendrin passierte die gleiche verdammte Geschichte. Was ist bloß los mit mir?»

Ich bat Simon, die Augen zu schließen und die Situation vor seinem geistigen Auge zu visualisieren. Was hatte er gehört, gerochen, gefühlt, geschmeckt?

«Glorias Haut», er lächelte. «Sie fühlt sich so weich an. Und Musik. Wir mögen beide Cellomusik. Jetzt flüstert sie mir etwas zu.» Ich sah, wie er die Nase verzog. «Stimmt irgend etwas nicht?» fragte ich. «Nein», sagte er schnell, aber ich hörte, wie er etwas vor sich hin murmelte. «Was ist?» fragte ich wieder.

«Nur der Alkohol», sagte er mit einer Spur von Ärger. «Warum muß sie immer alles verderben mit ihrer Trinkerei?» Es war eindeutig, daß Simon den Geruch von Alkohol in Glorias Atem haßte. Er sagte, er habe es ihr gegenüber ein- oder zweimal erwähnt, aber keine Reaktion darauf bekommen, und das Thema dann fallengelassen.

Während unserer Sitzung erkannte Simon, daß er Glorias Alkoholgeruch unter anderem deshalb nicht mochte, weil er ihn an seine Kindheit erinnerte, als er von einem völlig untauglichen, alkoholabhängigen Großvater versorgt wurde. Anstatt Gloria damit zu konfrontieren, beschloß Simon, sein Unbehagen hinunterzuschlucken.

«Ich bin derjenige, der sich verändern sollte», sagte er stoisch. «Es ist so idiotisch, sich deshalb aufzuregen. Außerdem», fügte er ruhig hinzu, «was ist, wenn sie sich weigert, sich zu verändern?»

Das war natürlich der springende Punkt seiner Stillhaltetaktik, und darauf konzentrierten wir uns fortan in der Therapie.

Simon entschloß sich, weiterhin den sehr schwierigen Weg des Leugnens zu gehen, und verbarg damit eine der für ihn wichtigsten Bedingungen für lustvolle Sexualität. Seine Abneigung zeigte sich indirekt in seiner wankelmütigen Libido. Ich fürchte, vor Simon liegen noch größere Probleme.

Die Sorge, die eigenen Bedingungen könnten «unvernünftig» sein, ist nur eine andere Version der häufigsten Angst in Verbindung mit Sexualität: «Bin ich normal?» Ich bin davon überzeugt, daß so gut wie alle einfachen Bedingungen, solange sie nicht Zwang oder Schmerzen einschließen, sowohl üblich als auch harmlos sind.

Sexualtrieb

Viele Menschen verstecken die wahre Natur ihres Sexualtriebes, weil sie sich für abnormal halten. Shere Hite zufolge herrscht ungeheure Angst bei einem großen Teil der (von ihr untersuchten) Männer darüber, wie oft sie Geschlechtsverkehr haben sollten. Tatsächlich sind viele Männer ziemlich sicher, sie sollten es häufiger machen, als sie es tun.

Da Männer angeblich häufiger Sex wollen als Frauen, verbergen sie es oft, wenn sie ihr Verlangen als zu gering empfinden. Sie initiieren Sex vielleicht auch dann, wenn sie eigentlich gar nicht wollen. Anstatt sich einfach höflich zu weigern, brechen sie einen Streit vom Zaun, sagen, sie seien müde, oder widmen sich dem Fernseher, lesen oder warten, bis die Partnerin eingeschlafen ist, bevor sie zu Bett gehen. Um langfristig ihr unbewußtes Problem zu lösen, nehmen diese Männer oft einen zweiten Job an, stürzen sich in neue ehrenamtliche Aufgaben oder auf ein neues Hobby.

Frauen hingegen verbergen oft, wenn sie meinen, ein zu großes Verlangen zu haben. Sie begeben sich manchmal in Therapie, um das «in Ordnung» zu bringen, oder versuchen ihr sexuelles Interesse an ihrem Partner durch Masturbation zu verringern oder experimentieren fortwährend mit Reizwäsche oder Parfüms, um ihren Partner zu erregen. Wie anders würde das Leben dieser Frauen verlaufen, wenn sie einfach die Wahrheit über ihren Sexualtrieb zugeben könnten und mit ihren Partnern daran arbeiten würden, einen vernünftigen Kompromiß zu finden.

Dieses Thema erinnert mich an einen Vorfall, der sich vor ein paar Jahren in Los Angeles ereignete. Ich war Gast in einer Radiosendung, bei der Hörer anrufen und Fragen stellen konnten. Ein Zuhörer bat mich, «Nymphomanie» zu definieren. «Sexuelle Etikettierungen sind beliebig und relativ», antwortete ich ihm. «Die meisten Menschen halten eine Frau für eine Nymphomanin, die häufiger Sex haben möchte als ihr Partner.»

Die meisten Menschen verstecken oder unterdrücken ihren wahren Sexualtrieb zwar vor allem aus Furcht vor Zurückweisung, doch nicht allein deshalb. Vielleicht gehören Sie zu den Frauen, die davon überzeugt sind, ihre Sexualität sei etwas Schlechtes, und Angst haben, wenn sie «nachgeben», würde die Sexualität übermächtig und sie würden, überwältigt von Lust, immerfort Sex wollen. Vor kurzem wurde eine Frau von einem Sozialarbeiter an mich überwiesen, die, wie sich herausstellte, genau dieser Beschreibung entsprach.

Rachel war eine kleine Frau mit riesigen blauen Augen, die ein extrem geringes sexuelles Verlangen hatte. «Ich liebe meinen Mann», sagte sie, «aber ich schlafe einfach nicht gern mit ihm.» Das Problem hatte sich vor einem Jahr eingestellt, nach einem langen Urlaub, in dem sie jeden Tag miteinander schliefen. Wie war es dazu gekommen, daß diese intensive Lusterfahrung ihr ursprüngliches Verlangen gedämpft hatte?

Wir sprachen über ihre Erfahrungen als Heranwachsende. «Meine Eltern waren extreme Workaholics und hatten nur sehr wenig Zeit für mich», erinnerte sie sich. «Sie kümmerten sich nicht besonders um meine Schularbeiten oder Freunde oder sonst etwas. Mit fünfzehn schlief ich zum erstenmal mit meinem damaligen Freund, einem Studenten. Der ekstatische Ausdruck auf seinem Gesicht, wenn er kam, erregte mich. Wenn er sagte, daß er mich liebte, schmolz ich einfach dahin.

In jenem Jahr schlief ich mit fast allen seinen Freunden», fuhr sie fort. «Denn ich wurde abhängig von dieser neuen Droge, Männer verrückt zu machen, und ich kam in einen gewissen Ruf. Aber als ich zwanzig Jahre alt war, fühlte ich mich alt und verbraucht. Ich begann zu erkennen, daß diese Kerle sich überhaupt nichts aus mir machten und mich einfach nur benutzten. Ich glaube, auf meine Weise habe ich sie ebenfalls benutzt. Ein Jahr später traf ich Lee, den ersten anständigen Mann, den ich kennenlernte. Ich heiratete ihn so bald wie möglich, und wir zogen woanders hin.»

Unbewußt glaubte Rachel, diese fünf Jahre intensiver sexueller Aktivität würden ihrer wahren Natur entsprechen. Seit dieser Zeit trug sie die Angst in sich, daß die «Verrücktheit» der unkontrollierten Sexualität wiederkehren, sich ihrer bemächtigen und ihr Leben ruinieren konne. Sie fühlte sich sicher in ihrer Ehe und arbeitete langsam ein befriedigendes sexuelles Arrangement mit Lee aus – bis zu diesem Urlaub.

Ich fragte, ob Lee von ihren «wilden Zeiten» wußte. «Etwas», erwiderte sie ruhig, «aber nicht sehr viel.» Sie fürchtete, er würde sich aufregen, wenn er es herausfand. «Ich möchte nicht darüber nachdenken. Das wäre so, als würde ich es geradezu heraufbeschwören.»

Hier also lag ihr Geheimnis: «Ich war böse.» Und die Furcht: «Ich habe Angst, Lee wird mich verurteilen und mich dann verlassen.» Der sexuell aktive Urlaub hatte all ihre alten Ängste, außer Kontrolle zu geraten, wieder aufleben lassen. Der Verlust ihres Verlangens, der darauf folgte, war ein unbewußter Weg, diese Ängste zu bewältigen.

Ich ermutigte Rachel sanft, zu akzeptieren, daß sie auf diese Weise ihre schwierige Kindheit bewältigt hatte. Manche Heranwachsende, sagte ich ihr, fangen an zu trinken, klauen oder bekommen

Probleme in der Schule, um mit der mangelnden Aufmerksamkeit ihrer Eltern fertig zu werden. Sie hatte – wenn auch nicht bewußt, im Sex eine Lösung ihrer Probleme gefunden.

Als Rachel langsam akzeptierte, daß sie nicht «verdorben» war, ließ ihre Angst vor einer Verurteilung durch ihren Partner nach. Vor allem hatte sie nun weniger Angst, die Kontrolle über ihre eigene Sexualität zu verlieren. Sie beschloß bald, Lee zu bitten, sie zu einer Therapiesitzung zu begleiten, damit sie ihre Ängste mit ihm teilen konnte. Das war vor drei Monaten. Heute genießt Rachel Sexualität als erregende, intime Erfahrung.

Der eigene Körper

Körperliche Merkmale sind wohl die bestgehüteten sexuellen Geheimnisse. Wir alle, besonders aber Frauen, kennen die Momente, in denen wir unseren Körper verstecken wollen. Doch sind nur wenige Menschen fähig, mit anderen über dieses Problem zu sprechen und darüber hinauszuwachsen.

Diese Schwierigkeit verdankt sich vor allem der Obsession, mit der unsere moderne Gesellschaft der körperlichen Schönheit huldigt. Die meisten Menschen kümmern sich mehr um ihr äußeres Erscheinungsbild als um ihre Gesundheit. So ist es nicht überraschend, wenn in den westlichen Industriegesellschaften gefährliche Gesundheitsstörungen, wie Magersucht oder Bulimie, auftreten, bei denen ein verzerrtes Selbstbild zum selbstgewählten Hungern führt.

Und es ist kein Wunder, daß vor allem Amerikaner in die plastische Chirurgie verliebt sind. Um unserer Schönheit aufzuhelfen, bietet diese Milliarden-Dollar-Industrie viele Eingriffe an, wie zum Beispiel Brustvergrößerungen, die häufig trotz bisweilen verheerender gesundheitlicher Auswirkungen vorgenommen werden.

Die Scham, die man dem eigenen Körper gegenüber empfindet, ist vermutlich vor oder während einer sexuellen Begegnung besonders stark. Sie schämen sich vielleicht für Narben, für zu wenig oder zu viel Haar oder für Ihre Genitalien, die Sie als häßlich empfinden. In der Hälfte aller Briefe, die an meinen Leserdienst in der Zeitschrift *Men's Guide to Fashion* geschickt werden, kommen Sorgen über die Größe oder die Gestalt des Penis zum Ausdruck. Und wenn man den Frauen glaubt, gibt es Brüste nur in zwei Größen: zu große und zu kleine.

Einer Untersuchung der amerikanischen Zeitschrift *Redbook* aus dem Jahre 1987 zufolge ist der Faktor, der heute für sexuelle Hemmungen aller Art bei Frauen am stärksten verantwortlich ist, die Unsicherheit über ihr körperliches Aussehen. Ganze 41 Prozent (von den 26000, die auf die Umfrage antworteten) gaben an, diese Gefühle würden sie daran hindern, ihre Sexualität frei zum Ausdruck zu bringen.

Sexuelle Heimlichtuerei, die Resultat der Scham über den eigenen Körper ist, nimmt einem Menschen Energie und Kreativität. Wer derartige Geheimnisse hegt, möchte meist das Licht während des Geschlechtsverkehrs ausschalten, und viele weigern sich, Liebe zu machen in Positionen, die ihrem Empfinden nach nicht schmeichelhaft sind. Manchmal verbieten sie ihren Partnern bestimmte Berührungen, die ihr Geheimnis enthüllen könnten.

Das, was so eifrig verborgen wird, kann fast alles sein: eine Narbe, extrem kleine Brüste, ein haariger Po, eingezogene Brustwarzen, kleine Hoden. Unsere Neigung, uns der ganz normalen Varianten körperlicher Merkmale zu schämen, ist ebenso beeindrukkend wie bedauerlich!

Eine der vielen Frauen, die diese Art von Scham empfinden, ist Sandy, eine intelligente Frau, die etwa dreißig Pfund über dem sogenannten Idealgewicht wiegt. Sie kam zu mir, weil sie Schwierigkeiten hatte, mit einem Partner zum Orgasmus zu kommen. Als ich sie fragte, wie eine typische sexuelle Begegnung abläuft, berichtete sie mir folgendes:

«Zuerst einmal will ich nicht oben liegen, obwohl das eigentlich meine Lieblingsstellung ist. Ich will nicht, daß jemand sieht, wie meine Brüste herabhängen. Auch andere Positionen kommen nicht in Frage – zum Beispiel es von hinten zu machen, denn ich habe einen riesigen Hintern, und ich weiß, daß das jedem Mann sofort jegliche Lust nimmt.

Wenn ich beschließe, mit jemandem zu schlafen, schlage ich vor, zu mir zu gehen. Ich habe eine Menge Kerzen am Bett, deshalb ist die Beleuchtung weich, schmeichelnder. Ich lasse auch nicht zu, daß Männer meinen Bauch oder meine Oberschenkel berühren. Ich habe diese Berührung gern, aber sie sind, wissen Sie, schwabbelig, schlaff. Es ist einfach zu peinlich. Im Grunde geht es mir meist ganz gut», fuhr Sandy fort, «aber manchmal fühle ich mich wie ein Mensch zweiten Grades. Ich werde wütend, weil Männer so viele Vorurteile haben, und dann werde ich wütend über mich selbst, weil mir das so viel ausmacht. Und natürlich ist es frustrierend, erregt zu werden und dann nicht zu kommen. Manchmal mache ich mir Sorgen, daß das Männer ebenfalls abstößt. Zum Teufel, wenn es mir zuviel wird, habe ich einfach einen oder zwei Monate überhaupt nichts mehr mit einem Mann. Dann vergesse ich die negativen Gefühle, und danach geht es wieder.»

Obwohl Sandy Spaß an Sex hat, besteht für sie ein großer Teil des Liebesspiels darin, die Attraktivität ihres Körpers zu überwachen. Ihre Aufmerksamkeit gilt nur zu einem Teil ihrer Lust, denn zu einem anderen Teil konzentriert sie sich auf das Verstecken ihres Körpers. Dieser Konflikt erschwert es ihr, zum Orgasmus zu kommen, und gleichzeitig verhindern die von ihr selbst gesetzten Regeln, was berührt werden darf und was nicht, daß sie die Stimulation bekommt, die sie braucht. Kein Wunder, daß sie mit einem Partner nicht zum Höhepunkt kommen kann.

Ein weiteres Hindernis steht Sandys Befriedigung im Wege: ihre Wut, weil sie sich einsam und herabgesetzt fühlt. Verständlicherweise fehlt Sandy das Gefühl der Selbstbestimmung, denn ihr sexuelles Geheimnis diktiert ihr Verhalten und hat sie machtlos gemacht.

Weitere häufige Geheimnisse, die den Körper betreffen, sind:

- Ich bin unfruchtbar (und ich weiß, daß du Kinder willst, deshalb werde ich es nicht gleich sagen).
- Ich habe Herpes oder eine andere sexuell übertragbare Krankheit (sie ist gerade jetzt unter Kontrolle, aber ich habe Angst, du würdest mich zurückweisen, wenn ich es dir sagte).
- Ich bin eine Frau, die sehr leicht zum Höhepunkt kommt, und/oder multiple Orgasmen hat (und ich fürchte mich davor, dich könnte das einschüchtern oder du könntest mich verurteilen, wenn du es wüßtest).

- Ich habe Angst, Liebe zu machen, wenn ich nicht zuerst ein paar Gläser Alkohol getrunken habe.

Sexuelle Funktionsstörungen

Den Pionieren der Sexologie, Masters und Johnson, zufolge führen über vierzig Millionen Amerikaner kein befriedigendes Sexualleben. Im Idealfall würde ein so verbreitetes Problem freimütig diskutiert werden, aber in dieser puritanischen Gesellschaft ist das nicht so. Im Gegenteil, sexuelle Probleme oder Unsicherheiten gehören zu den häufigsten Tabus, über die man nicht spricht.

In unserem medienbeherrschten Zeitalter haftet sexuellen Funktionsstörungen ein moralischer Makel an, der viel Ähnlichkeit hat mit der heute weitgehend überwundenen Tabuisierung von Alkoholismus oder Scheidungen in früheren Zeiten. Deshalb entscheiden sich viele Menschen dafür, ihr sexuelles Problem zu verbergen, vor ihrem Partner, vor Ärzten und Therapeuten, die ihnen helfen könnten. Durch Verleugnung, Rationalisierungen und Projektionen verheimlichen sie ihre Schwierigkeiten sogar vor sich selbst.

Der vierundvierzigjährige Busfahrer William steckte in einem solchen Dilemma. «Vor etwa einem Jahr verlor ich zum erstenmal mitten im Liebesspiel meine Erektion. Es beunruhigte mich nicht besonders, aber als es in der folgenden Nacht wieder passierte, wurde ich nervös», erzählte er mir.

«Meine beiden hauptsächlichen Freundinnen verließen zu jener Zeit die Stadt, um eine bessere Arbeitsstelle anzutreten, deshalb ging ich bald wieder auf die Piste, wie man sagt. In der ersten Woche traf ich einige andere Frauen, die Dinge ließen sich also ganz gut an. Aber ich hatte noch ein paarmal Potenzstörungen, und das schaffte mich schließlich. Kein Sex mehr, beschloß ich, bevor ich das nicht in Ordnung gebracht habe.»

Ich erwog die Möglichkeit, ob der Verlust seiner Freundinnen die Erektionsschwierigkeiten ausgelöst hatte, aber ich ließ William nichts von meinen Überlegungen wissen. Ich wollte seine Sicht der Geschichte kennenlernen, ohne Unterbrechung.

William rutschte noch ein bißchen nervös auf seinem Stuhl herum und erzählte dann weiter: «Ich wurde ziemlich kreativ im Ausredenerfinden – ich müßte morgen früh aufstehen, um den Tag mit meinem Kind zu verbringen, hätte zu viel Alkohol getrunken, mir würde zu viel im Kopf herumgehen, ich sei zu aufgeregt wegen des Films, den ich gerade gesehen hatte. Ich war einsam, aber das war besser, als zuzugeben, daß ich ein Sex-Problem hatte. Ich suchte verschiedene Ärzte auf», schloß er, «aber sie konnten mir offenbar nicht helfen. Inzwischen bin ich ganz schön mutlos. Und natürlich weiß ich, daß ich nicht auf Dauer eine Beziehung zu einer Frau haben kann, ohne mit ihr zu schlafen.»

Für Williams Problem spielt der Unterschied zwischen Angst und Panik eine Rolle. Angst ist, was man zuerst empfindet, wenn man nicht zweimal hintereinander eine Erektion haben kann. Panik ist, was man beim zweitenmal empfindet, wenn man gar keine Erektion bekommt. William empfand nur ein paar Tage lang Angst und ging dann gleich zu Panik über.

Wie viele andere Menschen konnte William es lange Zeit ohne Geschlechtsverkehr aushalten, wenn ihm auch der Mangel an Berührung und Zuneigung eine Menge zu schaffen machte. Außerdem fühlte er sich schlecht, weil er das Gefühl hatte, die Frauen, mit denen er sich verabredete, zu hintergehen.

Dieses Schuldgefühl und seine ständige Wachsamkeit vor potentiell ‹gefährlichen› Situationen hielten ihn davon ab, sich emotional auf Frauen einzulassen. Leider hinderten ihn seine Gefühle auch daran, herauszufinden, daß es ja vielleicht Frauen gab, die ihn gerade so akzeptiert hätten, wie er ist. Sein Geheimnis offenzulegen wäre ein kalkuliertes Risiko gewesen, aber es hätte ihm auch die Zuneigung einbringen können, die William so dringend brauchte.

Urteile und Kritik

Überraschend viele Menschen kritisieren in Gedanken massiv die Verhaltensweise ihrer Partner im Liebesakt. Diese negativen Urteile lauten zum Beispiel so:

- «Du erregst mich nicht wirklich.»
- «Du bist miserabel im Bett.»
- «Ich mag nicht, wie wir es machen.»

In gewisser Weise sind solche unausgesprochenen Urteile eine besonders schwerwiegende Form eines sexuellen Geheimnisses. Da diese verschwiegenen Vorwürfe das Selbstbild des Partners elementar bedrohen, ist es ein echter Prüfstein für jede Beziehung, wenn solche geheimen Gedanken dem anderen gegenüber tatsächlich ausgesprochen werden.

Die Verheimlichung sexueller Beurteilungen ist mithin sehr verbreitet. Shere Hite berichtet, daß viele Männer den Wunsch haben, ihre Partnerinnen sollten es ihnen oral anders machen, aber nichts sagen. Und wie wenig die Frauen es mögen, mit ihrem Partner über sein sexuelles Verhalten zu diskutieren, wird belegt in Texten von Autorinnen wie Anaïs Nin. Möglicherweise vermeiden Frauen solche Gespräche aus Angst, so eine sexuelle Erfahrenheit preiszugeben, die sie lieber verheimlichen würden. Weitere Gründe können sein: Sie wollen ihren Partner nicht aufregen, wollen sich ihren Anspruch auf befriedigenden Sex nicht zugestehen oder einfach nicht streiten. Manchen Frauen fehlt auch die Erfahrung, daß Sex wirklich befriedigend oder angenehm sein kann. Außerdem kann durch die Vermeidung offener Gespräche die Phantasievorstellung aufrechterhalten werden, daß sich in der Zukunft alles ändern wird.

Die Frau in dem folgenden Fallbeispiel hatte mehrere dieser Gründe, um ihr Geheimnis zu bewahren.

Lynn und Claude waren ein angenehmes, wohlhabendes Paar Ende Dreißig, das einander sichtlich liebte. Nach außen hin schien es so, als hätten sie alles – Geld, Karriere, ein niedliches Kind. Aber offenbar fehlte ihnen einfach die Zeit für die Liebe. Er hatte einen verantwortungsvollen Posten, beaufsichtigte außerdem das Hausmädchen und den Gärtner. Sie arbeitete in einer erfolgreichen Anwaltskanzlei, erzog ihr Kind und spielte im örtlichen Orchester.

Interessanterweise waren sie einer Meinung, daß Claude in ihrer

Ehe der Experte für Sex war. «Er hatte eine Menge Erfahrung», sagte Lynn. Und offenkundig genoß Claude diesen Respekt.

Unter vier Augen fügte Lynn hingegen ein interessantes Detail hinzu. Sie war nicht wirklich zufrieden mit der Art, wie Claude sich im Bett verhielt. «Aber ich kann ihn doch nicht kritisieren», erklärte sie. «Er weiß so viel mehr über Sex als ich. Ich muß einfach ein bißchen besser damit fertig werden. Ich werde schließlich schon damit klarkommen.»

Ich bat sie, sich eine perfekte sexuelle Begegnung mit einem Fremden vorzustellen: In welchem Tempo geht er vor, was tut er, was empfindet sie? Die Szene, die sie beschrieb, unterschied sich recht deutlich von ihrer Routine mit Claude. Als ich darauf hinwies, wurde Lynn nachdenklich. Dann verstand sie. «Es ist nicht meine Sache, in sein ‹Expertenwissen› hineinzupassen», rief sie plötzlich aus. «Es ist an ihm, zu tun, was ich mag!»

Was natürlich voraussetzte, daß sie ihre Unzufriedenheit und ihren Wunsch nach Veränderung artikulieren müßte. Das bedeutete, Claude als ‹Experten› zu entthronen und als ‹Koexpertin› anerkannt zu werden. Lynn zögerte verständlicherweise, denn dieser Schritt würde das gesamte Machtgleichgewicht ihrer Ehe entschieden verändern. Dennoch beschloß sie, die Wahrheit zu sagen, damit sie Sex mehr genießen und Claude näher sein könnte. Es war nicht einfach für Lynn, aber es wirkte.

Die Untersuchung der Zeitschrift *Redbook* aus dem Jahr 1975 stellte fest, je ausgiebiger Frauen ihre sexuellen Gefühle mit ihrem Mann erörterten, desto größer war die Wahrscheinlichkeit, daß sie ihr Sexualleben als «gut» oder «sehr gut» bezeichneten.

Wie Lynn es vor kurzem ausdrückte: «Niemand *will* den anderen im Bett frustrieren. Man verändert sich vielleicht nicht, wenn man die wahren Bedürfnisse des anderen kennt, aber man wird sich ganz sicher nicht verändern, wenn man Stillschweigen darüber bewahrt.»

Lynn versteht die Dynamik recht gut. Dennoch zögert sie noch immer, aktiv zu werden. So empfinden möglicherweise die meisten von uns. Denn je stärker wir uns mit unseren Geheimnissen identifizieren, desto mehr zögern wir, sie preiszugeben. Es ist wirklich sehr schwierig, sich vorzustellen, daß die eingespielten Muster, in denen wir sexuelle Erregung und Reaktionen empfinden, verändert und persönlicher gestaltet werden können, so daß sie uns selbst und unseren Gefühlen entsprechen.

Im nächsten Kapitel werden wir eine weitere Form von sexuellen Geheimnissen betrachten: Phantasien und Gefühle.

5. Phantasien und Gefühle

Ein Lieblingslehrer von mir bemerkte einmal: «Wer keine Gefühle oder Phantasien hat, kann unbedenklich für tot erklärt werden.» Sicherlich enthält seine Äußerung ein Körnchen Wahrheit, denn es ist für uns menschliche Wesen bezeichnend, daß uns permanent eine regelrechte Bilderflut durch den Kopf schießt.

Sexuelle Gefühle und Phantasien haben die verschiedensten Auslöser. In dieser Gesellschaft werden wir ständig mit einer Menge von sexuellen Stimulationen konfrontiert – im Kino und im Fernsehen, in der Werbung, in Romanen und durch aufreizende und enthüllende Kleidung. An den meisten Arbeitsplätzen, im Wohn- und Freizeitbereich sind heute beide Geschlechter gemischt, und es kommt dort häufig auch zu physischem Kontakt.

Sexualängste sind vor allem deshalb so verbreitet, weil in unserer Kultur die Überzeugung herrscht, es gäbe eine ‹richtige› Art, sexuell zu denken, zu fühlen und sich zu verhalten. Diese Vorstellung beinhaltet natürlich, daß es auch ‹falsche› oder unangemessene Wege gibt. Die Medien neigen dazu, uns zu suggerieren, wer sexuell frustriert sei, mache etwas ‹falsch› oder empfinde etwas ‹Falsches›.

Tatsächlich fördern die Medien direkt bei ihren Konsumenten das Gefühl sexueller Unzulänglichkeit. Sie verkaufen dann Werbemöglichkeiten an diejenigen, deren Produkte versprechen, uns das Gefühl von Unzulänglichkeit zu nehmen. Ob das Produkt Alkohol, Autos, Zigaretten, Unterwäsche oder irgendwelche Geräte sind, die Botschaft ist stets die gleiche: Benutze mich, und deine Angst wird verschwinden. Der Soziologe C. Wright Mills beobachtete diese Dynamik bereits vor fünfundzwanzig Jahren, und sie ist heute noch gültiger als je zuvor.

Drei verbreitete Mißverständnisse über Phantasien und Gefühle befördern die Neigung zu ihrer Geheimhaltung. Zuerst spielt hier eine Rolle, daß wir uns verantwortlich fühlen für unsere Phantasien. Wir leben in der Vorstellung, ein starker Wille, seelische Ausgeglichenheit oder eine tiefe Religiosität würde die Entstehung ungewöhnlicher oder verstörender Bilder vor unserem geistigen Auge verhindern.

Diese Vorstellung ist jedoch unzutreffend. Sol Gordon äußert hierzu: «Sexuelle Gedanken, Träume und Tagträume sind normal, ganz egal, wie abgelegen sie zu sein scheinen. Verhalten kann falsch sein, Vorstellungen jedoch nicht. Bei Schuldgefühlen handelt es sich um die Energie, die in die Wiederholung unannehmbarer Gedanken gelenkt wird. Die beste Möglichkeit, unannehmbare Gedanken unter Kontrolle zu halten, besteht darin, sie als normal zu betrachten.»

Gordon gibt ein hervorragendes Beispiel: Ein fünfzehnjähriger Junge sieht zufällig seine Schwester unter der Dusche. Er ist für einen Augenblick erregt und hat das Gefühl, eine Sünde begangen zu haben und schuldig zu sein, weil er Lust empfindet. Als Reaktion wird er seiner Schwester gegenüber feindselig. Da er das Bild seiner nackten Schwester nicht mehr vergißt, wird er immer niedergeschlagener. Hätte er verstanden und akzeptiert, daß seine Erregung normal ist, wären das Bild und mit ihm die psychische Bedeutsamkeit des Vorfalls von selbst verblaßt.

Die herrschende Vorstellung, wir seien für unsere Phantasien verantwortlich, führt dazu, daß sich in ihnen der Abgrund spiegelt, zwischen dem, wer wir sind, und dem, wie wir sein sollten. Was für unfaire, unnatürliche Maßstäbe Menschen an sich legen! Es ist ein gravierender Irrtum zu glauben, unsere Phantasien würden enthüllen, was wir wollen, glauben verdient zu haben oder für richtig halten. Damit wird von vornherein verhindert, daß wir die Erfahrung machen können, wie es ist, wenn wir die Verantwortung übernehmen für das, was wir kontrollieren *können* – unser Verhalten.

Einem zweiten, in diesem Zusammenhang relevanten Mißverständnis zufolge werden Phantasien nur allzuoft für bare Münze genommen.

Nun bedeuten Phantasien manchmal wirklich das, was sie zu sein scheinen. Wenn wir beim Masturbieren die Bilder eines exotischen fremden Mannes oder einer exotischen Frau beschwören, geht es uns normalerweise um pure sexuelle Lust. Warum phantasieren wir absichtlich? Weil es lustvoll ist.

Nun haben Phantasien und Gefühle noch eine weitere bezeichnende Eigenschaft. Sie kennen sicherlich die Erfahrung, daß man Angehörige oder Freunde anblafft, weil man sich im Beruf geärgert hat. Und vermutlich haben Sie schon ein- oder zweimal einen Mitarbeiter angeschnauzt, weil Sie vom dichten Verkehr auf dem Weg ins Büro entnervt waren. Es gibt Möglichkeiten, Gefühle indirekt zum Ausdruck zu bringen; das heißt, anstelle des eigentlichen Gefühls zum Ausdruck zu bringen.

Mit Phantasien verhält es sich genauso. Wir können sie oft besser verstehen, wenn wir uns nicht auf ihren Inhalt konzentrieren, sondern versuchen, ihr Thema oder ihren Ton zu erfassen. Denn im Unbewußten (das sich, sagen wir, in Träumen oder Versprechern äußert) hat die Logik nichts zu sagen, wie Freud gezeigt hat, widersprüchliche Triebe oder Vorstellungen existieren Seite an Seite. Erwachsene, ‹reife› Überlegungen, wie die buchstäbliche Wahrheit, sind für das Unbewußte irrelevant. Sein Ziel ist vielmehr, emotionale Energie zum Ausdruck zu bringen.

Betrachten wir die folgenden Beispiele für sexuelle Phantasien, die bei denjenigen, die solche Phantasien haben, Verstörung auslösen können. Diese Bilder auszuagieren würde sicherlich Probleme verursachen und uns der Verurteilung anderer preisgeben. Als Phantasien jedoch bringen sie Themen zum Ausdruck, in denen verständliche und ‹normale› Gefühle eingeschlossen sind, die wir alle kennen. Überlegen Sie, ob Sie mit den vorgeschlagenen Interpretationen einverstanden sind:

- *Phantasie:* Ein erwachsener Mann tagträumt, mit einem Schulmädchen zu schlafen, das an seinem Auto vorbeigeht, während er an der Ampel wartet.
  Interpretation: Wunsch, frei und/oder wieder jung zu sein.

- *Phantasie:* Ein heterosexueller Student stellt sich eine homosexuelle Orgie mit seinen Basketball-Mannschaftskameraden vor.
  Interpretation: Wunsch, sich einer besonderen Gruppe zugehörig zu fühlen, wie einer Familie (ein Wunsch, der möglicherweise besonders das Bedürfnis einschließt, dem Vater nahe zu sein).
- *Phantasie:* Eine Frau steigert die Erregung und die Lust beim Geschlechtsverkehr mit ihrem Mann, indem sie sich vorstellt, sie würde vergewaltigt.
  Interpretation: Nach einer Woche, in der sie sich den Anforderungen bei der Arbeit und zu Hause ausgeliefert fühlt, übernimmt sie die Kontrolle, indem sie geistig über intensive, aggressive Energie bestimmt.
- *Phantasie:* Eine hingebungsvolle Mutter stellt sich vor, jeden der drei Handwerker, die auf dem Dach ihres Hauses arbeiten, zu verführen.
  Interpretation: Besorgnis, ob sie noch verführerisch und attraktiv ist.
- *Phantasie:* Ein einflußreicher leitender Angestellter masturbiert zu der Vorstellung, von einer gemein aussehenden Frau, die vollständig in Leder gekleidet ist, gefesselt zu werden.
  Interpretation: Der Wunsch, die Kontrolle oder eine zu stark auf ihm lastende Verantwortung abgeben zu können.
- *Phantasie:* Eine Frau liest zwanghaft Liebesromane und stellt sich vor, sie sei die Heldin, die zu Sex mit einem grausamen Fremden gezwungen wird.
  Interpretation: Wunsch, so sehr begehrt zu werden, daß ein Mann sich ihretwegen entehrt.

Letzlich spiegeln sich in den meisten Phantasien entweder unbewußte Prozesse oder Wünsche wider, die grundlegende emotionale Bedürfnisse befriedigen sollen. Das ist der Grund, weshalb wir sie weder rational bewerten noch ihrem Inhalt trauen können. Und das ist der Grund, weshalb sie ein derart wertvolles emotionales Ventil bieten und warum sie nicht den gleichen Maßstäben unterworfen werden dürfen wie unser Verhalten.

Machen Sie jedoch keinen Fehler: Sie und ich sind uns derartiger Themen nicht bewußt, wenn wir uns unsere Phantasien ausmalen. Wenn wir solche Bilder erzeugen, gilt unser ganzes Bemühen einzig der Bereicherung unserer sexuellen Befriedigung.

Ein drittes Mißverständnis betrifft die ‹Sündigkeit› angeblich ‹schlechter› Gedanken. In der Therapie bringen viele Menschen ihre Furcht vor ‹verwerflichen› Gedanken zum Ausdruck, indem sie ein Gefühl von Verletzlichkeit und Ohnmacht beschreiben. Derartige

Gefühle können eine furchteinflößende Erinnerung an die Adoleszenz darstellen, oder es sind neue, ungewollte sexuelle Gedanken, die ohne Warnung auftauchen.

Phyllis, eine Mutter von drei Kindern, schilderte ihre gegenwärtige Erfahrung folgendermaßen: «Manchmal habe ich das Gefühl, als hätte sich jemand meines Kopfes bemächtigt. Es kommt vor, daß ich beim Einkaufen einen Mann sehe und mir vorstelle, ich würde geradewegs zu ihm hinübergehen und ihn fragen, ob ich mit seinem Penis spielen darf. Natürlich tue ich das nicht», fügte sie rasch hinzu, «aber es beunruhigt mich, daß mir diese Vorstellung überhaupt in den Sinn kommt. Es gibt mir das Gefühl, mich jede Sekunde beobachten zu müssen.»

Viele Frauen genießen es, sich solche Phantasien auszumalen. «Es macht das Einkaufen viel weniger langweilig», sagte eine. Dennoch sind viele besorgt, weil sie meinen, derartige Phantasien seien nicht normal, und fragen sich, ob sie sie nicht aufgeben müßten.

«Oder wenn ich mit meinem Mann im Bett liege», fuhr Phyllis fort, «und mittendrin denke ich plötzlich: ‹Was ist, wenn ich heute abend nicht zum Höhepunkt komme? Was, wenn ich nie wieder einen Orgasmus bekomme? Es würde einfach alles zerstören.› Derartige Ängste – völlig unrealistisch, aus heiterem Himmel – und dazu noch diese Gefühle im Supermarkt machen mir Sorgen, daß es ein Fehler ist, einfach nur ich selbst zu sein. Und die ganze Zeit über lächle ich Harold an und tue so, als sei ich völlig ruhig, als tobte in mir kein innerer Kampf.»

Unsere heutigen Moralvorstellungen konzentrieren sich weit mehr auf die Sexualität als auf andere Aspekte des täglichen Lebens. Folglich behaupten die Institutionen gesellschaftlicher Autorität, sie hätten das Recht zu entscheiden, welcher Ausdruck von Sexualität ‹normal› sei. Die meisten Menschen betrachten die Diskrepanzen zwischen sich selbst und diesen Normen als ihr Problem und nicht als Problem der Normen, eine Reaktion, die in unserer herrschenden Kultur noch verstärkt wird. Diese Dynamik kommt als Form sozialen Drucks später in diesem Kapitel noch einmal zur Sprache.

Warum wir Geheimnisse über Phantasien und Gefühle entwickeln

Das verbreitete Bedürfnis, sexuelle Phantasien und Gefühle geheimzuhalten, läßt sich weitgehend aus verschiedenen Formen des Geheimhaltungsgebots erklären. Ein Blick in die Kindheit – besonders auf die Struktur, wie kindliche Gedankenprozesse ablaufen – wird uns helfen, die Gefühle zu verstehen, die im typischen Fall das Phantasieleben von Erwachsenen umgeben. Im Jahr 1921 fing der Schweizer Psychologe Jean Piaget an, Belege dafür zu sammeln, auf welche Weise sich das Denken von Kindern von dem Denken Erwachsener unterscheidet. Er kam zu dem Schluß, daß die mentale Kapazität des Gehirns sich in einer regelhaften, vorhersagbaren Weise entwickelt, und teilte die Formen des Denkens, die jeweils für ein Stadium der Kindheit charakteristisch sind, in Kategorien ein.

Piaget betrachtet Kinder als Wesen, die in dem Prozeß, die Welt in immer komplexerer Weise zu begreifen, die Modelle der Wirklichkeit aktiv und immer wieder neu entwerfen. Paradoxerweise gehört zu dieser Komplexität die Einsicht in die Getrenntheit und die begrenzte Macht individueller menschlicher Wesen.

Für unsere Diskussion sind folgende Punkte Piagets von besonderer Bedeutung:

Kinder im Vorschulalter haben eine ‹magische› Vorstellung von Kausalität. Sie glauben, Gegenstände oder Ereignisse können einfach deshalb eine Wirkung aufeinander haben, weil sie sich in unmittelbarer Nähe zueinander befinden. Wenn Sie zum Beispiel bemerken, daß ein Stapel Platten genau in das Regal neben Ihrer Stereoanlage paßt, kann ein Kind das leicht so erklären: «Ja, und die Anlage ist herübergerückt, um genug Platz zu machen.»

Sechsjährige können nicht zwischen dem Geistigen und dem Körperlichen unterscheiden. Ihre Vorstellung von Kausalität ist immer noch magisch, aber sie nehmen nun ihre eigenen Gedanken als wichtigen Verursacher wahr. Wenn ein Kind zum Beispiel in einem Wutanfall sagt, es sei ihm egal, ob sein Frosch stirbt, und der Frosch kurz darauf tatsächlich stirbt, kann das Kind leicht glauben, es habe den Tod des Frosches verursacht.

Kinder kurz vor der Pubertät verstehen, daß sie mit ihren Gedanken keine Gegenstände bewegen können, aber sie glauben dennoch, ihre Gedanken könnten von anderen gelesen werden oder Einfluß auf andere haben. Beispiel dafür ist ein elfjähriges Mädchen, das sich Sorgen macht, weil sie die einzige in der Klasse ist, bei der die Menstruation noch nicht eingesetzt hat. Wenn ein anderes Mädchen sie im Umkleideraum anschaut, wird das elfjährige Mädchen leicht glauben, das andere Mädchen wüßte, was sie denkt.

Heranwachsende kennen die Grenzen ihrer Gedanken, fällen aber Urteile über die moralische Bedeutung ihrer Gedanken und verallgemeinern sie dann übermäßig. Ein weißer Teenager zum Beispiel stellt fest, daß er einen gleichaltrigen Jungen auf Anhieb nicht mag, der zufällig schwarz ist. Bei genauerer Überlegung denkt der weiße Junge vielleicht: «Das ist ein Vorurteil, und Vorurteile sind schlecht. Ich bin offenbar voller Vorurteile, deshalb bin ich vollkommen schlecht.»

Kinder können nur so schnell ein moralisches System ausbilden, wie ihr Denkapparat sich entwickelt. Dreijährige zum Beispiel können nicht daran denken, wie sich andere Menschen fühlen, weil sie noch keinen vollständigen Begriff davon haben, was «andere» bedeutet. Ein anderes Beispiel ist das verstärkte Interesse an Gerechtigkeit und Fairness, das Kinder zum Ausdruck bringen, wenn sie anfangen, die Fähigkeit zu abstraktem Denken zu entwickeln.

Kinder lernen also in Stadien, sich mit ihren Gedanken zu identifizieren und sich dann von ihnen zu trennen. ‹Realistisch› und ‹logisch› können sie erst im Erwachsenenalter denken. Und doch streben alle Kinder mächtig danach, der Welt um sie herum Sinn zu geben. Dabei lassen die begrenzten geistigen Werkzeuge der Kindheit einige verzerrte und zerstörerische Resultate entstehen, zum Beispiel das Geheimhaltungsgebot.

Wenn wir die Welt eines Kindes auf einen Nenner bringen wollen, so ist sie ‹magisch›. Es handelt sich dabei nicht um die Art von Magie, bei der Kaninchen aus dem Hut gezaubert werden, sondern die Magie verschiedener Kraftquellen. Eine dieser Kraftquellen ist die Macht des Gedankens. Erinnern Sie sich, daß Sie als Kind die folgenden ‹magischen› Vorstellungen gelernt haben?

- Gott kennt alle deine Gedanken (insbesondere die ‹bösen›).
- Andere können dir ansehen, was du denkst.
- Böse Gedanken führen zu Alpträumen.
- Böse Gedanken können andere Menschen verletzen.
- Böse Gedanken verursachen Pickel, deformieren den Körper und können Unfälle heraufbeschwören.
- Nur schlechte Menschen haben schlechte Gedanken.
- Wenn man daran denkt, etwas Böses zu tun, ist es das gleiche, als ob man es tut.

Wie diese Aufzählung verbreiteter kindlicher Vorstellungen zeigt, gelten ‹böse› Gedanken als gefährlich. Kinder, die voll Begeisterung über ihre wunderbaren neuen Fähigkeiten mit ihnen experimentieren, können nicht verstehen, daß die Macht ihrer Gedanken beschränkt ist.

Außerdem *beurteilen* Kinder ihre Gedanken und Gefühle unter Verwendung hochgradig vereinfachender moralischer Kriterien. Kleine Kinder können nur zwischen ‹gut› oder ‹böse› unterscheiden. Sie können subtile moralische Differenzierungen buchstäblich nicht erfassen, wie mildernde Umstände, widerstreitende Interessen, die Notwendigkeit, das Gesicht zu wahren oder ein kleines Prinzip zugunsten eines größeren zu opfern.

Leider verwischen die verzerrten Vorstellungen von Kindern den Unterschied zwischen den privaten Gedanken und dem für die Öffentlichkeit sichtbaren Verhalten. Das verhindert, daß Kinder sich in ihrer Eigenwilligkeit sicher fühlen. Phantasie und Kreativität erscheinen ihnen gefährlich.

Da ihre Fähigkeit zu kategorisieren sehr wenig entwickelt ist, haben Kinder Schwierigkeiten zu verstehen, was einen bestimmten Gedanken ‹böse› macht. Die einzige plausible Antwort für das Kind lautet: ‹alles›, der Denkende selbst mit inbegriffen.

Es ist deshalb nur ein kleiner Schritt von «Meine Gedanken sind böse» zu «*Ich* bin böse». Zum Beispiel wollen fast alle Kinder ihre jüngeren Geschwister loswerden. Da dieser Wunsch jedoch ‹böse› ist, haben sie Schuldgefühle, weil sie meinen, daß sie ‹böse› *sind*, wenn ihre Eltern ihnen nicht vermitteln können, wie ‹normal› derartige Gefühle sind.

Es ist wohldokumentiert, daß Probleme von mangelndem Selbstwertgefühl, Angst vor Nähe und Mangel an Selbstbeherrschung Ergebnis der negativen Art und Weise sind, wie Kinder ihre eigenen Gedanken beurteilen. Viele Eltern fördern diese verzerrte emotionale Entwicklung unbewußt. Ohne darüber nachzudenken, sprechen sie ihrem Kind seine Gefühle ab: «Oh, du haßt deine Schwester nicht, brave Mädchen hassen niemanden!» Oder: «Du wünscht dir nicht, dein Onkel wäre tot. Gott bestraft kleine Jungen, die sich so etwas wünschen.»

Verständlicherweise geben Kinder die imaginierte Macht, die aus dem Glauben an die Magie ihrer Gedanken stammt, nur sehr langsam auf. Eltern, die glauben, ihre Kinder für negative Vorstellungen verurteilen zu müssen, tragen nur noch dazu bei, diese kindliche Illusion aufrechtzuerhalten. Da alle Kinder voraussagbare, ungewollte Gedanken hegen (wie Inzest und Mordwünsche), werden sie hochgradig selbstkritisch. Die kindliche Schlußfolgerung «Ich bin böse» kann verheerende Auswirkungen haben.

Das Bedürfnis des Erwachsenen, Gedanken und Phantasien geheimzuhalten, ist nur zu offensichtlich Konsequenz der Lektion, in der wir schon als Kinder gelernt haben, was «böse Gedanken» sind und wie böse derjenige ist, der sie denkt.

In der Adoleszenz lernen Kinder beiderlei Geschlechts jeweils neue Gründe, warum sexuelle Angst unangemessen ist (und deshalb geheimgehalten werden muß). Jungen lernen, ‹richtige Männer› wären sexuell erfahren, wodurch sich ihnen ein Mangel an Selbstvertrauen als Verrat an ihrer Männlichkeit darstellt. Da sie souveräne Erfahrenheit erwarten, fühlen sich viele Frauen schon von dem geringsten ängstlichen Zweifel abgestoßen, den ein Mann gegenüber seiner sexuellen Leistungsfähigkeit äußert.

Jungen Frauen wird tatsächlich beigebracht anzunehmen, Männer seien Experten in Sachen Sex. Zudem wird ihnen vermittelt, daß das Ego von Männern sehr zerbrechlich ist. Wenn eine Frau über Sex nachdenkt, kommt das deshalb einer Beleidigung ihres Partners gleich. Die einzige andere, von der Konvention zugelassene Erklärung lautet, daß sie keine ‹wirkliche Frau› ist – das heißt eine Frau, die sich entspannen und Sex mit einem (angeblich) ‹richtigen Mann› einfach genießen kann. So lernen junge Männer ebenso wie junge Frauen, Ängstlichkeit in sexueller Hinsicht sei unnormal, ein Problem, das es zu verbergen gilt. Eine weitere Saat der Heimlichtuerei ist angelegt.

Kinder lernen, ihre Furcht vor Sexualität zu verbergen, wenn sie beobachten, wie ihre Eltern aneinander das jeweilige Rollenverhalten kritisieren. So lernen sie, daß es gefährlich ist, Versagensängste zuzugeben.

Die Geschichte, die mir ein Ingenieur namens Seymour erzählte, ist dafür ein treffendes Beispiel. «Als ich ungefähr zehn Jahre alt war», sagte er, «wurde mein Vater arbeitslos. Zuerst war es nett, ihn zu Hause zu haben, aber nach ein paar Monaten wurde die Stimmung im Haus ganz schön mulmig. Eines Nachts wachte ich auf, weil meine Eltern darüber stritten. Mein Vater sagte, er habe Angst, er würde nie wieder Arbeit finden, und meine Mutter explodierte. ‹Ich kann ja damit umgehen, daß du deinen Job verloren hast›, sagte sie, wie ich mich erinnere, ‹aber du bist nervös und hast Angst, ob du einen anderen findest! Was bist du bloß für ein Mann?› schrie sie. ‹Welcher Mann hat Angst?› Mein Vater brach in Tränen aus, und meine Mutter verließ das Zimmer. Diese Zurückweisung hat sich mir überdeutlich ins Gedächtnis eingebrannt», sagte Seymour. «Ich lernte genau in diesem Augenblick, daß es ganz schön schlau war, wenn man sich versteckte und sich schützte.» Seymours Mutter muß selbst so sehr verängstigt gewesen sein, daß sie in ihrer Nähe niemanden ertragen konnte, der ebenfalls Angst hatte – besonders nicht die Person, von der erwartet wurde, daß sie für sie sorgte.

Kinder beobachten das außerdem, wenn zum Beispiel ein Erwachsener einem anderen eingesteht: «Ich bin aufgeregt», und darauf oft die Antwort erhält: «Das brauchst du nicht.» Können Sie nicht geradezu hören, wie Cary Grant in einem Film nach dem anderen all diese verstörten Frauen beruhigte? «Na, na, hör auf zu weinen. Sei nicht albern. Es gibt keinen Grund, sich aufzuregen.» Im wirklichen Leben bringt man mit derartigen Antworten anderen Menschen bei, ihre Gefühle zu verbergen.

Zu dieser Dynamik kommen noch verschiedene Formen von sozialem Druck, die die Geheimhaltung unserer sexuellen Gefühle, Ängste und Phantasien fördern.

Die Massenmedien präsentieren ein bemerkenswert homogenes Repertoire von Bildern. Reklame, Zeitschriftencovers sowie Fernseh- und Kinofilme zeichnen ein immer gleiches Profil männlicher und weiblicher Attraktivität. Auf diese Weise wird uns beigebracht, welches Phantasieobjekt am weitesten akzeptiert wird.

Tatsächlich erzeugen und präsentieren die Medien diese Objekte der Phantasie selbst. Beispiele finden sich unter den zahllosen Serienhelden, von denen auch eher als Objekten denn als Menschen die Rede ist. Unsere lustvollen Empfindungen für sie sind unpersönlich, eben weil sie öffentliche Figuren sind, uns vollkommen unbekannt, und wir sie mit Millionen anderer anbetender Fans teilen.

Unsere Partner haben in gewisser Weise teil an unseren Phantasien über solche Stars. Unser Partner weiß von dem Phantasieobjekt und ist im allgemeinen ebenfalls der Meinung, daß das Objekt eine für Normalsterbliche unerreichbare Vollkommenheit verkörpert. Niemand muß die Tatsache verheimlichen, daß er Miss Universum attraktiv findet. Allerdings verbergen wir oft, wenn wir uns zu einem Nachbarn oder einer Mitarbeiterin hingezogen fühlen, denn ihn oder sie begehren wir eher als Person denn als Objekt. Die Medien fördern außerdem die Geheimhaltung, indem sie unveränderlich Helden ohne Sexualängste oder andere unangemessene Gefühle darstellen. Generationen von Männern haben sich James Bond oder John Wayne zum Vorbild gewählt, Charaktere, denen menschliche Gefühle wie Angst, Wut, Enttäuschung oder Frustration fremd sind, die romantische Beziehungen wirklicher Menschen stören.

Warum sind unsere Beziehungen nicht ebenso vollkommen und erregend? Ein Grund liegt darin, daß James Bond sich nicht auf die Nähe zu einem Menschen einläßt. Er ist ein Objekt, das mit anderen Objekten interagiert. Aber wirkliche Erwachsene wollen diese Vollkommenheit *und* menschliche Nähe, und das ist einfach nicht zu erreichen. Folglich wird meist so getan, als existiere diese Diskrepanz nicht. Und oft entwickeln wir die Vorstellung, es würde «die Stimmung zerstören» oder Distanz schaffen, wenn man über Angst oder andere Gefühle spricht.

Ein weiterer gesellschaftlicher Druck, der Geheimhaltung fördert, ist die in unserer Kultur herrschende Annahme, daß 1. bestimmte Gedanken ‹böse› sind und daß es 2. ebenso böse ist, ‹böse› Gedanken zu haben, wie böse Dinge zu tun.

Wir haben bereits ausführlicher darauf hingewiesen, daß es keine ‹bösen Gedanken› gibt, sondern nur ‹böses› (das heißt zerstörerisches) Verhalten. Einige religiöse Vorstellungen machen ‹verwerfliche Gedanken› jedoch leider zu einem absoluten Eckstein des Glaubens. Der *New Catholic Encyclopedia* von 1976 zufolge kann «der Akt des Denkens gut oder böse sein... Die Aufmerksamkeit katholischer Moraltheologen hat sich mehr auf die bösen als die guten Gedanken konzentriert. Moralität ist vor allem eine Angelegenheit des Herzens; daran erinnert Paulus mehrmals, wenn er von dem Vorrang des Gedankens vor der Tat spricht.»

Diese Ansicht stellt die menschliche Erfahrung vollkommen auf den Kopf. Ist den meisten von uns nicht in erster Linie wichtig, wie sie behandelt werden, und erst in zweiter Linie, welche Gedanken die anderen dabei haben? Und doch maßt diese religiöse Doktrin sich an, private Gedanken zu beurteilen, sogar unter Ausschluß unserer manifesten Taten.

Achten Sie im weiteren darauf, als welch ernstes moralisches Vergehen es betrachtet wird, «sündige» Phantasien oder Gefühle zu genießen oder überhaupt auch nur zuzulassen. «Die Qualität der Sünde ist die gleiche wie die des korrespondierenden äußeren Aktes; zum Beispiel ein tatsächlicher Mord.» Schlicht gesagt: Wenn es böse ist, etwas Bestimmtes zu tun, ist der Gedanke daran ebenso böse, wenn nicht eine sofortige moralische Verurteilung erfolgt.

Niemand, der diese Überzeugung teilt, würde wagen, einem Freund oder Liebhaber gegenüber zuzugeben, daß er im Geiste Vergewaltigung, Inzest, Untreue, Gruppensex oder Exhibitionismus begangen hat. Die meisten Menschen sind realistisch genug, um solche Gedanken zu verbergen, und verurteilen sich selbst als «krank».

Die Geheimnisse über unsere Phantasien oder Ängste verbergen wir oft ebenso vor uns selbst wie vor anderen. Wir tun das nicht absichtlich, sondern durch unbewußte Manöver, die dazu dienen, zu verhindern, daß uns schmerzhafte Gefühle bewußt werden. Freud nannte diese Manöver «Schutzmechanismen», mentale Aktivitäten, die uns vor schmerzhaften Schuldgefühlen oder vor ‹bösen› oder unannehmbaren Gedanken schützen sollen.

Betrachten wir, wie diese Schutzmechanismen wirken. Die erste Art von Schutzmechanismus wird als Projektion bezeichnet. Bei einer Projektion schreibt man ein Gefühl, das man nicht als eigenes Gefühl akzeptieren kann, unbewußt einer anderen Person zu. Menschen, die eigene Gefühle auf andere projizieren, geraten oft in unnötige Konflikte, denn sie reagieren auf Beleidigungen, Bedrohungen, Herausforderungen, Verführungen und andere emotionale Ereignisse, die eigentlich gar nicht existent sind oder um die es eigentlich gar nicht geht.

Projektionen führen leicht zu emotionaler Distanz. Das war das Problem eines vierzigjährigen Mannes, mit dem ich eine Therapie machte.

Julio war Angestellter, der seine Studienfreundin Lupe am Tag nach ihrem Examen geheiratet hatte. Lupe bestand darauf, daß er mich wegen seiner Eifersuchtsausbrüche konsultierte. «Er schwört, daß ich Liebesaffären habe», berichtete sie verärgert, «was einfach hirnrissig ist. Er hat keinerlei Beweise, und ich habe kein Interesse an anderen Männern. Er sagt, er weiß, daß ich ihn liebe. Was ist nur los mit ihm?»

Julio erwies sich als herzlicher, redegewandter Mann, den diese Situation ebenso verwirrte. Er gab zwar zu, keinen wirklichen Beleg dafür zu haben, daß Lupe ihn betrog, sagte aber, von Zeit zu Zeit würden ihn ohne jede Vorwarnung starke Gefühle überfallen. In diesen Phasen wäre er einfach ekelhaft, und es sei schwierig, mit ihm auszukommen.

Wie ging ein derart rationaler, intelligenter Mann mit diesen irrationalen Episoden um? «Ich nehme an, Sie meinen, es sei verrückt, sie auf diese Weise anzuklagen, mich zu betrügen», sagte er freundlich, «aber vielleicht ist es gar nicht so abwegig. Schließlich hat alle Welt Affären, wie Sie wissen. Jeder außer mir.»

Es war seltsam, daß er das sagte, deshalb fragte ich Julio, warum er keine Affäre hatte. «Ich bin nicht der Typ dafür», sagte er. «Wissen Sie, egoistisch, verantwortungslos. Wie mein Vater.» Dieser entscheidende Hinweis fiel eher nebenbei. Julios Vater war das Stadtgespräch des Ortes gewesen, aus dem er kam, er schlief mit Witwen, jungen Mädchen und Tramperinnen, die er alle in gleicher Weise fallenließ. Er hatte ihr Familienleben zerstört. «Und am schlimmsten war», erinnerte sich Julio später voll Bitterkeit, «daß die anderen Kinder mich deswegen aufzogen.»

Kein Wunder, daß Julio eifrig bemüht war, sich von seinem zerstörerischen Vater zu lösen. Unbewußt fürchtete er seine Verletzlichkeit gegenüber Lupe und versuchte, sie mit vorbeugenden Angriffen unter Kontrolle zu halten. Seine Vorwürfe waren, unbewußt, dazu gedacht, sie daran zu hindern, sein Leben zu ruinieren oder sie bei einem etwaigen Versuch rechtzeitig zu erwischen.

Aber ich glaubte, daß noch mehr dahintersteckte. Hatte Julio je Tagträume, in denen er selbst etwas mit einer anderen Frau hatte? «Ich sagte doch schon», sagte er ungeduldig, «ich hatte nie eine Affäre. Ich würde das nie tun.» Konnte Julio unterscheiden zwischen Phantasie und Verhalten? Ich befragte ihn ein weiteres Mal über Tagträume und erhielt die gleiche barsche Antwort.

Dann ging ich ein kalkuliertes Risiko ein und drängte weiter. «Julio, die meisten Männer denken an Sex mit anderen Frauen, selbst wenn sie diese Gedanken nie verwirklichen. Haben Sie –»

«Das ist Untreue», unterbrach er mich. «Ich würde das nie tun.»

Wir kamen der Sache schon näher, deshalb drängte ich weiter. «Also, wenn Sie auf der Straße oder in einem Film eine wunderschöne Frau sehen, haben Sie –»

«Ich schlag mir das aus dem Kopf!» schrie er. «Ich werde nicht zulassen, daß mich das beherrscht. Ich würde nie zulassen, daß jemand erfährt, daß ich solche Sachen denke!» Er zitterte.

Im Zimmer hallten Julios mächtige Gefühle nach. Obwohl seine

Gedanken ganz normal waren, fand er sie unannehmbar. Das war vor seinem familiären Hintergrund verständlich. Die Affären seines Vaters hatten die gesamte Familie verletzt, und Julio war entschlossen, nie so zu werden wie sein Vater.

Was konnte er mit seinen ‹gefährlichen› sexuellen Gedanken über andere Frauen tun? Sie auf Lupe projizieren und versuchen, sie aus sicherem Abstand unter Kontrolle zu halten. Ironischerweise erzeugten seine jähen Angriffe genau die gleiche Isolation und Traurigkeit, die er so verzweifelt zu vermeiden versuchte. Julio hatte ein Geheimnis: Er dachte an Sex mit anderen Frauen. Wenn er nur akzeptieren könnte, daß diese Gedanken normal sind, hätte er sehr viel mehr Möglichkeiten, sie zu bewältigen. Das wurde zum zentralen Punkt unserer gemeinsamen Arbeit.

Weitere Schutzmechanismen, deren wir uns bedienen, um Geheimnisse vor uns selbst zu bewahren, sind:

Unterdrückung von Gefühlen. Gefühle oder Gedanken gar nicht erst zuzulassen ist eine verbreitete Art und Weise, die Wahrheit vor sich selbst zu verbergen, oft mit Hilfe von Alkohol. Chemische Substanzen sind die anerkannten Mittel unserer Kultur, um schmerzhaften Tatsachen und Gefühlen aus dem Weg zu gehen. Sie spielen außerdem eine Rolle, wenn sexuelle Geheimnisse erzeugt werden oder aufrechterhalten werden sollen. Manche Männer erkennen nie, daß sie sich von starken Frauen bedroht fühlen, weil sie nur ausgehen (oder Liebe machen), wenn sie einen Joint geraucht oder ein paar Gläser getrunken haben.

Schuldzuweisungen sind eine andere Art der Selbsttäuschung. Wir benutzen Schuldzuweisungen, wenn es schwierig ist zuzugeben, was wir wollen, oder wenn es uns angenehmer erscheint zu glauben, daß andere über unsere Entscheidungsmöglichkeiten bestimmen. Heranwachsende und Menschen, die Schwierigkeiten haben, für sich selbst Verantwortung zu übernehmen, bedienen sich oft dieser Verteidigungsstrategie.

Eine Frau, mit der ich arbeitete, empfand extreme Erregung bei der Vorstellung, daß ihr Mann mit einer anderen Frau schlief (eine recht häufige Phantasie). Sie sagte, sie würde gern ihre Phantasie bei ihrem Liebesspiel einsetzen, hätte aber das Gefühl, daß sie es nicht könnte, weil er nie aufhören würde, darüber zu reden. Sie gab ihm die Schuld, daß sie nicht tun konnte, was sie wollte, konnte es aber selbst nicht über sich bringen.

Reaktionsbildung heißt, genau das Gegenteil von dem zu tun, was man unbewußt tun möchte, aber meint, nicht tun zu dürfen. Manche Menschen wollen zum Beispiel Nacktbadestrände verbieten, um sich selbst zu beweisen, daß sie wirklich nicht den Wunsch haben, nackte Menschen zu sehen – obwohl sie genau das gerne wollen. Auf diese Weise täuschen sie sich selbst über ihr Geheimnis, wenn auch nicht den zynischen Beobachter. Wir übrigen bezahlen das naive Glück der Selbsttäuschung mit Restriktionen unserer bürgerlichen Rechte.

Einfache *Täuschung* ist eine häufige Taktik, Furcht oder Sexualängste nicht eingestehen zu müssen. Eine Krankenschwester namens Gwen zum Beispiel kam zu mir in die Therapie, weil sie Schwierigkeiten hatte, zum Höhepunkt zu gelangen. Sie meinte, es sei erst in jüngster Zeit zu einem wirklichen Problem geworden, und zwar durch ihr gesteigertes sexuelles Verlangen nach einer Gebärmutterentfernung.

Gwen war ein bißchen älter als die meisten Männer in ihrer Abteilung und hatte das Gefühl, sie müsse mit jüngeren Frauen konkurrieren. Sie glaubte, sie würden alle leicht einen Orgasmus bekommen können (was nicht stimmt) und ihre Ängste wären deshalb für einen neuen Partner lachhaft. Überdies fürchtete Gwen, ihre Ängste könnten von einem Mann als Beleidigung empfunden werden, weil er das Gefühl haben könnte, daß sich darin ein Mangel an Zutrauen zu seinen sexuellen Fähigkeiten widerspiegeln würde.

Um mit ihrer Angst umzugehen, verbarg Gwen sie und nahm Kokain, bevor sie mit jemandem ins Bett ging. Das half ihr, sich zu entspannen und ihre Lust zu konzentrieren. Leider bekam sie von dem Kokain auch einen Kater, was manchmal schwierig zu verbergen war. Gwen war zwar nicht süchtig, zögerte aber, das Kokain aufzugeben, weil sie keinen anderen Weg sah, ihre Angst zu beherrschen.

Da sie sich zur Geheimhaltung ihrer Gefühle verpflichtet hatte, saß Gwen wirklich in der Klemme. Vor allem mußte sie erst einmal akzeptieren, daß ihre Angst ‹normal› ist, denn das würde ihr die Möglichkeit eröffnen zu entscheiden, ob sie sich jemandem offenbaren will oder nicht. Auf jeden Fall aber würde sie sich selbst besser fühlen.

Leugnen ist der Versuch, etwas geheimzuhalten – dies ist uns aus der Kindheit vertraut. Darin spiegelt sich der magische Glaube wider, daß etwas nicht sein kann, wenn ich sage, daß es nicht so ist. Leugnen ist eine sehr primitive oder kindliche Art von Selbstschutz.

Sie kennen vielleicht die Erfahrung, wenn man während des Geschlechtsverkehrs das Gefühl hat, daß der Partner besorgt, nervös oder abgelenkt ist. «Was ist los?» fragen Sie sanft. «Nichts», wird Ihnen erwidert. «Mir geht nur eine Menge durch den Kopf. Vergiß es.»

Auf diese Weise lehren wir unsere Partner (besonders Frauen), ihren Sinnen nicht zu trauen und unter negativen Bedingungen weiterzumachen. Der belastete Partner lernt außerdem ein weiteres Mal, daß das Gefühl, sich allein zu fühlen, normaler Bestandteil einer sexuellen Beziehung ist.

Dann gibt es noch eine weitere Art der Leugnung, die eher darauf zielt, den Partner etwas nicht wissen zu lassen, als etwas vor sich selbst zu verheimlichen. Der Unterhalter Lenny Bruce erzählte gern eine Geschichte, wie Männer in sexuellen Beziehungen ihre Gefühle oder ihr Verhalten leugnen, selbst noch angesichts eindeutiger Beweise:

Eine Frau verdächtigte ihren Mann schon seit langem der Untreue, hatte aber keinerlei Beweise. Eines Tages kommt sie nach Hause und findet ihren Mann mit einer anderen Frau im Bett. «Es ist nicht, wie du denkst», sagt er ruhig. «Du elender Lügner», schreit sie. «Nein, meine Liebe, es ist nicht so, wie es aussieht», erklärt er schlau. «Man kann dir kein bißchen trauen», weint sie. «Liebling», beruhigt sie der Mann, «wem willst du glauben, deinen lügenden Augen oder deinem liebenden Ehemann?»

Masters und Johnson zufolge setzen unsere sexuellen Phantasien in der Kindheit ein und dienen ein Leben lang wichtigen Funktionen, wie der Bekämpfung von Langeweile, der Erregung oder Steigerung von Erregung, dem Abbau innerer Spannungen, und außerdem gestatten sie eine sichere Möglichkeit, unerprobtes Verhalten in der Imagination auszuprobieren. Sie werden im Erwachsenenalter fortgesetzt, wo sie diesen und anderen Zwecken dienen.

Die Bandbreite verbreiteter sexueller Phantasien ist enorm. Der Sexologe Dr. Charles Moser sagte: «Niemand kann sich die volle Bandbreite von normalen sexuellen Phantasien vorstellen, egal wie ausschweifend die eigenen Phantasien sein mögen.» Und doch hindert die Verheimlichung daran, andere Menschen wissen zu lassen, wie verbreitet ihre eigenen Phantasien sind.

Das trifft insbesondere für Frauen zu, deren Phantasien nie in Massenmedien wie dem *Playboy* veröffentlicht wurden. Diese Vereinzelung motivierte Nancy Friday und Lonnie Barbach, ihre Bücher über weibliche Erotik zu schreiben. Ihr Ziel war, Frauen die erotischen Gefühle und Gedanken anderer wissen zu lassen, sagt Barbach, und ihnen so die Möglichkeit zu geben, sich diese Phantasien zu gestatten.

Die Verheimlichung sexueller Phantasien hat den gleichen isolierenden, negativen Effekt wie andere sexuelle Geheimnisse. Natürlich ist es nicht immer am besten, jede Phantasie gleich zu enthüllen – die Lust auf Ihren Schwager halten Sie wohl besser geheim. Doch ist es, wie gesagt, viel wichtiger, unsere Geheimnisse in ihrer Normalität anzuerkennen, als sie preiszugeben. Das machen zwei Geschichten deutlich, die einander sehr ähnlich sind:

Als Jon anrief, um einen ersten Termin mit mir zu vereinbaren, sagte er, er mache sich Sorgen über seine geistige Gesundheit. Bei der ersten Sitzung fiel mir seine herzliche und freundliche Art auf. Nach einigem höflichen Vorgeplänkel erzählte er mir von seiner Einsamkeit.

«Es ist ganz einfach», sagte er. «Wenn ich masturbiere, denke ich an Dinge, die ich ziemlich besorgniserregend finde. Zum Beispiel eine Frau zu zwingen, oralen Verkehr mit mir zu haben, oder junge Mädchen zu verführen. Ich stelle mir sogar vor, die Frau meines Bruders betrunken zu machen und sie halb zu vergewaltigen», sagte er reuevoll. «Ich würde so etwas nie tun. Weshalb denke ich dann an so etwas? Warum bekomme ich deshalb so tolle Orgasmen? Ich fühle mich sehr allein.» Jon fuhr fort: «Mit wem kann ich darüber sprechen? Mit niemandem. Ganz sicher nicht mit jemandem, den ich wiedersehen will.»

Armer Jon. Er verstand nicht, daß derartige Phantasien sehr verbreitet sind. Unser Gespräch veranlaßte mich, anzunehmen, daß er kein Interesse an Gewalt oder Zwang hatte, und ich sagte ihm, daß ich seine Phantasien durchaus annehmbar fand. Es war eine erschütternde Erfahrung für ihn, vollständig angenommen zu werden, nachdem er seine finsteren Geheimnisse enthüllt hatte. Unsere Therapie machte rasche Fortschritte. Ich glaube nicht, daß er je jemandem sonst von seinen Phantasien erzählte, aber er fing an, sie selbst anzunehmen. Das war es, war er am dringendsten brauchte.

Hier eine andere Variante der gleichen Geschichte, nennen Sie es die andere Seite der Medaille, wenn Sie wollen:

Eine bekannte Autorin, die ich Cindy nennen möchte, kam zu mir. «Mit meinem Sexualleben ist alles in Ordnung, mehr als in Ordnung», fing sie an. «Außer einer Sache. Ich habe eine Phantasie, die vollkommen unannehmbar ist. Große schwarze Männer halten mich fest und bumsen mich dann abwechselnd. In dieser Phantasie habe ich einen gigantischen Orgasmus nach dem anderen, was den Orgasmus in der Wirklichkeit auslöst.»

Und das war völlig unannehmbar? «Ja», antwortete sie emphatisch. «Es bin einfach nicht ich, dieses ohnmächtige Häufchen Elend. Sie wissen, wie ich politisch stehe.» Tatsächlich, ich war durchaus vertraut mit ihrer verdienstvollen feministischen Arbeit. «Ich habe Schuldgefühle deshalb, und außerdem ist mir diese Phantasie sehr peinlich», fuhr sie fort. «Aber ich liebe sie. Sie macht meine Orgasmen unglaublich heiß, ob ich allein bin oder mit einem Mann.»

Cindy hatte das Gefühl, sie könne ihre Verzweiflung mit niemandem teilen, nicht mit ihren Liebhabern und bestimmt nicht mit ihren

Freundinnen oder feministischen Mitstreiterinnen. Und daß es ihr peinlich war, sinnierte sie, sei nur ein zusätzlicher Beweis dafür, wie verwerflich ihre Phantasie war. «Oder vielleicht bin ich doch keine so überzeugte Feministin, wie ich zu sein glaube», sagte sie. «Das würde mich umbringen.»

Weder Cindy noch Jon verstanden die Natur von Phantasien oder wußten, daß es nicht bedeutet, sich eine Situation herbeizuwünschen, wenn man sie sich im Geiste ausmalt. Warum dann stellten sie sich in ihrer Phantasie ein Verhalten vor, an dessen Ausführung sie keinerlei Interesse hatten?

Der Therapeut Jack Morin sagt: «Fast jeder hat Phantasien. Um unsere sexuelle Reaktion zu verstärken, produzieren wir Phantasien, in denen wir psychische Distanz überwinden. Diese Distanz sind vielleicht Tabus oder körperliche Gefahr, beides häufige Phantasiethemen.» So lassen sich Cindys und Jons Phantasien gut beschreiben. Beide Szenarien erlauben eine Reaktion auf Situationen, die nicht genossen werden ‹dürfen›. Allein dieses Element erzeugt eine ungeheure Erregung.

Die Phantasien, die Menschen verstören und die sie folglich verbergen, reichen von exotischen Ausschweifungen bis hin zum Hausgemachten. Nach einem Vortrag in Pittsburg kam eine Frau auf mich zu. «Ich liebe Donn, meinen Mann, sehr», sagte sie, «aber manchmal denke ich an Robert Redford, wenn ich mit ihm im Bett bin. Das macht mir Sorgen.» Sie schien sehr dringend Bestätigung zu brauchen.

«Glauben Sie nicht», fragte ich sie, «daß Ihr Mann es bestimmt vorzieht, wenn Sie an Robert Redford denken, während Sie mit ihm schlafen, als wenn Sie an Ihren Mann denken, während Sie mit Robert Redford schlafen?»

Sie dachte darüber nach und begann zu lächeln. «Ich nehme an, Sie wollen damit das gleiche sagen wie in Ihrem Vortrag», sagte sie nachdenklich. «Wenn es für mich funktioniert, dann definiert es das, was für mich normal ist, stimmt's?»

Ich lächelte ebenso strahlend zurück. «Stimmt», sagte ich mit großer Befriedigung.

Menschliche Wesen durchleben eine bemerkenswerte Vielfalt von Gefühlen, und darunter ist Angst das häufigste und unerfreulichste. Psychiater und Psychotherapeuten sind einstimmig der Ansicht, daß Angst eine zerstörerische Rolle in der sexuellen Funktion spielt.

Bernie Zilbergeld sagt in *Male Sexuality*, daß eindeutige sexuelle Botschaften vom Gehirn an die Genitalien gesendet und empfangen werden müssen. Wenn das Nervensystem blockiert ist, können die Botschaften an die Genitalien nicht richtig durchkommen. Der häufigste Blockierer während eines Sexualakts ist die nervöse Spannung der Angst. Sie bringt das gesamte Nervensystem in Aufruhr und verhindert die Übertragung sexueller Botschaften.

Was ist schlimmer, als Angst zu empfinden? Die Sicherheit, die Angst geheimhalten zu müssen. Hier ein Beispiel, das eine derartige Steigerung sehr genau illustriert:

Eine Frau namens Denise wurde von dem Psychologen ihrer Firma zu mir geschickt, weil man sich über ihre mangelnde Selbständigkeit beklagte. Ich erkannte schnell, daß Denise aller Welt gefallen wollte und sich zugleich unfähig fühlte, ihrem Anspruch gerecht zu werden.

Im Lauf unserer gemeinsamen Arbeit erkannte Denise, daß sie in ihrem Job eine stärkere Supervision und außerdem mehr Unterstützung und Ermutigung benötigte. Es dauerte eine Weile, aber schließlich war sie fähig, um diese Veränderungen zu bitten, und ihre Leistungen verbesserten sich fast schlagartig.

Damals fragte sie mich, ob wir über ihre Ehe sprechen könnten, besonders über Sex.

«Ich mache mir wirklich eine Menge Gedanken», sagte sie einfach. «Kann ich James wirklich befriedigen? Mag er meinen Körper? Vielleicht hält er sich meinetwegen zurück? Woher weiß man, ob man gut im Bett ist?» Sie wagte nicht, mit James darüber zu sprechen, aber Denise hatte ein sexuelles Geheimnis: Sie hatte Angst, nicht ‹gut genug› zu sein.

Es verhielt sich ähnlich wie mit ihren beruflichen Schwierigkeiten. Sie brauchte das Gefühl, mit den Menschen in ihrer Umgebung stärker verbunden zu sein. Aber sie war nicht sicher, daß sie es verdiente, und es war ihr nicht angenehm, darum zu bitten.

Woher kam ihre Vorstellung, ihrem Partner sexuell nicht zu genügen? «Nun», fing sie an, «mir wurde beigebracht, daß man entweder ein braves Mädchen ist oder sexy, stimmt's? Natürlich möchte ich glauben, daß ich zu den braven Mädchen gehöre. Außerdem sind die, die sexy sind, jung und schlank. Und diese Oberschenkel sind auch nicht mehr fünfundzwanzig», sagte sie mit einem traurigen Kichern.

Beim Zuhören registrierte ich Denises Überzeugungen: daß sie zwischen «brav» und «sexy» wählen mußte, daß sie «natürlich» beschlossen hatte, der ersten Kategorie anzugehören, und daß es nur eine Möglichkeit gab, wie sich «sexy» beschreiben ließ. Anstatt sie abrupt mit diesen Mythen zu konfrontieren, ermutigte ich sie weiterzusprechen. Ich wußte, wir würden schließlich auf diese Vorstellungen zurückkommen.

Als sie fortfuhr, kam heraus, daß sie von einer Reihe emotional ausbeuterischer Ex-Freunde geprägt war. «Mein Freund in der Schule? Er bezeichnete sich selbst als einen ‹echten Kerl› und sagte, ich hätte Glück, daß er mein erster war. Später machte er mir klar, ich hätte Glück, daß er so geduldig sei. Er gab mir das Gefühl, daß ich nicht sexy war und nie sein würde.»

Entzückender Kerl, dachte ich bei mir. *Er* sollte für die Therapie bezahlen. Denn seinetwegen ist Denise, nun da sie verheiratet ist, unsicher über ihre sexuelle Attraktivität. Und noch schlimmer, sie kann ihre Sorgen nicht mit ihrem Mann teilen. «Er würde es persönlich nehmen», sagte sie, in der Überzeugung, das sei ein ausreichender Grund, sich zu isolieren. «Es ist besser, wenn er nicht weiß, was nicht in Ordnung ist.»

In Wirklichkeit spiegelt Denises Schweigen *ihr* Urteil über ihre Unsicherheit wider, nicht die ihres Mannes. Sie glaubt einfach, es sei falsch, so zu empfinden, und es sei von keinem Mann zu verlangen, damit umzugehen. Denise ist hypersensibel gegenüber allem, was wie eine Forderung aussieht, aus Angst, sie könnte verlassen werden, wenn sie um irgend etwas bittet.

Die Geheimhaltung der Angst, ob man auch «gut im Bett ist»,

nimmt viele Formen an. Besonders Männer machen Erfahrungen mit diesem Problem, denn sie lernen schon in frühester Jugend, was als «männlich» gilt. Dieses Thema erinnert mich an Lawrence, einen großen, liebenswerten Mann, der Bremser der Straßenbahn in San Francisco war. Er liebte seine Arbeit, besonders da sie ihm die Möglichkeit bot, viele Menschen zu treffen. Seine Freundlichkeit machte es leicht, neue Beziehungen zu knüpfen, sowohl mit Touristen wie auch mit Einheimischen.

«Ich bin hier, um darüber zu sprechen, was passiert, wenn ich eine Frau kennenlerne», begann er bei unserer ersten Sitzung. «Alles ist wunderbar, bis klar ist, daß die Frau an Sex interessiert ist. Dann klinkt irgend etwas aus. Wir fangen einen Streit an, ich beschließe, daß es doch keine so gute Idee war, einer von uns verliert das Interesse, wie auch immer. Ich tappe wirklich im dunklen», sagte er. «Und ich bin geil.»

Ich wunderte mich, weshalb ein Mann, der offenbar so gern Kontakt zu anderen Menschen hatte, es ständig so einrichtete, daß er keinen Sex haben würde. Während wir darüber sprachen, was er am Sexualakt mochte oder nicht mochte, erwähnte Lawrence seine Sorge, ob er es «richtig» mache. Er sagte, er wolle «der beste Liebhaber der Welt» sein, aber manchmal machte er sich Gedanken, daß er doch nicht so gut sei. Teilte er diese Angst seinen Freundinnen mit? «Nein», sagte er, «natürlich nicht.» Und warum nicht? Er sah mich an, etwas verwirrt. «Das macht doch keiner, oder? Ich meine, ich würde nicht daran denken, einer Frau zu erzählen, daß ich mir Sorgen über meine sexuellen Leistungen mache.»

Als ich Lawrence wieder fragte, warum nicht, sagte er, er habe keinen bestimmten Grund. «Es ist etwas, das ich immer für selbstverständlich gehalten habe.» Dann zählte ich einige verbreitete Gefühle auf, weshalb Menschen sich verpflichtet fühlen, ihre sexuelle Angst zu verbergen. War es einer der folgenden Gründe?

- Du wirst glauben, ich spinne.
- Du wirst mich verlassen.
- Ich weiß nicht, wie du reagieren wirst.
- Ich fühle mich dir nicht nahe genug, um dir eine so intime Sache mitzuteilen.
- Meine Angst wird dadurch nur noch größer werden.

Nein, es war nichts davon, sagte Lawrence und wurde von Minute zu Minute unruhiger. «Mir reichen diese Fragen», brauste er auf. «Ich hasse dieses Gefühl. Es ist absolut uncool, sich über den verdammten Ständer Sorgen zu machen... Zum Teufel mit Sex!» Im Zimmer herrschte Schweigen.

Ich beobachtete den Ausbruch ruhig, ohne zu antworten. Ganz klar hatte Lawrence Sexualängste, und ebenso klar war, daß er sich dafür schämte. Deshalb versuchte er, sie zu verbergen. Und zwar verbarg er sie, indem er unbewußt potentielle sexuelle Beziehungen frühzeitig fehlschlagen ließ. Das erlaubte ihm, die schmerzhafte Eröffnung zu vermeiden, daß er nicht absolut perfekt im Bett war.

«Wissen Sie», sagte ich schließlich, «Sie sind nicht der erste, der seine Stimme in diesem Raum erhebt.» Lawrence sah mich eigenartig an. «Tatsächlich wird jeder, der Sexualängste hat, auf die eine oder andere Weise wütend darüber. Ich nehme an, daß ich mehr daran gewöhnt bin als Sie.» Lawrence war sich nicht sicher, wie er das aufnehmen sollte, deshalb fuhr ich fort:

«Menschen brauchen keine besonderen Gründe, um sich wegen ihrer sexuellen Leistungen Sorgen zu machen», sagte ich. «Sehen Sie sich doch um. Reklametafeln, Filme und Zeitschriften können jemandem schon genug angst machen, um dem Sex völlig abzuschwören. Und», fügte ich hinzu, «sie geben einem das Gefühl, daß man der einzige ist, der diese Gefühle hat.»

Als Lawrence langsam lächelte, wußte ich, daß ich zu ihm durchgedrungen war. «Wollen Sie damit sagen, daß es normal ist, nervös zu sein?» sagte er. «Ich wette, Sie werden sogar sagen, es sei normal, zu versuchen, so zu tun, als sei nichts.» Ich nickte einfach und ließ ihn diese Einsicht genießen. Es bedurfte nur weniger Sitzungen, um Lawrence zu helfen, seine Gefühle anzunehmen. Als er diesen Schritt einmal getan hatte, ließ sein Bedürfnis, Sex zu vermeiden, entscheidend nach. Wir konnten die Therapie kurz darauf beenden.

Bei einem anderen Typ von Angst geht es um Heimlichkeit, insbesondere um die Sorge, daß ein Partner die Beziehung anderen enthüllen könnte. Heimlichkeit ist im typischen Fall dann ein Problem, wenn die Beziehung durch den sozialen Status oder die finanzielle Situation von der «Außenwelt» beeinflußt ist. Zu den Beispielen gehören:

- Ein Mann hat eine außereheliche Affäre mit einer Frau, die nicht weiß, daß er verheiratet ist.
- Eine leitende Angestellte hat etwas mit einem Arbeiter.
- Eine Frau, die sich bemüht, ihren Ruf als Jungfrau zu kultivieren, hat eine Liebesbeziehung.
- Ein mittelalterlicher Professor bändelt mit einer Studentin an.
- Eine schüchterne Frau will vermeiden, daß bekannt wird, daß sie einen starken Sexualtrieb hat.
- Ein Mann weiß, daß seine Partnerin sexuell unzufrieden ist.

Das Geheimhaltungsgebot erklärt, warum Leute im typischen Fall ihre ureigensten Ängste verheimlichen. Sie glauben, sie sollten solche Gefühle nicht haben, und gehen davon aus, daß ihre Partner sie verurteilen würden, wenn sie die Wahrheit wüßten.

In einigen Fällen sind diese Sorgen durchaus berechtigt. Der Arbeiter zum Beispiel ist vielleicht wütend, weil seine Karriere-Freundin nicht will, daß irgend jemand von ihrem Liebesverhältnis erfährt. Manche Partner beenden sogar eine Beziehung, wenn sie den Grund für die Heimlichtuerei herausfinden. Das geschieht oft bei außerehelichen Affären, in denen der unverheiratete Partner getäuscht worden ist.

Aber in vielen Fällen verstehen unsere Partner ein Bedürfnis nach Geheimhaltung. Und selbst wenn sie es nicht nachvollziehen können, entscheiden sie sich oft, es auf jeden Fall zu respektieren.

Es gibt noch viele andere Motive, die Menschen zur Geheimhaltung ihrer Ängste bewegen, zum Beispiel:

- Es sollte mir nichts ausmachen, ob unsere Beziehung geheim bleibt oder nicht.
- Ich will nicht zugeben, daß du Macht über mich hast.
- Es ist mir peinlich, Angst zu haben.
- Ich will nicht töricht erscheinen.
- Ich habe Angst, daß du das Gefühl bekommst, ich würde dir nicht trauen.

Solche Vorstellungen lassen sich bis zum Geheimhaltungsgebot zurückverfolgen. Es handelt sich fast ausnahmslos um Projektionen von Gefühlen und Gedanken, die die Betroffenen für verwerflich halten, auf nahestehende Personen.

Eine Frau, die als unberührt gilt, weiß, daß sie andere Menschen täuscht. Sie fühlt sich deshalb schuldig und projiziert ihre Schuldgefühle auf ihren Liebhaber in der Überzeugung, *er* könne nicht mit ihrer Angst umgehen, ihren wertvollen Ruf zu verlieren.

An dieser Stelle möchte ich auf weitere Charakteristika der geheimen Angst hinweisen. Viele Menschen glauben, daß das Sprechen über Angst die Angst noch schlimmer macht. Derart intime Gespräche, sagen sie, sind nur dazu da, sich selbst zu bemitleiden. Doch ist es ein großartiger Weg, Nähe zu jemandem herzustellen, indem man über die eigenen Ängste spricht.

Man verzichtet auf das wirksamste Mittel gegen Angst, wenn man das Angst-Geheimnis vor dem Liebespartner geheimhält und nicht über die eigenen Gefühle spricht. Es ist nicht risikolos, das zu tun, denn es besteht die Möglichkeit, zurückgewiesen zu werden, trotzdem sollte man sich davon nicht abschrecken lassen, es zu versuchen.

Schließlich sind die Chancen groß, im Gespräch der Angst zu begegnen, sie zu verringern oder sogar zu bewältigen.

Die Intimität, die sich in einem Gespräch über Angst ergeben kann, veranlaßt manche Menschen, die Risiken einer solchen Offenheit gerne in Kauf zu nehmen.

Andere Gefühle

Furcht und Wut sind weitere Gefühle, die oft in Verbindung mit Sexualität auftreten. Viele Menschen fühlen sich verpflichtet, sie wegen der herrschenden gesellschaftlichen Zwänge geheimzuhalten. «Es wird erwartet, daß man solche Gefühle über Sex nicht hat», stellte ein Klient ärgerlich fest. «Und wenn man sie hat, dann dürfen sie nicht das Verhalten beeinflussen.»

Bernie Zilbergeld schreibt in *Male Sexuality*: «Es ist ein weitverbreiteter Glaube, daß wir in der Sekunde, in der wir uns auf eine sexuelle Situation einlassen, fähig sein sollen, unsere Gefühle beiseite zu schieben. Ich habe mit vielen Männern gearbeitet, die zum Beispiel von sich verlangen, daß sie auch dann eine Erektion bekommen, wenn sie die Frauen nicht mögen. Es ist überaus wahrscheinlich, daß man so sexuelle Probleme erzeugt.»

Viele Klienten müssen genau über diesen Punkt aufgeklärt werden. Einen besonders erfreulichen Verlauf nahm die Geschichte meiner Klientin Norma, die als Kassiererin in einem Supermarkt arbeitete. Norma kam wegen ihrer Orgasmusschwierigkeiten zu mir, nachdem zuvor bei einer medizinischen Untersuchung physiologische Ursachen ausgeschlossen worden waren. «Ich erwarte ja nicht, jedesmal zum Höhepunkt zu kommen», sagte Norma, «aber ich würde doch gern sehr viel öfter einen Orgasmus haben.»

Ein paar Wochen später kam Norma mit ihrem Freund Mark zu unserer Sitzung. Mark ist professioneller Baseballspieler. Sie sehen im Fernsehen ja nicht so groß aus, aber dieser Kerl füllte fast das gesamte Wartezimmer.

Ich weiß nicht mehr genau, wie wir darauf kamen, zumindest sprachen wir bald über das Thema ‹perfekter Sex›. «Es wäre besser für mich», sagte Norma ruhig, «wenn du kleiner wärst.» Mark war vollkommen überrascht: «Ich dachte, du liebst meinen Körper!» «Das stimmt», fuhr Norma fort, «aber er ist so, nun ja, überwältigend. Du hast ja keine Ahnung, wie angsteinflößend du sein kannst.» Selbst überrascht, diese Worte zu hören, wich sie unseren Blicken aus.

Mark war verletzt und explodierte: «Ich verstehe das nicht. Ich versuche doch, ein guter Liebhaber zu sein. Ich bin normalerweise sehr sanft. Wovor hast du so viel Angst? Warum beharrst du dauernd darauf, daß ich dir sagen soll, daß ich dich liebe?»

«Weil Sex angst macht. Punkt», erwiderte Norma. «Wenn du nackt auf dem Rücken liegen würdest und jemand auf dir herumhopsen würde, der zweimal so groß ist wie du selbst und zudem noch einen Teil seines Körpers in dir hätte, wärst du ebenfalls nervös», sagte sie. «Ich wette, du würdest sehr oft ‹Ich liebe dich› hören wollen.»

Das Geheimnis war gelüftet: Norma wollte mehr *Aufmerksam-*

keit während des Liebesspiels. Alle drei verstanden wir jetzt, weshalb sie keine Orgasmen hatte; schließlich war das in Anbetracht ihrer Gefühle gar nicht so merkwürdig. Ich schlug vor, daß Mark und sie darüber sprechen sollten, wie sie Sex *persönlicher* gestalten könnten. «Oh, das wäre mir selbst sehr lieb», sagte Mark mit einem Lachen. Sie waren damit einverstanden, zu Hause weiter daran zu arbeiten.

Eine andere Frau, die Schwierigkeiten hatte, zum Orgasmus zu kommen, war die frischverheiratete Tracy. «Ich verstehe das nicht», sagte sie bei unserer ersten Sitzung. «Wir haben großartigen Sex. Herb ist ein wunderbarer Liebhaber. Weshalb ist es für mich immer schwieriger, zu kommen?»

Ich befragte sie über ihre junge Ehe. Es sei einfach wunderbar, rief Tracy aus. Sie liebte «unser Haus, unseren Hund, seine Eltern, unsere Parties, meinen neuen Job...».

Merken Sie, was fehlt? Was ist mit ihrer Beziehung? Die, stellte sich heraus, war nicht ganz so vollkommen. «Ich nehme an, wir streiten eine Menge», gab Tracy zu. «Und Sie wissen ja, wie Männer sind. Wenn Herb nicht bekommt, was er will, verliert er die Beherrschung. Manchmal verläßt er dann das Haus.»

In jeder Ehe gibt es natürlich Konflikte, doch die Partner müssen wissen, wie sie sich zum Ausdruck bringen können, ohne bestraft zu werden. Tracy machte genau die gegenteilige Erfahrung: Sie lernte, daß der Wahrheit entsprechende Äußerungen ihrer Bedürfnisse nur zu Angriffen führen würden. Ihr Partner drohte durch sein Verhalten sogar damit, sie zu verlassen. Deshalb verschwieg sie ihre Wünsche sehr oft.

Wie fühlte sie sich dabei? «Oh, das ist in Ordnung. Vielleicht bin ich ein bißchen irritiert», antwortete sie. Ich sah sie an und sagte gar nichts. «Na gut, vielleicht mehr als ein bißchen», bot sie an. «Ich bin wütend, na und? Das löst ja auch nichts, oder?» Tränen stiegen ihr in die Augen. «Außerdem sollte mich das nicht davon abhalten, einen Orgasmus zu kriegen.»

Herb wußte nicht wirklich, in welchem Ausmaß sie wütend war, oder? «Nein», heulte Tracy. «Er würde schreien oder mich beschimpfen. Vielleicht für den Abend fortgehen. Es ist besser so.»

«Nicht, soweit es um Sex geht», sagte ich sanft. Ihre Genitalien sagten, was der Rest von ihr nicht sagen konnte: «Ich bin wütend. Ich fühle mich verlassen. Es ist nicht sicher für mich hier.»

Orgasmen verlangen, alles loszulassen. Tracy konnte nicht ohne weiteres zum Höhepunkt kommen, weil ihr die Ehe keinen Raum bot, wo sie loslassen und sie selbst sein konnte. Die Tatsache, daß sie mit Herb nicht über ihre Gefühle sprechen konnte, illustrierte das perfekt.

Als Tracy mein Sprechzimmer verließ, war sie unsicher, was sie tun sollte. Sie wollte ihre Gefühle noch eine Weile geheimhalten in der Hoffnung, äußere Stimuli wie neue Stellungen oder eine Umgebungsveränderung auf Reisen würden ihr Geschlechtsleben verbessern. Ich hegte meine Zweifel. Wenn das Hirn und die Genitalien nicht einer Meinung sind, gewinnen immer die Genitalien. Tracys Vulva würde weiterhin die Wut zum Ausdruck bringen, die der Rest von ihr empfand.

Die Geschichte hatte jedoch ein glückliches Ende, obwohl es eine Weile dauerte. Etwa sechs Monate später kam Tracy wieder zur Therapie, diesmal mit ihrem Mann. Sie hatten schließlich den Punkt erreicht, wo sie bereit waren, *alles* zu tun, um ihre sexuelle Beziehung zu verbessern. Ihre Paartherapie gestaltete sich manchmal schmerzhaft, aber sie war erfolgreich. Nicht nur wurde die Sexualität befriedigender, sie lernten auch, miteinander über viele andere Dinge zu sprechen.

Gefühle und Gedanken sind die Bausteine menschlicher Beziehungen. Sie als ‹falsch› zu bewerten oder sie zu verbergen führt zu einer tiefgehenden Störung der persönlichen Würde und des Selbstbewußtseins. Wie fühlen sich Menschen, wenn sie sexuelle Gedanken und Gefühle verheimlichen? Einsam, isoliert, wütend, unzulänglich, falsch, sie fürchten die Entdeckung und sind anfällig für Angst.

In unserer Gesellschaft gelten strenge Regeln, die bestimmen, welche Gefühle und Gedanken als «richtig» gelten. Diese Bedingungen verursachen einerseits die Geheimhaltung von Gefühlen und Phantasien und fördern andererseits deren zerstörerische Wirkung.

Die Befreiung vom zwanghaften Bedürfnis, ‹richtig› zu sein, ist ein wichtiger Teil des Erwachsenwerdens. Dabei ist es zugleich notwendig, sich vernünftige Grenzen zu setzen. Eine gesunde Balance zwischen beiden Polen zu finden ist eine der großen Herausforderungen des Erwachsenseins.

6. Die Vergangenheit

Ich glaube, es fing alles damit an, daß meine
Mutter mich beim Masturbieren erwischte und als
Sittenstrolch anzeigte.
Woody Allen

Wie Sie wissen, liegt der Schwerpunkt dieses Buches nicht darin, Ihnen Ihre Sexualität bewußtzumachen, sondern sie wirklich anzuerkennen und zu akzeptieren. Ich würde Ihnen gern helfen, zu der Überzeugung zu gelangen, daß Sie, völlig unabhängig von Ihrem eigenen Urteil (oder den realen oder imaginierten Urteilen anderer), in Ordnung sind. Manche Menschen nennen das «sich selbst verzeihen». Andere sagen, es bedeutet, die eigene Vergangenheit zurückzugewinnen.

Was würden Sie sich verzeihen? Bestimmte Entscheidungen in der Vergangenheit, die Sie, wenn Sie heute noch einmal die Chance dazu hätten, anders treffen würden. Eine Freundin von mir zum Beispiel offenbarte ihrem späteren Mann erst nach der Verlobung, daß sie steril war. Steckte sie heute noch einmal in der gleichen Situation, würde sie es ihm früher erzählen, doch sie akzeptiert mittlerweile, daß sie damals das Beste tat, das sie konnte.

Und was wollen Sie zurückgewinnen? Die Überzeugung, daß Ihr Verhalten in der Vergangenheit Teil Ihrer selbst ist. Ein großartiges Beispiel dafür ist die Aktion einer Gruppe von Frauen, die, organisiert von Gloria Steinem, im Jahr 1972 eine ganzseitige Anzeige in der *New York Times* unterzeichneten, in der sie die Legalisierung der Abtreibung forderten und bekannten, daß sie selbst illegal abgetrieben hatten.

Die Chance, mit sich selbst Frieden zu schließen, ist der erste wichtige Grund, um über die Geheimhaltungen in der Vergangenheit zu sprechen. Wie Sie in diesem Kapitel sehen werden, kann die Zurückeroberung der persönlichen Vergangenheit

- uns erlauben, anderen zu vergeben,
- die Macht in unseren Beziehungen neu verteilen,
- die Zukunft von imaginierten Beschränkungen befreien.

Wie läßt sich dieses Ziel erreichen? Zuerst einmal, indem wir uns nicht länger verstecken. Wir mögen zwar unser damaliges Verhalten immer noch bedauern, aber wenn wir es akzeptieren und versuchen, darüber hinauszugehen, können wir anderen mit unserem ganzen Selbst begegnen. Wie wir hier bereits zuvor gesehen haben, ist ein solcher Kontakt eine wichtige Voraussetzung für Beziehungen und Zufriedenheit im Leben.

Die Zurückeroberung der Vergangenheit unterbricht das übliche Lebensskript: «In meinem vergangenen Verhalten liegt der Grund, weshalb ich nichts Gutes bekomme (oder verdiene).» Ein solches Skript ist verantwortlich für chronisch selbstzerstörerisches Verhalten, wie Beziehungen mit Alkoholikern, berufliche oder schulische Mißerfolge, die Unfähigkeit, dauerhaft abzunehmen oder das Rauchen aufzugeben.

Wer sich mit der eigenen Vergangenheit ausgesöhnt hat, kann sich selbst als ‹guten› Menschen betrachten, der bestimmte Entscheidungen getroffen hat und der es unabhängig von den Auswirkungen dieser Entscheidungen verdient, weiter Gutes zu erfahren. Die Aussöhnung mit der eigenen Vergangenheit gibt Ihnen außerdem die Freiheit, Ihr Leben selbst zu bestimmen, und nicht das Gefühl, daß es von der Vergangenheit vorbestimmt ist.

Die Einstellung «Ich lebe damit weiter» ist das Gegenteil von «Ich werde nie der Tatsache entkommen, daß ich unter einem Unglücksstern geboren wurde» oder «Ich war damals ein böses Mädchen, und ich werde das für den Rest meines Lebens bezahlen».

Schließlich können Sie auf diesem Weg verlorene Bestandteile Ihres Selbst wieder in Ihre Persönlichkeit integrieren. Der kindlichen Psyche stellt sich, wie wir zuvor gesehen haben, der Verzicht auf

Intuition, Offenheit und Bereitschaft zu Experimenten als eine Überlebensnotwendigkeit dar. Diese Eigenschaften aber gehören zu uns. Sie in Ihrer Psyche wieder willkommen zu heißen ist, als würden Sie einen Freund begrüßen, von dem Sie gar nicht wußten, daß Sie ihn so sehr vermißt haben.

Wenn Sie sich selbst vergeben haben, stehen Sie vor der Wahl, sexuelle Geheimnisse aus der Vergangenheit weiter zu verbergen oder jemandem anzuvertrauen. Der dritte Teil dieses Buches soll Ihnen helfen zu entscheiden, welcher Umgang mit Geheimnissen der für Sie persönlich angemessene ist.

Gefühle der Vergangenheit gegenüber

Im Rahmen meiner therapeutischen Praxis begegne ich vielen Menschen, die mit starken Emotionen auf ihre sexuelle Vergangenheit reagieren. Die meisten von ihnen fühlen sich allein und bezweifeln, daß irgend jemand ihre Situation begreifen kann oder sie gar aus eigener Erfahrung kennt. Denken Sie darüber nach, wie Sie Ihrer eigenen Vergangenheit gegenüber empfinden. Ist Ihnen eines der nachfolgend benannten Gefühle vertraut?

- Ich hätte es besser wissen müssen.
- Ich habe es heraufbeschworen.
- Ich verdiene nichts Gutes.
- Ich beurteile mein vergangenes Verhalten mit meinem gegenwärtigen Wissen und nach meinen gegenwärtigen Bedürfnissen.
- Ich sollte härter verurteilt werden als andere.
- Ich verdiene Bestrafung, weil ich zum Opfer geworden bin.
- Bestimmte Dinge darf man nicht vergessen.
- Vergeben würde bedeuten, es gutzuheißen.
- Die Vergangenheit hat keine eigene Logik.
- Ich habe eine schlimmere Vergangenheit als andere.
- Niemand kann verstehen, wie es war.

Können Sie nachvollziehen, wie derartige Gefühle die Bewertung Ihrer Vergangenheit und die Reaktionen anderer darauf verzerren? Diese Gefühle sind innigst verbunden mit den vier immer wiederkehrenden Motiven, die Menschen veranlassen, ihre Vergangenheit geheimzuhalten:

1. Unrichtige Ansichten über die Vergangenheit,
2. Verfolgung anderer Ziele,
3. Beziehungsdynamik,
4. Kulturelle Vorstellungen.

Untersuchen wir diese Gründe einzeln. Das Geheimhaltungsgebot vermittelt uns eine verzerrte Wahrnehmung unserer eigenen Vergangenheit. Insbesondere gilt das für unsere Vorstellungen von

- der Bedeutung dessen, was wir getan haben,
- den Konsequenzen dessen, was wir getan haben,
- der Reaktion anderer auf das, was wir getan haben,
- dem Urteil, das wir für das, was wir getan haben, meinen zu verdienen.

Nehmen Sie Monika, eine fünfunddreißigjährige geradlinige Buchhalterin. Sie ließ sich nie auf oberflächliche, rein sexuelle Beziehungen ein, tatsächlich befand sie sich, als vor einigen Jahren eine gereizte, wunde Stelle in der Vagina als Herpes diagnostiziert wurde, mitten in einer Periode der Abstinenz. Monika war von der Diagnose schockiert und angewidert.

«Ich weiß nicht einmal, von wem ich es bekommen habe», jammerte sie. (Das Virus kann nach dem ersten Ausbruch jahrelang latent bleiben.) «Ich fühle mich schmutzig und schuldig», fuhr sie ärgerlich fort. «Deshalb erzähle ich niemandem etwas davon.» Sie lebt sexuell enthaltsam, wenn sie ansteckend ist, was etwa zweimal im Jahr vorkommt.

Leider hatte Monika seit dem ersten Ausbruch der Viruskrankheit eine Reihe unbefriedigender Beziehungen. Sie glaubt nicht, daß ein «netter Kerl» an «beschädigter Ware» interessiert sein könnte, und so vermeidet sie unbewußt die netten Männer. Sie hat das Gefühl, nichts Besseres als die Beziehungen zu den abhängigen, selbstsüchtigen Männern zu verdienen, die sie seit fünf Jahren ausnehmen. Sie bezahlt, unnötigerweise, für ihre «schreckliche» Vergangenheit.

Wie hätte Monika mit ihrer Frustration über die Entwicklung der Dinge anders umgehen können? Hätte sie zölibatär leben sollen? Hätte sie besser «aufpassen» sollen? Jedenfalls hat Monika bestimmte Entscheidungen getroffen; obwohl sie vielleicht einige von ihnen bedauert, verdient sie mit Sicherheit keine Strafe.

Leider kann Monika das nicht erkennen. Ihr Urteil ist beeinflußt von einem strafenden Geheimhaltungsgebot, das eine realistische Einschätzung der Konsequenzen ihres Verhaltens verunmöglicht. Ihre innere Stimme sagt: «Was mich und meine Sexualität betrifft, muß schlecht sein.» Monikas bestrafende Seite benutzt den Herpes als Beweis für diese Aussage. Das harte Urteil gegen sich selbst ist besonders bedauerlich, wenn man bedenkt, wie liebevoll sie eine Freundin in der gleichen Situation unterstützen würde.

Ein weiteres Mal läßt sich an diesem Beispiel erkennen, wie das Geheimhaltungsgebot unsere Wahrnehmung der Ausdrucksformen von Sexualität verzerrt. Es macht uns zu unbarmherzigen Richtern, die nur verurteilen, anstatt uns gerecht zu werden und Konflikte zu schlichten.

Wie können Sie eine ausgewogene Perspektive Ihrer Vergangenheit gegenüber entwickeln?

- Machen Sie sich bewußt, daß Sie sich selbst verurteilen. Anstatt Ihre kritische Stimme als selbstverständlich zu betrachten, sehen Sie sie als unerwünschten geistigen Eindringling. Wann immer Monika sich als «beschädigte Ware» betrachtet, muß sie sich daran erinnern: «Nein, das bin ich nicht. Ich habe einfach ein sehr verbreitetes Virus, das einen gewissen Einfluß auf mein Leben hat.»
- Machen Sie sich vollständig klar, daß Sie so wie Sie jetzt sind in Ordnung sind – ganz unabhängig von Ihren vergangenen Entscheidungen. Monika hat sich zu einem bestimmten Zeitpunkt entschieden, ungeschützten Geschlechtsverkehr zu haben. Eine Person stellt aber weit mehr dar als die Summe der Entscheidungen, die sie getroffen hat. Das gilt selbstverständlich auch für Monika, die wieder dazu übergegangen ist, Kondome zu verwenden, und nun keinen Grund mehr hat, sich selbst zu tadeln.
- Überlegen Sie sich neue, sehr genaue, freundliche Kriterien, mit denen Sie sich selbst gerecht werden. Zum Beispiel: «Kann ich aus den Erfahrungen der Vergangenheit etwas lernen?» «Wie gehe ich mit den Problemen um, denen Verzerrung und Negativität zugrunde liegen?» «Unterstütze ich mich und andere in positiver Weise?»
- Lassen Sie sich selbst Streicheleinheiten zukommen, wenn Sie diese Kriterien erfüllen. Seien Sie offen für die Beweise, daß Sie als Mensch wachsen, der sich selbst annehmen kann, und belohnen Sie sich dafür! Kaufen Sie sich etwas Schönes, gehen Sie mit einem Freund zum Essen aus…
- Machen Sie sich bewußt, von welchen Menschen oder in welchen Situationen Sie damit rechnen können, angegriffen zu werden. Unternehmen Sie positive Schritte, um damit fertig zu werden bzw. solche Beziehungen

> oder Situationen zu vermeiden. Wenn Ihre Eltern stets bei längeren Besuchen an fünf von sieben gemeinsam verbrachten Tagen herumkritisieren und über Sie bestimmen wollen, kürzen Sie Ihren Besuch auf drei Tage ab. Oder schlagen Sie ihnen vor, lieber mehrere Kurzbesuche abzustatten.

Menschen haben noch einen zweiten gewichtigen Grund, ihre Vergangenheit geheimzuhalten: Sie benutzen dieses Mittel, um unbewußte Ziele zu verfolgen. Für manche Menschen ist die Vergangenheit weniger beschämend als erregend. Eine meiner asiatischen Klientinnen zum Beispiel erinnert sich häufig an die schwarzen Männer, mit denen sie vor ihrer Heirat geschlafen hat. Diese Form der Geheimhaltung ist eine Form von Nostalgie. Sie bietet die Möglichkeit, eine Vergangenheit lebendig zu erhalten, die unserem Gefühl nach attraktiver war als die Gegenwart, voller Möglichkeiten steckte oder in der wir das Leben mit weniger Verantwortung genießen konnten.

Auch wenn wir vielleicht überzeugt sind, daß die Geheimhaltung bestimmter Erfahrungen entscheidend ist, drückt die Verheimlichung möglicherweise in erster Linie nur eine besondere Verbundenheit mit der Vergangenheit aus. Die Trauer um den Verlust dieser engen Beziehung zur eigenen Geschichte ist zwar schmerzhaft, als Lohn winkt uns jedoch eine rückhaltlose Bindung an die Gegenwart.

Die Verheimlichung vergangener Erlebnisse kann auch eine Taktik sein, um destruktive persönliche Skripte auszuagieren. Nehmen Sie als Beispiel Menschen, die in gewalttätigen Familien aufgewachsen sind, wie Natalie. Sehr früh entwickelte Natalie die Überzeugung, Männer taugen nichts und es sei ein Fehler, ihnen zu trauen. Als Erwachsene verfolgt sie unbewußt diese Überzeugung in jeder Beziehung.

Ein von ihr unbewußt verwandtes Mittel zur Verhinderung von Nähe ist die Verheimlichung ihrer Vergangenheit. Sie hält nicht nur die Gewalttätigkeit in ihrer Kindheit zurück, sondern alles über sich, was Nähe erleichtern könnte. Eine andere Klientin verbirgt die Tatsache, daß sie als Studentin erotische Gedichte schrieb. Eine andere verbirgt die Geschichte ihrer zweijährigen Beziehung zu einem Marinesoldaten, der in Vietnam umkam. Jede dieser Frauen kann «beweisen», wie schwer es ist, Nähe zu Männern herzustellen.

Wer nach einem solchen Skript handelt, fördert damit außerdem, daß der Partner ebenfalls Geheimnisse für sich behält. Natalie und Menschen wie sie fühlen sich oft unsicher, wenn ihr Partner ihnen Informationen über seine Vergangenheit anvertraut. «Ich wußte, ich hätte dir nicht trauen dürfen», sagte sie, nachdem ein Freund ihr erzählt hatte, er sei erwischt worden, als er sich in der Öffentlichkeit entblößte. «Vielleicht bist du scharf darauf, es wieder zu tun», reagierte sie voll Bitterkeit. Solche Reaktionen bringen oft genau das Verhalten hervor, das sie eigentlich fürchten. Wieder einmal würde Natalie recht behalten.

Ein dritter Grund für Geheimhaltung ist die Dynamik in bestimmten Beziehungen, die Grund gibt anzunehmen, daß die Vergangenheit ausgebeutet werden wird. Manche Menschen benutzen die Vergangenheit ihres Partners, um Macht in der Beziehung zu gewinnen. So erinnert eine gebildete Frau ihren weniger gebildeten Mann vielleicht fortwährend daran: «Du bist ja handwerklich sehr geschickt, Liebling, aber bitte überlaß mir das Denken.» Eine andere Taktik besteht darin, die persönliche Geschichte des Partners in der Öffentlichkeit zu kommentieren. Ein eifersüchtiger Mann zum Beispiel macht bei jeder Party, bei der seine Frau männliche Aufmerksamkeit erregt, lauthals Bemerkungen über die Vergangenheit seiner Frau als Oben-ohne-Tänzerin.

Dies ist eine subtile Form der Manipulation, die dem Partner das Gefühl gibt, machtlos und verletzlich zu sein. Jeder von uns hat das Recht zu entscheiden, welcher Teil unserer Vergangenheit als Gegenstand der üblichen Kommentare, Neckereien, Fragen oder Argumente tabu ist.

Wenn Sie einen Partner nicht dazu bewegen können, Ihre diesbezüglichen Entscheidungen zu respektieren, können Sie davon ausgehen, daß zwischen Ihnen ein wie auch immer geartetes Machtspiel im Gange ist. Sie sollten es dann auf dieser Ebene ansprechen: «Sam, ich habe dir doch gesagt, daß es mir sehr unangenehm ist, wenn du fortwährend meine Affäre in meiner ersten Ehe erwähnst, und doch hörst du nicht auf damit. Was hast du nur davon, daß es dir so wichtig ist, mich damit in eine unangenehme Lage zu bringen?»

Sams unerwünschte Neckereien lassen seine Frau bedauern, daß sie ihm ihre Affäre anvertraut hat. Verheimlichung ist eine natürliche Reaktion auf Menschen, die das Wissen um die Vergangenheit gegen den wenden, der sie ins Vertrauen gezogen hat.

Auch wenn man mit Kritik rechnen muß, fördert das die Geheimhaltung. Wenn ein geliebter Mensch äußert: «Wie wir alle wissen, ist Gruppensex schlecht», übersetzen wir das normalerweise in: «Sag mir bloß nicht, daß du Gruppensex hattest.»

Sie werden jetzt einsehen, wie wichtig die Frage ist: Wer entscheidet, welche Teile Ihrer Vergangenheit der Kritik ausgesetzt werden dürfen? Ist es Ihre eigene Entscheidung, und stimmt Ihr Partner damit überein? Oder drängt Ihnen jemand anders (Ehepartner, Eltern oder sogar ein Kind) seine oder ihre Entscheidung auf? Ich bin der Ansicht, es sollte *allein Ihre Entscheidung* sein, und möchte Sie ermutigen, jeden Versuch von jemand anders zurückzuweisen, der Ihnen seine Wertvorstellungen aufzwingen will.

Warum? Weil wir die Wertvorstellungen, die andere uns vorsetzen, nicht wirklich akzeptieren. Im Höchstfall tolerieren wir sie, aber eine solche Toleranz ist kurzlebig. Schließlich werden wir wütend darüber, nicht so viel Raum zu haben, wie wir brauchen, um wir selbst sein zu können. Wir verletzen manchmal sogar absichtlich die auferlegten Wertvorstellungen, um unsere Unabhängigkeit zu beweisen.

Wenn ein Paar in wichtigen Bereichen widerstreitenden Wertvorstellungen anhängt, braucht es therapeutische Hilfe, um in Harmonie leben zu können. Ungelöste, ernsthafte Wertkonflikte säen oft Mißtrauen, Feindseligkeit und Heimlichtuerei.

Wenn eine Person in einer Beziehung seine oder ihre sexuellen Wertvorstellungen dem anderen aufdrängt, stellen sich zwei grundlegende Fragen:

1. Warum tut Partner eins das Partner zwei an?
2. Warum läßt Partner zwei zu, daß Partner eins das tut?

Warum tut ein Partner das einem anderen an? Jemandem die eigenen Wertvorstellungen aufzuoktroyieren kann eine Möglichkeit sein, die Vergangenheit des Betreffenden zu definieren. Wenn Sie zum Beispiel dazu gedrängt werden zu glauben, Sie wären von einigen Homosexuellen im College verdorben worden, und Ihre eigene Überzeugung aufgeben, daß Sie damals bewußt experimentiert haben, verändert sich damit die Bedeutung Ihrer Beziehungen und Ihrer Identität.

Die Vergangenheit des Partners neu zu definieren ist ein Mittel, um über ihn oder sie Macht auszuüben. Manchmal setzen Partner das als egoistisches, unfaires Mittel ein, um Gefühle wie die anschließend aufgezählten zu bewältigen:

- «Ich fühle mich nicht wohl mit deiner Definition deiner Vergangenheit.»
- «Ich fühle mich aus deiner Vergangenheit ausgeschlossen. Ich will nicht, daß sie ohne mich vollständig oder befriedigend ist.»
- «Ich fürchte, ich kann dich nicht daran hindern, das in der Zukunft wieder zu tun.»

Die häufigste Situation, in der ein Partner versucht, Macht über den anderen zu gewinnen, indem er dem anderen seine Wertvorstellungen aufzwingt, ist, wenn ein Mann versucht, die sexuell aktive Vergangenheit einer neuen Partnerin neu zu definieren. Die meisten Männer wollen nämlich zwar durchaus, daß ihre Partnerin Interesse an Sex mit ihnen hat, fühlen sich aber oft unbehaglich bei dem Gedanken an die frei flottierende weibliche Sexualität. Ihre Gefühle lassen sich folgendermaßen beschreiben: «Ich will, daß das sexuelle Interesse einer Frau latent bleibt, außer wenn es an mich persönlich gerichtet ist.»

Das ist natürlich nicht immer realistisch, besonders heute, wo mehr und mehr Frauen selbst über ihr Leben bestimmen und unabhängiger werden. Dennoch sind manche Männer versucht, die sexuelle Biographie einer Frau zu «erklären», indem sie ihnen die Verantwortung absprechen mit Begründungen wie sie habe «eine Phase durchgemacht», habe «rebelliert» oder «experimentiert», oder sogar, sie sei «ausgenutzt worden». Mit all dem sagen sie, daß ihr Verhalten unannehmbar war. Was dazu führt, daß Frauen diesen Teil ihrer Erfahrungen geheimhalten.

Zurück zu Frage 2: Warum läßt ein Partner zu, daß der andere ihm oder ihr sexuelle Wertvorstellungen aufdrängt?

Menschen geben die Macht, ihre sexuelle Vergangenheit zu definieren, aus verschiedenen Gründen aus der Hand. Das Geheimhaltungsgebot drängt uns in diese Richtung. Wir glauben: «Was meine Sexualität betrifft, ist verdächtig. Wenn du sagst, jemand wie ich sei verdorben, hast du möglicherweise recht.»

Hier eine etwas andere Version der gleichen Dynamik: «Du glaubst, jemand wie ich sei unmoralisch. Ich bin mir nicht sicher, aber möglicherweise hast du recht. Und wenn ich nicht mit dir übereinstimme, wirst du sicher sein, daß ich unmoralisch bin, und hast dann vielleicht noch mehr recht. Deshalb gehe ich lieber auf Nummer Sicher und lasse dich entscheiden, welche Art von Vergangenheit angemessen ist, und ich werde alles verbergen, was diesem Maßstab nicht entspricht.»

Die Annahme, der andere wüßte es besser, ist ein häufiges Motiv, Macht abzugeben. Das veranschaulicht die folgende Geschichte in zwei Teilen. Ich werde sie in der chronologischen Reihenfolge wiedergeben, obschon sie mir nicht in einer so angenehmen Form präsentiert wurde.

Zwischen ihrer ersten und ihrer zweiten Ehe verbrachte eine Grundstücksmaklerin namens Janice ein langes Wochenende mit einer Freundin an einem See. Sie hatten viel Spaß und kamen sich sehr nahe, und am letzten Abend schliefen sie miteinander. «Ich wollte wissen, wie es wohl sein würde», sagte Janice, «und irgendwie war der Augenblick vollkommen.»

Obwohl sie es beide sehr genossen, hatten sie kein Interesse daran, diesen Teil ihrer Beziehung fortzusetzen. Sie sind immer noch Freundinnen. Tatsächlich war Pam Ehrenjungfrau bei Janices zweiter Hochzeit.

Ein paar Jahre später, nachdem Janice ihren zweiten Mann, Paul, geheiratet hatte, sah sie mit ihm zusammen einen Film, in dem es um eine Frauenfreundschaft ging. Janice gefiel der Film, aber Paul zog tagelang über «perverse Lesbierinnen» her. Er behauptete, «wirkliche Frauen» fühlten sich nicht zueinander hingezogen, und diejenigen, die sich doch von Frauen angezogen fühlen würden, stellten eine Gefahr für ihre Kinder dar. «Und ich muß es ja schließlich wissen», höhnte Paul. «Wer kennt Frauen besser als ein Mann, der viel herumgekommen ist?»

Dieser Marathon-Monolog irritierte Janice. Sie hatte Paul nie von dem Wochenende mit Pam erzählt; es war ihre eigene, private kleine Erinnerung an eine ungewöhnliche Episode, an die sie mit liebevollen Gefühlen dachte. Jetzt war sie hin und her gerissen. Paul schien so sicher zu sein. Und war Janice wirklich eine Gefahr für ihr einjähriges Kind?

Janices liebevolle Erinnerung war plötzlich ein beängstigendes Geheimnis. Je besorgter sie wurde, desto schwieriger wurde es, nicht daran zu denken. Dieser Vorfall und seine ungewisse Bedeutung wurden allmählich zu einer Obsession, und sie verfiel von Zeit zu Zeit deswegen in Depressionen.

Das ist der erste Teil der Geschichte. Warum ließ Janice zu, daß Paul ihr vorschrieb, was richtig und was falsch war? Weil er eine klare, eindrucksvolle Ansicht zu diesem Thema präsentierte, erfüllt von unerschütterlichem Selbstvertrauen. Außerdem entsprach das dem Muster ihrer gesamten Ehe. Paul war in vielen Aspekten ihres Lebens der Experte, zum Beispiel für Geld, Freunde und Familie. Sie hatte das Gefühl, er müsse recht haben, selbst wenn er keine Ahnung hatte, wie bei dem Thema Homosexualität.

Ich erfuhr davon, als das Paar etwa ein Jahr später aufgrund von Janices geringem sexuellem Interesse zu mir in die Therapie kam. Meine Diagnose nach zwei Sitzungen lautete: «Es handelt sich nicht um ein sexuelles Problem. Es ist ein Beziehungsproblem, ein Machtungleichgewicht. Jancie hat keine andere Möglichkeit, ihre Unabhängigkeit oder ihre Bedürfnisse durchzusetzen», sagte ich ihnen. «Das geringe Verlangen ist außerdem ein wirksames Mittel, Kritik zu vermeiden.» Erst nachdem wir mehrere Monate miteinander gearbeitet hatten, enthüllte Janice ihr Geheimnis. Sobald sie damit herausgerückt war, ergab alles einen Sinn.

Janices sexuelle Geheimhaltung war Teil der größeren Beziehungsdynamik. Der Versuch, die eigene Vergangenheit zu «säubern», um die Erwartungen von jemand anders zu erfüllen, ist eine verbreitete Strategie, aber sie ist nicht sinnvoll. Auf diese Weise entstehen Groll oder unbewußte Gefühle, die später herauskommen.

Unsere Kultur fördert, daß wir strenge Maßstäbe an unsere Erfahrungen in der Vergangenheit legen und uns auch später noch ihretwegen zur Verantwortung ziehen. Die meisten von uns denken nie bewußt über die Einstellung der Gesellschaft zur privaten Vergangenheit von Menschen nach. Unbewußt wird unsere Einstellung von bestimmten, stereotypen Denkschemata geprägt; Beispiele dafür sind etwa:

- Die Vergangenheit ist das beste Vorzeichen für die Zukunft.
- Vieles, was man in der Vergangenheit getan hat, ist einfach unverzeihlich.
- Auch wenn sie bereuen, manchen Menschen sollte nie vollkommen verziehen werden.
- Man muß immer genau wissen, was man zu tun hat; man kann immer vermeiden, Fehler zu machen.

Welch harte, kalte Welt ist das, die von solchen Überzeugungen charakterisiert wird, in ihr gibt es keinerlei Gefühl für die Art und Weise, wie normale Menschen sich verändern und wachsen. Die meisten von uns machen im Lauf ihres Lebens einschneidende Veränderungen durch, wie das Erwachen des sexuellen Bewußtseins in der Adoleszenz und die Neuordnung des Lebens in der Lebensmitte. Außerdem erfahren Menschen eine Vielzahl gradueller, weniger dramatischer Veränderungen, die wir zu der Zeit, wo sie stattfinden, gar nicht bemerken. Ich höre immer wieder, wie solche Veränderungen beschrieben werden, sie kommen auf verschiedenste Weise zum Ausdruck, zum Beispiel «Es machte einfach keinen Spaß mehr», «Ich erkannte allmählich, daß ich in Wirklichkeit anziehend war», «Ich nehme an, ich wuchs darüber hinaus» oder «Vielleicht bin ich des ganzen Theaters einfach müde geworden».

Da wir in einer Gesellschaft leben, die die Realität normaler Veränderungen nicht anerkennt, nehmen viele Menschen an, ihre Vergangenheit würde sie für immer brandmarken. Sie haben das Gefühl, darin würde sich spiegeln, wer sie jetzt sind, und nicht, wer sie damals waren. Eine gesündere Einstellung würde bedeuten, diese Überzeugung aufzugeben und auch die Teile der eigenen Vergangenheit anzunehmen, die uns am wenigsten gefallen: «Ich würde das heute nicht wieder tun, aber damals war es für mich das richtige.»

Die Überzeugungen, die in unserer Gesellschaft über die Vergangenheit von Individuen herrschen, sind weitgehend verlogen und unbarmherzig. Pejorative Begriffe wie «illegitimes Kind», «unverheiratete Mutter», «Promiskuität» und «unnötige Abtreibung» stecken Menschen in stereotype Schubladen, diskreditieren ihre Entscheidungen und ignorieren das menschliche Drama dahinter.

Auch die Politik macht sich dessen schuldig. Das Komitee zur Untersuchung unamerikanischer Umtriebe in den fünfziger Jahren zum Beispiel schnüffelte das Verhalten von Menschen in den dreißiger Jahren aus. Die Protokolle zeigen eindeutig, daß den Komiteemitgliedern jedes Gefühl dafür abging, wie Menschen sich im Lauf der Zeit verändern.

Ich denke, wir können über eine solche Schwäche kaum schokkiert sein. Wie der Autor des *Tristram Shandy*, Laurence Sterne, vor einem Jahrhundert sagte: «Nur der Mutige weiß zu vergeben.» Und der sehr unchristliche Mangel an Vergebung in unserer zivilisierten Kultur wird am besten charakterisiert von der Schriftstellerin Rose Macaulay, die im Jahr vor ihrem Tod sagte: «Die meisten meiner Freunde sind keine Christen, allerdings sind einige Katholiken und Anglikaner darunter.»

Den landläufigen Vorstellungen zufolge gibt es bestimmte Dinge in der Vergangenheit von Menschen, die nicht vergeben werden sollten, tatsächlich aber vielleicht nicht vergeben werden können. Ein «Fall» in einer Fernsehserie zeigt anschaulich, wie das die sexuelle Geheimhaltung fördert.

Ich sah diese kleine Episode, als ich im vorigen Jahr in einem Flughafen auf ein verspätetes Flugzeug wartete. Fragen Sie mich nicht, um welche Serie es sich handelte, denn sie sehen für mich alle gleich aus. Jason und Robyn hatten sich vor kurzem verlobt. Überwältigt vor Glück und in dem Gefühl, Robyn sehr nahe zu sein, sagte Jason, er wolle ihr etwas erzählen.

Jason: Nun, wo wir heiraten werden, möchte ich dir alles über mich erzählen, selbst Sachen, die sehr lange her sind. Ich will um keinen Preis, daß du bestimmte Dinge von anderen zugetragen bekommst.

Robyn: Was zum Beispiel?

Jason: Nun, als ich Student war, habe ich als Stripper gearbeitet. Ich arbeitete bei Alten-Herren-Sitzungen und so weiter. Es ging manchmal ziemlich wild zu. Ich nehme an, manche Frauen finden es toll, sich mit Unterhaltern einzulassen.

Robyn: Du warst was? Jason, ich bin überrascht. Und enttäuscht. Das klingt so gar nicht nach dir.

Jason: Du hast recht. Es ist mir peinlich. Damals erschien mir das irgendwie sinnvoll, aber dieser Teil meines Lebens liegt nun hinter mir.

Robyn: Bist du sicher? Vielleicht sind immer noch viele Mädchen verliebt in dich und würden sich nur allzugern mit dir einlassen, möchte ich wetten.

Jason: Hey, zieh mich nicht auf. Wirklich, es ist Jahrhunderte her. Ich will nur dich.

Robyn: In Ordnung. Ich liebe dich.

Jason: Ich liebe dich auch. Ich bin froh, daß ich es dir erzählt habe.

Aber in den folgenden beiden Szenen mischt sich die «realistische» Außenwelt ein:

Jason: ... und ich erzählte es ihr.

Jasons Freund: Was? Bist du verrückt? Sie wird dich das nie vergessen lassen.

Jason: Du kennst Robyn nicht. Sie ist sehr verständnisvoll. Und sie vertraut mir.

Jasons Freund: Du kennst die Frauen nicht, mein Freund. Du hättest es ihr nicht sagen dürfen. Sie wird ewig mißtrauisch sein.

Robyn. ... und so erzählte er mir von seinen alten Studentenzeiten.

Robyns Schwester: Guter Gott! Was hast du gesagt?

Robyn: Das mir das ganz schön seltsam vorkommt, aber da es offensichtlich hinter ihm liegt, ist es kein Problem.

Robyns Schwester: Mutig von dir, diesen Eindruck zu erwecken.

Robyn: Eindruck? Wovon sprichst du? Ich meine es ernst.

Robyns Schwester: Aber du kannst ihm nun doch nicht mehr vertrauen, wo er so etwas hinter sich hat. Du mußt am Boden zerstört gewesen sein. Du glaubst doch wohl nicht wirklich, daß er nicht mehr in Versuchung kommt, oder? Denn wenn ein Mann in Versuchung kommt, dann ist es aus.

Jason und Robyn benutzen ihre Beziehung als Kraftquelle. Die Art, wie sie mit diesem potentiellen Problem umgehen, bringt sie einander näher. Außerdem hilft es ihnen, die Motivation für die nächste Runde von Gemeinsamkeit und Nähe zu entwickeln. Sie können erkennen, wie die Haltung ihrer «Freunde» auf der anderen Seite Heimlichtuerei fördert, was häufig später zu einer Katastrophe führt. Diese Freunde haben die Einsicht beherzigt, die Shakespeare vor über dreihundert Jahren im *Othello* formulierte: «Ein überstandnes Unglück zu beklagen, ist nur der Weg zu neuen Plagen.»

Schließlich ist in diesem Zusammenhang noch eine weitere kulturelle Norm der Erwähnung wert: «Gib dem Opfer die Schuld.» Menschen, die Vergewaltigungs- oder Inzestopfern nahestehen, fühlen sich manchmal so schuldig oder machtlos, daß sie dem Opfer die Schuld geben, und werfen ihm vor, es habe sich nicht genug gewehrt. Unsensible Menschen fragen sich sogar, ob das Opfer nicht geradezu dazu aufgefordert oder Genuß dabei empfunden hat.

Eine derart feindselige Ignoranz fördert Verheimlichung auf der Seite des Opfers. Tatsächlich schätzt der FBI, daß nur eine von zehn Vergewaltigungen tatsächlich angezeigt wird. Das ist ein eindrucksvolles Beispiel dafür, wie kulturelle Einstellungen sexuelle Heimlichtuerei fördern.

Wie wir vergangene Erlebnisse geheimhalten

Eine besonders häufige Form, vergangene Erlebnisse geheimzuhalten, besteht darin, einfach zu lügen.

Stört das Menschen, die sich ansonsten für moralisch und aufrichtig halten, nicht? Ganz bestimmt. «Aber Maureen ist nur zu bereit, sich unfaire Sachen auszudenken», sagte Arnold, ein dreißigjähriger Modedesigner. «Ich dachte, ich kann uns ein unnötiges Problem ersparen, und rechtfertigte so meine Lüge. Dabei dachte ich nur an die befriedigende Beziehung, die wir aufbauen könnten.»

Maureen, so schien es, hatte Angst, Aids zu bekommen. Als sie herausfand, daß Arnold in einer Branche beschäftigt ist, in der eine große Gruppe schwuler und bisexueller Menschen arbeitet, wollte sie nicht mehr mit ihm schlafen, wenigstens so lange, bis er sich auf das HIV-Virus hin testen ließ. Unwillig, überhaupt auf dieses Problem einzugehen, erzählte Arnold ihr, er sei erst vor kurzem in diese Branche gewechselt, und wollte so zum Ausdruck bringen, daß er nie sexuellen Kontakt mit anderen Männern gehabt hätte.

«Ich habe nur ein paarmal mit ein paar Typen masturbiert», bekannte mir Arnold. «Maureen aber glaubte, ‹schwuler Sex› würde sie einem Risiko aussetzen. Ich bin sicher, es gibt kein Risiko, deshalb sagte ich, ich hätte es nie getan. Ich wollte nur, daß wir weitermachen und eine normale Beziehung haben.»

Um Geheimnisse über ihre sexuelle Vergangenheit bewahren zu können, müssen manche Menschen Beweise, zum Beispiel Erinnerungen, zerstören. Auch persönliche Geschenke wie Gemälde oder Bücher müssen vielleicht weggegeben werden, besonders wenn sie offensichtlich von jemandem ausgesucht wurden, dessen Geschmack sich sehr von dem eigenen unterscheidet.

Erinnern Sie sich an unsere Erörterung des Begriffs «Privatsphäre»: «Ich fühle mich in Ordnung damit und will es einfach mit niemandem teilen.» Diese Aussage ist etwas anderes als «Diese Dinge sind Beweis von etwas, das ich getan habe».

Wer ein Geheimnis bewahrt, hat oft eine verzerrte Vorstellung von Verantwortung. Deshalb höre ich oft Dinge wie: «George läßt nicht zu, daß ich etwas trage, das ich von einem anderen Mann geschenkt bekommen habe.» Wie kommt ein Mensch dazu, für jemand anders die Grenzen zu bestimmen, die die zulässige Privatsphäre definieren? Ich nenne das «emotionalen Faschismus».

Eine andere Methode, Geheimnisse über die Vergangenheit zu bewahren, besteht darin, den Partner zu falschen Annahmen zu verleiten oder falsche Vorstellungen zu erwecken. Weil das nicht bedeutet, offensichtlich zu lügen, halten sich manche Leute, die diese Strategie wählen, für recht aufrichtig. Das ist nichts anderes als eine bequeme Rationalisierung, die der Haltung von jenen Mädchen ähnelt, die äußern, «ein bißchen schwanger» zu sein.

Die letzte Form, wie Geheimnisse bewahrt werden, besteht darin, vorab anzukündigen, daß ein bestimmtes (ungewöhnliches) Verhalten verboten ist. «Ich mache keinen Cunnilingus», sagt ein Mann vielleicht, unwillig, sich damit auseinanderzusetzen, warum er wohl so fühlt. «Du kannst sagen, was du willst, so bin ich nun einmal. Thema durch.» Hier ein Beispiel dafür:

Luanne und ihr Verlobter Ken schliefen sehr gern miteinander, aber da gab es eine entscheidende Einschränkung – er weigerte sich, ihr oralen Sex zu geben. Da das für sie die einfachste Weise war, um zum Orgasmus zu kommen, war sie oft enttäuscht. Sex wurde für sie zum Zankapfel und war häufig Grund, weshalb einer oder beide wütend wurden.

In der Zeit, als Ken um sie warb, versuchte Luanne auf verschiedene Weise, Ken für oralen Sex zu gewinnen. Aber immer hatte er irgendeinen guten Grund, es nicht zu tun: Sein Kiefer sei lahm, er hatte eine wunde Stelle am Mund, er mochte ihren Geruch vor der Periode nicht.

Schließlich stellte Luanne Ken zur Rede. «Ich glaube, du wirst es mir nie mit dem Mund machen», schrie sie. Da Ken der Geschichte ebenfalls müde war, erwiderte er: «Du hast ganz recht. Das werde ich auch nie. Das wär's. Ich will nichts mehr davon hören.» Er erklärte nicht, warum, und er hatte keinerlei Vorschläge, wie Luanne sein Interesse daran steigern könnte.

Wie bei den meisten Paaren hatte ich in der Woche nachdem sie mit der Paartherapie angefangen hatten, Einzelsitzungen mit Luanne und Ken. Als Ken mit mir allein war, enthüllte er mir sein Geheimnis: Als er vor Jahren zum erstenmal mit einem Mädchen schlief, hatte er sich sehr ungeschickt angestellt, besonders mit seiner oralen Technik. Leider erzählte das Mädchen das einigen Freundinnen weiter. Eines der Mädchen erzählte es ihrem Freund, der diese Information benutzte, um Ken zu demütigen.

«Ich verlor danach jede Lust an oralem Sex», sagte Ken wütend. «Ich mag Geschlechtsverkehr sehr gern, aber ich will diese Szene nicht wiederholen», erklärte er. Warum wollte er Luanne nichts davon erzählen? «Sie würde es nicht verstehen. Außerdem ist es mir zu peinlich», bot er als Erklärung an – und das kam der Sache schon näher. «Hören Sie, so bin ich eben.»

Und das wurde Kens Leitmotiv: «Ich bin vielleicht seltsam, aber ich werde nicht darüber kommunizieren, daß ich seltsam bin, denn so bin ich eben. Entweder du akzeptierst es, oder du läßt es bleiben.» Ich sah Ken noch zweimal allein. Nicht nur weigerte er sich, über das Thema oraler Sex zu sprechen, er wurde auch mürrisch und zog sich zurück, wann immer ich den Schwerpunkt auf die Beziehung legte. Ich konnte weder Kens Geheimnis offenbaren noch irgend etwas bei ihm erreichen, so beendeten wir die Behandlung nach einem Monat.

Es gibt eine unbegrenzte Vielfalt von Geheimnissen, die Menschen über ihre sexuelle Vergangenheit bewahren. Das hat die verschiedensten Gründe und vor allem damit zu tun, daß die meisten von uns lernen, Sexualität zu verurteilen. Auch spielt hierfür eine Rolle, daß Partner meinen, ein Recht auf Kritik aneinander zu haben.

Niemand sollte seine Vergangenheit verteidigen müssen, Ihre persönliche Geschichte gehört Ihnen und sollte als Teil Ihrer Persönlichkeit akzeptiert werden. Vertrauen ist ein wesentlicher Teil einer Beziehung. Ihr Partner muß Vertrauen haben, daß Sie in der Vergangenheit stets Ihr Bestes getan haben. Nur dann kann sich wirkliche Nähe entwickeln.

Bestimmen Sie selbst über Ihre Vergangenheit, und lassen Sie nicht zu, daß andere über Ihre Vergangenheit verfügen. Sie sollten nicht um Erlaubnis fragen müssen, um etwas zu tun, das Sie vor Jahren bereits getan haben. Sie sollten nicht hinnehmen, daß ein Partner sich auf die Person bezieht, die Sie *waren*, anstatt auf die Person, die Sie *sind*. Üben Sie zu sagen: «Offenbar mußte ich da durch, um hierher zu gelangen. Wenn du mich jetzt magst, mußt du mich mitsamt meiner Vergangenheit akzeptieren.» Ebenso wichtig ist, daß Sie sich das selbst sagen – täglich, wenn notwendig.

Lassen Sie uns an einigen Beispielen illustrieren, welche vergangenen Erlebnisse verschwiegen werden.

«Mir ist es lieber, daß Mark denkt, ich bin frigide, als daß er weiß, daß ich vergewaltigt wurde», sagte June, eine Universitätsangestellte. June vermied Geschlechtsverkehr mit Mark, weil sie Schmerzen dabei empfand, ebenso wie bei den anderen beiden Männern, mit denen sie schlief, seit sie vergewaltigt wurde.

Warum fühlt sie so? «Wegen Marks Reaktionen», sagte sie. «Ich will sein Mitleid nicht, und ich will nicht, daß er sich fragt, ob ich es vielleicht gewollt habe. Es ist einfach leichter, es zu verschweigen.»

«Das ist wahr», erwiderte ich. Dann bat ich June, an sämtliche Konsequenzen ihrer Verheimlichung zu denken. Sie fühlte sich allein gelassen und war wütend. Noch wichtiger, sie hatte die Integrität ihrer Sexualität verletzt. Ich fügte schnell hinzu, daß ich damit nicht sagen wollte, June *sollte* ihr Geheimnis mitteilen. Ich hatte jedoch das Gefühl, sie sollte sich der wahren Kosten der Geheimhaltung bewußt werden.

«Wenn der schmerzhafte Geschlechtsverkehr vollkommen unannehmbar für Sie wird, erscheint es Ihnen vielleicht ganz vernünftig, Ihr Geheimnis preiszugeben, um diese Erfahrung aufzuarbeiten.» Die Vergangenheit wird dann nicht mehr etwas darstellen, das Besitz von June ergriffen hat. Es wird einfach sein, was es war: ein Ereignis in ihrer Biographie.

Gary verbarg ein anderes Erlebnis. Der liebenswerte Busfahrer wußte nicht so recht, wie er mit seiner Erfahrung als Heranwachsender umgehen sollte.

«Meine ersten sexuellen Erlebnisse», erzählte er nach einem langen Seufzer, «hatte ich mit meiner Schwester. Sie hat mich verführt. Ich habe deshalb sehr gemischte Gefühle – Schuldgefühle, weil es Inzest war –, aber ich empfinde auch Erregung, wenn ich daran denke, wie sehr sie es genoß. Mir gefiel es ebenfalls, aber meine Angst, erwischt zu werden, war noch stärker. Sie war viel weiter entwickelt als ich», fuhr er fort. «Sie war reif für ihre sechzehn Jahre, und ich war für meine fünfzehn noch sehr kindlich. Sie überredete mich dazu und sagte, sie brauche Liebe, würde anderen Jungen in der Stadt aber nicht trauen. Dann wollte sie es wieder machen, alle paar Wochen. Wenn ich nein sagte, dann schmollte sie und behauptete, ich würde sie nicht lieben.»

Kann jemand, der auf diese Weise erste sexuelle Erfahrungen sammelte, ein normales Geschlechtsleben führen, fragte sich Gary besorgt. «Wenn ich mich mit einer Frau verabrede, dann ist sie immer das genaue Gegenteil von meiner Schwester. Sie ist klein, mit feinen Zügen. Aber schließlich erinnern mich alle an sie. Dann mache ich mir Gedanken über meine Erektion und breche meistens den Geschlechtsverkehr ab.»

Garys Situation zeigt, wie man die Vergangenheit lebendig erhalten kann, indem man sie verbirgt. Wann immer Gary sich auf einen Geschlechtsverkehr einläßt, wird er emotional in die verwirrenden Zeiten der Adoleszenz versetzt. Die Frauen, mit denen er zusammen ist, kommen ihm vor wie seine Schwester – mächtig, verführend und gefährlich.

Die Botschaft von Garys Heimlichkeit lautet: «Ich habe in der Vergangenheit etwas Schlechtes getan, das mich jetzt zu einem schlechten Menschen macht.» Er hat kein Gefühl dafür, daß die Vergangenheit und die Gegenwart getrennt sind und daß die eine Lebensphase nicht mit der Logik oder der Einsicht der anderen beurteilt werden kann.

Gary muß erkennen, daß er ein normaler, akzeptabler Mensch ist, der selbst über sich bestimmen kann. Die eigene Vergangenheit anzunehmen wäre ein hervorragender Weg dazu. Er könnte dann darüber nachdenken, wie er in Zukunft seinen Partnerinnen gegenüber mit seinem Geheimnis umgeht. Aber das Geheimnis zu enthüllen ist nicht das Wichtigste. Wichtig ist, es zu akzeptieren. Solange Gary das nicht kann, wird er sexuelle Schwierigkeiten haben.

Sol Gordon fand dafür die folgende Formulierung: «Warum sollen wir den Geistern der Vergangenheit erlauben zu entscheiden, was wir heute tun können?»

Manche Menschen gehen mit ungewöhnlicher Redegewandtheit über ihre Geheimnisse hinweg. Colleen, die vor ihrem siebzehnten Lebensjahr als Prostituierte arbeitete, erzählte mir: «Es rettete mir das Leben. Ich rannte fort vor geistesgestörten, brutalen Eltern. Anschaffen war eine Möglichkeit, meinen Lebensunterhalt zu verdienen und mich geschätzt zu fühlen. Ich habe sogar in der Abendschule mein Abitur gemacht. Aber niemand versteht das. Ich habe oft zu hören bekommen, ich sei ein Opfer gewesen, und meine Überlebensstrategien seien die Strategien von Opfern. Sehr viele Menschen behaupten, Prostituierte seien schmutzig oder verdorben. Wenn ich dagegen Einspruch erhob, verdächtigten sie mich, etwas damit zu tun zu haben oder andere Mädchen dazu zu ermutigen.

Deshalb erzähle ich davon nicht mehr. Ich habe eine Tante erfunden, bei der ich angeblich die entscheidenden Jahre verbrachte. Ich bleibe bei meiner Geschichte und behalte die Wahrheit für mich. Keine zehn Pferde würden das aus mir herausbringen, denn schließlich wird ja doch nur mir damit weh getan.»

Colleen hat vielleicht keine Schuldgefühle, weil sie Prostituierte war, aber dennoch trägt sie einiges Gepäck aus dieser Zeit mit sich, nämlich die Überzeugung, Beziehungen seien nie von Dauer, wenigstens nicht für sie. Dieses Gefühl verstärkt die grausame Lektion, die sie als Kind gelernt hat.

Leider hilft das Verbergen der Wahrheit vor Verurteilung und Mißverständnis Colleen nicht dabei, zu vermeiden, daß sie sich insgeheim selbst verurteilt. Sie horcht auf eine innere Stimme, die sagt: «Jeder, der dich liebt, muß ein Versager sein.» Colleen glaubt, wenn sie jemanden gern hat, wird sie schließlich doch verlassen. Dieser Glaube wird unterstützt, indem sie Geheimnisse vor denen bewahrt, die ihr am nächsten stehen.

«Warum täusche ich andere über meine Vergangenheit?» fragt sie rhetorisch. «Das ist ganz einfach. Die Menschen verlassen dich, wenn du die Wahrheit sagst. Wie heißt es in diesem Lied so schön? ‹Nichts im Leben ist auf Dauer, hier ist alles auf Pump.› Sicher, manche Beziehungen dauern länger als andere. Aber was ist die äußerste Grenze? Irgendein berühmter Mensch sagte einmal: ‹Der einzige Unterschied zwischen blinder Lust und wahrer Liebe ist, daß Lust ein bißchen länger dauert.›»

Anspruch auf die eigene Vergangenheit zu erheben ist ein wichtiges Projekt. Sie können Ihre Vergangenheit entweder zurückerobern, indem Sie sich selbst vergeben oder indem Sie entscheiden, daß es nichts zu vergeben gibt. Wie auch immer, Sie gehen über die Vergangenheit hinaus, und das macht Sie frei für die Zukunft. Außerdem wird dadurch die Macht in Ihrer Beziehung neu verteilt.

Und wenn wir die Vergangenheit auf sich beruhen lassen? Vor fast einem halben Jahrhundert warnte Winston Churchill: «Wenn wir es zu einem Streit kommen lassen zwischen der Vergangenheit und der Gegenwart, werden wir feststellen, daß wir die Zukunft verloren haben.»

7. Absichtliche Irreführung

Menschen lügen nur aus einem Grund –
der Furcht vor Liebesverlust.
(Sprichwort)

Warum wir nicht die Wahrheit sagen

Es gibt vier Gründe, weshalb wir andere absichtlich über unsere Sexualität täuschen:

1. Die Täuschung kann eine Reaktion auf die negative Art und Weise darstellen, wie wir unsere Sexualität, unsere Beziehungen und uns selbst beurteilen.
2. Täuschung kann als Symbol für etwas anderes stehen.
3. Täuschung kann ein Weg sein, überholte Kindheitsmuster in das Erwachsenenalter zu übertragen.
4. Täuschung kann ein Weg sein, unsere Gefühle von Machtlosigkeit zu überwinden.

Anderen gegenüber unaufrichtig zu sein schafft so gut wie immer Barrieren. Diese Barrieren stellen sich zwischen uns selbst und andere Menschen. Ebenso wichtig ist, daß sie uns auch daran hindern können, unsere eigenen innersten Überzeugungen zu erkennen.

Wir haben bereits gesehen, wie wir von Kindheit an von unserer Sexualität und unserem Körper entfremdet werden. Das macht es schwierig, die wahre Natur unserer Sexualität richtig zu bewerten. Schließlich fehlen uns sichere Anhaltspunkte, um vorwegzunehmen, wie andere wohl auf die Wahrheit reagieren würden. Unsere getrübte Wahrnehmung läßt die Wahrheit viel gefährlicher aussehen, als sie in Wirklichkeit ist. Häufig erscheint es uns auch dann notwendig, andere hinters Licht zu führen, wenn es gar nicht zwingend ist.

Außerdem leben wir mit verzerrten Vorstellungen davon, was uns unsere Unaufrichtigkeit kostet. Wir unterschätzen, welche Belastungen mit Schuldgefühlen einhergehen und welche Wut sie in uns erzeugen. Wir unterschätzen, wie viel psychische Energie für die

Täuschungsmanöver notwendig ist. Wir verkennen den enormen Kraftaufwand aus der fortwährenden Überwachung unserer Worte und unseres Verhaltens.

Ein Klient, der zwar trauriger, aber klüger geworden war, sagte mir einmal: «Eine Sache ist gut, wenn man die Wahrheit sagt: Es gibt nichts, an was man sich erinnern muß.»

Ein zweiter Grund, weshalb wir andere täuschen, ist ein symbolischer, er bezieht sich mehr auf die Geheimhaltung als auf das Geheimnis selbst. Zum Beispiel kann eine Lüge unterschwellig die Erklärung darstellen: «Niemand kann über mich bestimmen.» Wenn Sie dieses Gefühl haben, bedeutet das natürlich nicht unbedingt, daß Ihr Partner über Sie bestimmen *will*. Vielleicht zeigt sich darin Ihre Angst vor Nähe. Andere Menschen, die das Gefühl haben, daß über sie bestimmt wird, sind sich einfach nicht bewußt, wie viele Kompromisse eine gesunde Beziehung erfordert.

Ähnlich benutzen manche Menschen Täuschung auch als Test für die Beziehung. Unbewußt sagen sie damit: «Sieh, wie schlecht ich bin. Liebst du mich immer noch?» Eine andere Version lautet: «Du sagst, du willst mir nahe sein? Ich werde dir das sehr schwierig machen. Wir wollen doch mal sehen, wie sehr du das wirklich willst.» Es geht nicht darum, ob man erwischt wird oder nicht. Wichtig ist die Distanz, die man schafft, wenn man mit der Wahrheit hinterm Berg hält.

Der dritte Grund, weshalb Menschen ihren Partnern gegenüber in sexueller Hinsicht nicht aufrichtig sind, könnte als «Restimulation» bezeichnet werden. Damit meine ich alte Gefühle, die uns manchmal in der Gegenwart wieder einholen und die uns dazu verleiten, heute so zu handeln, als befänden wir uns noch in der Vergangenheit.

Zum Beispiel lernen Kinder, die fortwährend kritisiert werden, Dinge, die ihnen wichtig sind, zu verbergen, wie ihre Hobbies, ihre Freunde, ihre Träume oder sogar ihre Erfolge in der Schule. Solche Kinder wachsen oft zu Erwachsenen heran, die sich nur sicher fühlen, wenn sie sich verbergen können. Die Erfahrung, daß sich jemand für sie interessiert, empfinden sie als überwältigendes und beängstigendes Eindringen in ihre Privatsphäre. Diesen Erwachsenen erscheint Geheimhaltung oft notwendig, um die Beziehungen zu überleben, die sich anfühlen wie die gefährlichen Beziehungen der Kindheit.

Bei vielen Menschen stellt sich diese Dynamik unabsichtlich ein, doch sie kann auch absichtlich oder berechnet eingesetzt werden. Jonathan ist ein gutes Beispiel dafür:

Obwohl er wegen Problemen im Beruf mit der Therapie begann, fing Jon eines Tages an, über Sex zu sprechen. In dieser Woche hatte seine Freundin ihn zum erstenmal zufällig gesehen, wie er masturbierte, und beobachtet, daß er seine Brust rieb und seine Brustwarzen kniff. Als sie am nächsten Tag miteinander schliefen, wiederholte sie diese Zärtlichkeiten, aber er stieß sie abrupt zurück. «Faß mich nicht so an», sagte er roh, «was glaubst du denn, was ich für ein Mann bin?»

Jon schämte sich, daß er es genoß, wenn seine Brust stimuliert wurde. Er war sich nicht darüber klar, daß viele andere heterosexuelle Männer es ebenfalls genießen (laut Levine und Barbach und Hite). Er führte Sarah zwar vor allem deswegen in die Irre, weil er Angst hatte, sie würde über ihn lachen, aber es steckte noch ein größeres Problem dahinter. Er empfand die Nähe zu ihr einfach als zu beängstigend.

Jon war ein Einzelkind, er kam zur Welt, nachdem seine Mutter zwei Fehlgeburten gehabt hatte. Aus Angst, ihn auch noch zu verlieren, wurde Jon von seinen Eltern mit wohlmeinender Fürsorge erstickt. Um ihr fortwährendes Getue und ihre Fragerei zu überleben, hatte Jon sich eine eigene innere Welt aufgebaut, aus der sie ausgeschlossen waren und in der er lange Phasen zufrieden und still für sich allein sein konnte.

Die vielen Jahre, in denen er sich vor anderen geschützt hatte, hatten Jons gegenwärtige Persönlichkeit geformt. Als Erwachsener erzeugten seine sexuellen Geheimnisse den Abstand, den er brauchte, um sich mit seiner Freundin sicher zu fühlen. Mit dreiundzwanzig Jahren versuchte Jon immer noch, eine sichere Kindheit für sich zu schaffen.

Schließlich kann absichtliche Täuschung auch ein Ausdruck von Machtlosigkeit sein, ein verbreitetes Gefühl in vielen Beziehungen.

Wenn Menschen das Gefühl haben, in angemessener Weise Einfluß nehmen zu können – um gehört zu werden, um Regeln verändern zu können, um Aufmerksamkeit zu bekommen –, ist es nicht nötig, unaufrichtig zu sein. Aber es gibt viele Formen der Machtlosigkeit gegenüber einem Ehepartner, den Eltern, einem Kind, den Geschwistern oder nahen Freunden. Gedanken und Gefühle, die diese Konstellation zum Ausdruck bringen, sind unter anderem:

- «Ich bekomme offenbar keine Aufmerksamkeit von dir.»
- «Es scheint keine Möglichkeit zu geben, die Regeln hier zu verändern.»
- «Es scheint keine Möglichkeit zu geben, diese Beziehung für mich befriedigender zu gestalten.»
- «Du hast gesagt oder gemeint, daß ich über bestimmte Dinge, die ich empfinde oder tun möchte, nicht sprechen kann.»
- «Ich habe das Gefühl, nichts gegen die Mächte tun zu können, die ein bestimmtes Verhalten von mir verlangen, obwohl wir beschlossen haben, so etwas nicht zu tun.»

Solche Gefühle führen dann zu Unaufrichtigkeit – das heißt zu vereinzelten oder routinemäßigen Verstößen gegen einen Beziehungsvertrag –, wenn einer der Partner das Gefühl hat, daß es nicht mehr funktioniert, innerhalb dieses Vertrages zu bleiben. Obwohl die Unaufrichtigkeit sich dann den Anstrich geben kann, einen Akt des Widerstandes oder die Behauptung von Selbstbestimmung darzustellen, handelt es sich in Wirklichkeit meist um einen Akt von Furcht, Verzweiflung oder Frustration.

Mick war seit vierzehn Jahren verheiratet und ertrug seine Ehe eher, als sie zu genießen. Seine Frau, Tara, war ständig niedergeschlagen. Sie konnte die Hausarbeit nicht bewältigen, und sie wollte keine Arbeit annehmen. Und, noch schlimmer, sie wollte nicht über Micks Unglücklichsein reden.

«Ich liebe sie und will mit ihr zusammenbleiben», sagte der Computerspezialist traurig, «aber sie weigert sich einfach, sich auch nur zu bemühen. Was soll ich nur machen? Sprechen hilft nicht, nörgeln hilft nicht, bitten, drohen oder sie ignorieren hilft ebenfalls nicht.»

Schließlich fing Mick ein Verhältnis mit einer Klientin an, die er einmal im Monat traf. Ein klassischer Fall von «Ich tue, was ich will»? Ich glaube nicht. «Ich fühle mich da förmlich hineingedrängt», erzählte mir Mick, kurz nachdem er sich auf die Affäre eingelassen hatte. «Da, wo ich war, war es für mich unerträglich, und es gab keinen Ausweg. Tara sagt, sie habe keine Energie für meine ‹Forderungen›. Ich mußte Kontakt mit jemandem haben, deshalb ließ ich es geschehen. Ich fühle mich jetzt wieder wie ein Mensch. Und natürlich bin ich voller Schuldgefühle.»

Ich bin sicher, Mick würde lieber mit seiner Frau sprechen, lachen und Liebe machen. Aber er hat das Gefühl, daß es völlig außer seiner Macht steht, das einzurichten. Er hat keinen Weg finden können, sich mit Tara zusammenzutun, um zu einer gemeinsamen Lösung des Problems zu kommen. Und da Tara sich weigert, eine Einzel- oder eine Paartherapie zu machen, läßt sich nicht viel tun, um diese Situation zu verbessern.

Die mit Unaufrichtigkeit verbundenen Gefühle

Die meisten Menschen haben zwei verschiedene emotionale Einstellungen zu ihrer Unaufrichtigkeit. Eins ist kurzfristig und selbstbezogen, fast kindlich. Vielleicht kennen Sie eines der folgenden Gefühle aus eigener Erfahrung:

- «Ich bin froh, daß ich das tue. Es ist Zeit, daß ich mich gegen ihn/sie zur Wehr setze.»
- «Endlich tue ich etwas für mich.»
- «Ich bin nicht verantwortlich, denn ich bin dazu gedrängt worden.»
- «Ich muß das tun, ich habe keine Wahl.»
- «Ich habe das verdient und weigere mich, deshalb Schuldgefühle zu haben.»

Ich denke, diesen Aussagen liegt eine weitere Reihe komplexerer Gefühle zugrunde. Manche Menschen sagen zwar, es habe keinerlei Auswirkungen auf sie, daß sie die Menschen, die ihnen am nächsten stehen, hinters Licht führen, aber ich glaube nicht, daß das stimmt. Tatsächlich sind die Leugnung und die Schuldzuweisung, die in solchen Behauptungen steckt, Teil der Verheimlichung. Psychologisch gesehen müssen Menschen etwas tun, um ihre Täuschung als ‹normal› erscheinen zu lassen – das heißt, ihre Schuldgefühle, Scham und Selbstkritik von sich ablenken.

Irgendwo in den geheimsten Winkeln ihrer Seele haben sie offenbar fast alle das Gefühl, daß es falsch ist, einen Menschen zu täuschen, der einem wichtig ist. Meldet sich hier das schlechte Gewissen – oder ist es eine Erinnerung daran, wie es war, als wir selbst getäuscht wurden? Sie können sich sicherlich daran erinnern, wie Sie sich fühlten, als Sie herausfanden, daß Sie getäuscht worden waren: betrogen, gedemütigt, voll Scham, wütend. Auch wenn wir nicht oft an diese Gefühle denken, sie lauern stets im Schatten unserer Seele.

Deshalb haben Menschen mit Geheimnissen einen Konflikt. Das Kind in ihnen sagt, die Unaufrichtigkeit sei notwendig, und die Eltern in ihnen verurteilen sie. Der Zusammenprall dieser beiden Gefühlswelten endet oft in Depression oder Wut. Die Depression führt zu Isolation, die Wut aber verleitet dazu, anderen die Schuld zu geben.

In jedem Fall ist das Resultat eine allgemeine Feindseligkeit in der Beziehung, in der Gefühle erfahren werden wie: «Du bist gegen mich» oder «Einer von uns beiden muß schließlich schuld sein» oder «Du bist keine Kraftquelle, sondern ein Hindernis».

Die Dynamik der Feindseligkeit ist eine Wunde, die geheilt werden muß, bevor es zu irgendeinem weiteren Gesundungsprozeß oder einer Veränderung kommen kann. Leider versuchen Menschen normalerweise ihre Probleme zu lösen, ohne zuerst über den Schmerz darüber zu sprechen, daß sie sich als Gegner erfahren. Solche Bemühungen können, wenn überhaupt, nur um einen hohen Preis Erfolg haben. Manchmal machen sie das Problem noch schlimmer.

Diese Haltung – einer muß gewinnen und einer verlieren – zuzugeben ist aus zwei Gründen wichtig: Zuerst einmal hilft es Menschen, die inneren Konflikte, die ihr eigenes Verhalten auslöst, zu erkennen. Zweitens schafft es die Möglichkeit von Veränderungen, die mehr als kosmetisch oder vorübergehend sind. Wenn man zuläßt, daß eine feindselige Beziehung fortgeführt wird, heißt das, die Saat zukünftiger Bitterkeit im Boden liegen und keimen zu lassen.

Hinter den Gefühlen, die das innere Kind und die verinnerlichten Eltern der Täuschung entgegenbringen, verbirgt sich die Überzeugung, selbst machtlos zu sein. Der oder die Täuschende ist sicher, er oder sie habe aus Notwendigkeit gehandelt: «Ich wurde dazu gedrängt, ich brauchte eine Gratifikation.» Und die Stimme der Schuld und Scham sagt: «Ich bin ein schlechter Mensch, zu schwach, um zu widerstehen.»

Aber Sie können Unaufrichtigkeit auch anders auffassen – als aktive Tätigkeit, nicht als Reaktion.

Die aktive Natur von Unaufrichtigkeit

Es ist zwar meist einfach, Täuschung bei anderen als subtile Form der Machtausübung zu begreifen; die eigenen Täuschungsmanöver jedoch so zu betrachten ist viel schwieriger. Aber es ist wichtig, zu erkennen, daß es sich bei einer Unaufrichtigkeit um eine Entscheidung handelt, und die Verantwortung für diese Entscheidung zu übernehmen.

Das kann Ihnen helfen, mit den Konsequenzen der Unaufrichtigkeit umzugehen, und zwar sowohl den beabsichtigten wie den unbeabsichtigten. Außerdem kann es auch helfen, die Bandbreite von Verhaltensmöglichkeiten in einer gegebenen Situation zu erweitern, denn die Verantwortung zu übernehmen bedeutet, Macht wiederzugewinnen.

Sie können aber noch in anderer Hinsicht erkennen, daß Täuschung eine aktive Entscheidung ist. Zum Beispiel erhält das Verschweigen der Wahrheit häufig den Status quo einer Beziehung und scheint sie erträglicher zu machen. Die Beziehungsdynamik wird so nicht gestört, vielmehr wird sie meist noch stabilisiert, wenn die Beziehung die ersten Folgen der Unaufrichtigkeit überwunden hat. Ein vorhersagbarer Reigen von Täuschungsmanövern entwickelt sich, in dem alle Beteiligten ihre Rolle kennen.

Dieses Verhalten wird dann zu einem eingefahrenen Mechanismus, weil es zu einer seltsamen Form von Anpassung kommt. Indem man den anderen hinters Licht führt, kann man die Grenzen einer Beziehung erweitern und Möglichkeiten erschließen, die ansonsten verschlossen wären. Ein häufiges Beispiel sind Regeln, die Sie frustrieren («Tu das nicht!»), im Zusammenhang mit einer Aktivität, die Sie als befriedigend empfinden («Ich tue es.»). Diese Verbindung erweist sich für manche Menschen oft als unwiderstehlich, obwohl sie auf lange Sicht einen hohen Preis hat.

Eine Täuschung und die mit ihr einhergehende Verbindung von Leugnung und Schuld verhindern, daß Menschen die wirklichen Probleme, die zwischen ihnen stehen, erkennen und lösen. Jeder, der sich überlegt, eine Sache zu verheimlichen, muß das bei dieser Entscheidung berücksichtigen.

Unaufrichtigkeit hat eine dynamische Wirkung auf die menschliche Entwicklung, sie verändert alle Beziehungen, die sie berührt. Typische Folgen sind unter anderem:

- Sie sind nicht so präsent oder beteiligt, wie Sie zu sein scheinen.
- Sie können sich einem anderen Menschen nicht vollständig öffnen.
- Sie sind ständig auf der Hut.
- Ihr Partner wird in gewisser Weise zu Ihrem Gegner.
- Der Gesichtskreis der gemeinsamen Zukunftsvision wird enger.
- Kraftquellen werden erschöpft, anstatt durch Zusammenarbeit vervielfältigt zu werden.
- Sie gestalten die Zukunft Ihrer Beziehung vor allem allein, anstatt gemeinsam mit Ihrem Partner.
- Die Beziehung schließt jetzt vielleicht eine dritte Partei mit ein. Aber egal, ob das der Fall ist oder nicht, die Unwahrheit selbst ist der Dritte im Bunde, ebenso wie es Alkohol, übermäßige Arbeit oder zwanghaftes Spielen sein können.

Menschen, die eine Täuschung erfahren haben, empfinden es als besonders niederträchtig, daß ihnen nicht bewußt war, an einer neuen, revidierten Form der Beziehung teilzuhaben. Es muß wohl nicht erst gesagt werden, daß diese ge- und enttäuschten Partner nicht um ihre Einwilligung zu diesen Veränderungen gebeten wurden und nicht zugestimmt haben.

Warum geben wir die aktive Natur der Täuschung nicht zu? Vielleicht weil wir zögern, Verantwortung für ein riskantes oder moralisch fragwürdiges Verhalten zu übernehmen.

«Es sind nicht Menschen, die Affären haben, sondern Beziehungen», so überschrieb ich 1983 meinen Artikel für *Woman's World*. Auch eine Täuschung ist nicht einfach etwas, was eine Person einer anderen antut, sondern das, was einer der Partner der Beziehung antut.

Mit Unaufrichtigkeit schließen Sie Ihren Partner insbesondere aus von gemeinsamen Bemühungen, ein Problem zu lösen oder miteinander zu wachsen. Das ist genau das Gegenteil von Intimität, besonders wenn Ihr Bedürfnis nach Unterstützung von dem Partner oder der Beziehung selbst ausgelöst wurde.

Mit Beziehungsverträgen sind die Übereinkünfte gemeint, die zwei Menschen, meistens stillschweigend, über akzeptables Verhalten und die Strafen für unannehmbares Verhalten treffen.

Unaufrichtigkeit verletzt fast immer einen Beziehungsvertrag. Wie? Weil es um ‹verbotenes› Verhalten geht. Ein Beispiel ist, die Pille zu nehmen, obwohl ausgemacht war, das nicht zu tun. Täuschung selbst ist «verbotenes» Verhalten, ganz egal, worin die Täuschung besteht. Beispiel kann etwas so Triviales sein, wie eine Mitarbeiterin bei ihrer Geburtstagsparty im Büro zu küssen und es dann später abzustreiten. Ich gehe davon aus, daß Menschen ihre Übereinkünfte nicht leichtfertig brechen. Warum dann verletzen so viele von uns von Zeit zu Zeit die Absprachen in ihrer Beziehung? Hier einige häufige Gründe:

- Gleichgültigkeit: Unsere Beziehung oder unser Vertrag ist uns egal.
- Leugnung: Wir leugnen, daß unser Verhalten tatsächlich eine Verletzung unserer Übereinkunft darstellt.
- Feindseligkeit: Bewußt oder unbewußt haben wir das Gefühl, daß unser Partner ein Gegner ist.
- Machtlosigkeit: Wir erkennen nicht, daß wir genug Macht haben, auf andere Weise zu bekommen, was wir wollen.
- Furcht: Wir haben Angst, daß die Konsequenzen, wenn wir nicht unaufrichtig sind, sogar noch schlimmer sind.

Wo immer Nähe und der Wunsch nach Nähe existieren, da gibt es auch die Furcht, sich aufeinander einzulassen. Furcht verleitet, bewußt oder unbewußt, zu Täuschungen und läßt so Grenzen oder Barrieren zu anderen entstehen.

Häufig verheimlichte Erlebnisse

In diesem Abschnitt untersuchen wir einige Themen, die häufig Gegenstand von Verheimlichungen werden. Der außereheliche Geschlechtsverkehr ist hier an erster Stelle zu nennen, ein Geheimnis, über das am meisten gesprochen wird und das bei weitem die meisten Beziehungsprobleme verursacht.

Zahlreiche Untersuchungen lassen darauf schließen, daß wenigstens in der Hälfte aller amerikanischen Ehen Affären «vorkommen». Umfrageergebnisse, die das reale Verhalten dokumentieren, stehen in scharfem Kontrast zu Meinungsumfragen, bei denen auf die Frage, was eine glückliche Ehe ausmacht, die häufigste Antwort lautet «sexuelle Treue».

Wie können wir uns diesen Widerspruch erklären? Warum sind so viele Menschen bereit, Zeit und Energie aufzubringen, um ihre Partner zu hintergehen, wenn doch allgemein der Konsens herrscht, daß das falsch ist? Wir können die Frage auch andersherum stellen. Wenn Affären ein so weit verbreitetes Phänomen sind, warum werden sie nach außen von fast jedermann verteufelt?

In ihrem Buch *The Extramarital Connection* stellt Lynn Atwater die These auf, wir seien alle in sexueller Hinsicht schizophren. Wir tun etwas anderes, als was wir sagen. Wir hängen emotional noch immer der traditionellen Vorstellung von sexueller Ausschließlichkeit an, während wir mit Bedürfnissen und Wünschen leben, die von zeitgenössischen Wertvorstellungen erzeugt werden, nach denen sexueller Selbstausdruck als neuer Markstein gesellschaftlicher Beschränkungen gilt.

Ich glaube, die These von Lynn Atwater stimmt. Unsere herkömmlichen Vorstellungen über Ausschließlichkeit stammen aus einem Zeitalter, in dem Ehen wegen einer niedrigen Lebenserwartung kurzlebig waren, rigide Geschlechtsrollen herrschten und in dem es fast überhaupt keine Privatsphäre gab. Wir müssen unsere Vorstellungen erst noch an die moderne Wirklichkeit von hoher Lebenserwartung (und damit langen Ehen), flexibleren Wahlmöglichkeiten und großem persönlichem Freiraum anpassen.

Wenn wir uns dieser Frage psychologisch nähern, können wir die heimliche Affäre als perfekte Wiederholung des Kindheitsdramas betrachten. Die Person, die eine Affäre hat, versteckt, symbolisch, einen Schatz vor Mami und Papi. Die heimliche Affäre wiederholt die erregenden, gefährlichen Geheimnisse der Kindersexualität, die wir so gut vor unseren Eltern verbargen. Das hilft zu erklären, warum Affären so universell verdammt – und gleichzeitig genossen – werden.

Aber das ist nur ein Grund. Andere Gründe für das hohe Vorkommen außerehelicher Liebesbeziehungen sind unter anderem:

Die Erwartung persönlicher Erfüllung. Historisch ist die Vorstellung, daß Menschen in ihrem Leben über die Erfüllung ihrer religiösen Pflichten und die Gründung einer Familie hinausgehend persönlich Erfüllung finden wollen, neu und radikal. Tatsächlich wissen wir im Grunde noch gar nicht, ob es über einen langen Zeitraum möglich ist, «glücklich zu sein». Oft gehört eine außereheliche Affäre zur Suche nach dieser flüchtigen Erfüllung. Normalerweise ist diese Suche jedoch erfolgreicher, wenn sie nach innen und nicht nach außen gelenkt wird.

Übertriebene Vorstellungen von sexueller Befriedigung. Bis vor einem Jahrhundert sprachen nur sehr wenige Menschen offen über Sexualität, und es gab kaum eindeutiges Anschauungsmaterial, das allgemein zugänglich war. Die moderne Verfügbarkeit von Informationen über Sexualität und die künstlerischen Darstellungen von Erotik sind zu begrüßen, aber wir sollten uns auch ihrer Nachteile bewußt sein.

Einer dieser Nachteile ist das überzogene Bild, das die meisten Menschen von ‹gutem Sex› haben. Zeitschriften, Literatur, wohlmeinender Klatsch, zensiertes Material und sogar einige gedankenlose Selbsthilfebücher haben Menschen die Vorstellung vermittelt, wenn sie nur den richtigen Partner finden, könnten sie gleichzeitig und mühelos die Ekstase endloser multipler Orgasmen erleben.

In Wirklichkeit ist guter Sex selbst unter idealen Voraussetzungen eine relativ seltene Erfahrung, die sich nur bedingt wiederholen läßt. Natürlich ist das eine großartige Sache, aber letztendlich ist Sex einfach nur Sex.

Die kulturelle Norm, außerehelicher Sex sei besser. Eine der verblüffenden Auswirkungen von Hugh Hefners Herausgabe des *Playboy* vor drei Jahrzehnten war die öffentliche Formulierung und Förderung der stereotypen Vorstellung, Ehefrauen seien langweilig. Die Zeiten haben sich geändert, sicher. Die Zeitschriften berichten uns heute, daß Ehemänner ebenfalls langweilig sind.

Das übliche Medienporträt von ehelicher Sexualität reicht von «mechanisch» bis «nicht vorhanden». Weniger als 10 Prozent der im Fernsehen präsentierten sexuellen Begegnungen zum Beispiel findet zwischen verheirateten Paaren statt. Der aufregende Sex in Liebesromanen führt im allgemeinen eine (verheiratete oder unverheiratete) Frau mit einem geheimnisvollen Fremden zusammen.

Fast zwangsläufiges Ergebnis davon ist, daß Menschen sich anderen Partnern zuwenden.

Die Routine von ehelichem Sex. Gewöhnung ist in langfristigen Beziehungen unvermeidlich. Daß Sex zur Routine wird, allerdings nicht. Denken Sie daran, wie die meisten Menschen sich auf eine Liebesnacht mit einem Partner vorbereiten, mit dem sie nicht verheiratet sind. Außerehelicher Sex wird enorm bereichert durch die besondere Unterwäsche, Parfüm, Verführungsversuche, durch die kleinen Briefe, die Erwartung und die Tatsache, daß man sich dafür Zeit nimmt.

Solche Aufmerksamkeiten würden die Sexualität in so gut wie allen Ehen verbessern, wodurch eine Affäre viel weniger ‹notwendig› würde. Menschen, die nicht soviel Sorgfalt aufbringen wollen, haben immer ‹gute› Gründe zu glauben, es sei ja doch fruchtlos. Das wahre Motiv ist oft, daß sie in ihrer Ehe nicht mehr Intimität wollen.

Die moderne Hingabe an die Karriere. Früher waren die meisten bezahlten Arbeiten schmutzig, ermüdend und oft gefährlich. Die heutigen Berufe sind anders. Arbeit ist zwar immer noch ermüdend, aber viele von uns erwarten in ihrem Beruf außerdem, Anregung und Erfüllung zu finden sowie eine Möglichkeit, sich selbst zum

Ausdruck zu bringen. So geben viele Menschen heute ihr Bestes – ihre Gedanken, ihre Offenheit, ihre Fähigkeit zuzuhören und ihre Kreativität – ihren Kollegen, die das in gleicher Weise erwidern. In gewisser Hinsicht sind viele von uns heute bei der Arbeit, und nicht zu Hause, am attraktivsten.

Außerdem glauben wir oft, unsere Mitarbeiter würden unsere Sorgen besser verstehen und eher unsere Sprache sprechen als unsere Ehepartner. Wenn wir dann noch die Tatsache dazuzählen, daß die Geschlechter an den Arbeitsplätzen heute gemischt sind, ist leicht verständlich, wie viele Affären anfangen.

Vielleicht fragen Sie sich, warum es in diesem Buch kein eigenes Kapitel über außereheliche Liebesbeziehungen gibt. Der Grund ist, daß Affären nicht anders sind als andere Geheimnisse, und in erster Linie ein Ausdruck von Gefühlen über uns selbst und unsere Beziehung. Bei der Mehrzahl aller Affären geht es um Bindung und nicht um Sex.

Es stimmt, Affären sind für manche Menschen, deren Ehepartner nur ein geringes sexuelles Verlangen haben, ein Weg, mehr Sex zu bekommen. Aber ebenso häufig berichten Leute, daß die Liebe zu Hause ebensogut ist wie in einer außerehelichen Liebesbeziehung.

Sensible Menschen wissen, daß Treue sich auf sehr viel mehr bezieht als auf Sex. Tatsächlich geht man mit bestimmten vertrauten Gesprächen weit mehr fremd als mit einem Geschlechtsakt. Deshalb werden außereheliche Liebesbeziehungen in diesem Buch behandelt wie jedes andere Geheimnis auch. Es gibt kein eigenes Kapitel über Affären, weil Affären selten ein eigenes Kapitel im Leben der Betroffenen sind. Sie sind viel häufiger Teil eines Leitmotivs, das in das besondere Buch verwoben ist, das wir alle im Lauf unseres Lebens schreiben.

Vorgetäuschter Orgasmus

Warum täuschen Frauen einen Orgasmus vor? Zuerst müssen wir verstehen, warum eine Frau keinen Orgasmus hat. Einer der Gründe ist ein innerer Konflikt um Sexualität. Wenn eine Frau mit der Vorstellung groß wurde, ein ‹braves Mädchen› sein zu müssen – das heißt asexuell –, hat sie als Erwachsene oft Schwierigkeiten, dieses Selbstbild aufzugeben und sich ihren sexuellen Gefühlen zu überlassen. Wie die Soziologin Carol Cassell sagt, hilft es vielen Frauen, wenn sie behaupten können, sie seien «mitgerissen worden» – von der Liebe zum Beispiel oder vom Alkohol.

Die zweite Barriere gegen Orgasmen ist Leistungsdruck, genährt von dem Glauben, ein Orgasmus würde die sexuelle Fähigkeit einer Frau beweisen. Der dritte Grund ist der Mythos, daß Frauen beim Geschlechtsverkehr zum Orgasmus kommen sollen. Nur 30 Prozent der Frauen, die 1976 für den *Hite-Report* befragt wurden, kamen allein durch Geschlechtsverkehr zum Orgasmus.

Aber warum sollten Frauen, die nicht zum Höhepunkt kommen, einen Orgasmus vortäuschen? Größtenteils tun sie es, um ihren Partner zufriedenzustellen. Wie Shere Hite in ihrer zweiten Untersuchung von siebentausend Männern berichtete: Die überwältigende Mehrheit von Männern erkannte, daß Frauen während eines Geschlechtsverkehrs keinen Orgasmus hatten, und empfand das als Ursache für Druck. Viele hatten das Gefühl, es sei ihre Schuld. Deshalb setzen die Männer wiederum so oft die Frauen unter Druck, indem sie fragen: «Bist du gekommen?»

Auch manche Männer täuschen einen Orgasmus vor. Ich erinnere mich an den Kollegen eines Freundes, der eine Frau überredete, mit ihm zu schlafen, und dann mittendrin feststellte, daß es ein Fehler war. Anstatt mit ihr darüber zu sprechen, gab er einfach vor, er sei sehr schnell befriedigt gewesen, und machte sich hastig davon. Manche Männer geben außerdem vor, ihren Orgasmus weit mehr zu genießen, als sie es tatsächlich tun.

Eine Erektion vorzutäuschen ist natürlich recht schwierig, aber manche Männer tun höchst überrascht, wenn sie keine Erektion bekommen können oder wenn sie sie fast sofort wieder verlieren, obwohl sie chronische Probleme haben. Für manche Männer ist es leichter, einen Schock vorzutäuschen, als aufrichtig über das Problem zu sprechen.

Sexuell übertragbare Krankheiten

Früher befragte niemand den Partner, ob er oder sie sexuell übertragbare Krankheiten hat oder hatte, es galt als unnötig und unromantisch. Wegen der Aids-, Herpes-, Genitalwarzen- und Chlamydienepidemien ist es heute jedoch notwendig (obwohl es leider immer noch für unromantisch gehalten wird), deshalb stellen nur einige wenige mutige Seelen Fragen. Die meisten aber fragen nicht. Als Verhütungsmittel war Hoffnung schon immer populär, aber heute versuchen Menschen so auch, sich vor Krankheiten zu schützen – und müssen feststellen, daß sie als vorbeugende Medizin ebenso versagt, wie sie als Verhütungsmittel schon immer versagt hat.

Leider bekommen Sie, selbst wenn Sie nachfragen, vielleicht keine aufrichtige oder verläßliche Antwort. Manche Menschen wissen nicht, ob sie eine ansteckende Krankheit haben oder einem Virus ausgesetzt waren. Und schlimmer noch, manche Menschen wissen es und sind nicht bereit, ihre sexuelle Attraktivität mit der Wahrheit zu beflecken. Sie bringen von sich aus das Thema nicht zur Sprache. Und wenn sie es tun, lügen sie.

Es gibt keine eindeutige Möglichkeit, herauszufinden, wie weit Sie sich auf die Aussagen eines Partners über seine oder ihre sexuelle Gesundheit verlassen können. Nur wirkliche Vertrautheit, die Art von Vertrautheit, die erfordert, eine Menge Zeit miteinander zu verbringen, kann hilfreiche Hinweise bieten. Bis Sie eine solche Nähe hergestellt haben, wollen Sie vielleicht Ihre sexuelle Beziehung lieber auf gegenseitige Masturbation beschränken.

Homoerotische Erfahrungen

Die Angst vor Aids motiviert manche Menschen, mögliche Liebhaber nach bisexuellen Erfahrungen auszuforschen. Folglich werden die betroffenen Personen ihre neuen Partner manchmal lieber absichtlich irreleiten.

Ich glaube allerdings, daß ein solches Verhalten noch tieferliegende Gründe hat. Den Sexologen Charles Moser und Jack Morin zufolge fühlen sich die meisten wirklich Bisexuellen wohl mit ihrer sexuellen Orientierung. Heterosexuelle, die ein- oder zweimal etwas mit einem Partner des gleichen Geschlechts hatten, sind jedoch im Hinblick auf ihre sexuelle Orientierung manchmal verstört. In der (richtigen) Annahme, daß sie heterosexuell sind, haben sie Schwierigkeiten, diese anderen Erfahrungen einzuordnen. Sie fürchten, sie könnten «bi» oder – noch schlimmer – «latent homo» sein. Teilweise lügen sie, um diese Furcht zu verbergen.

Sie kennen die Ergebnisse der Kinsey-Studie und zahlloser anderer Untersuchungen nicht, denen zufolge fast die Hälfte aller amerikanischen Männer und fast ein Viertel der amerikanischen Frauen als Erwachsene wenigstens einmal gleichgeschlechtliche Erfahrungen gemacht haben – und trotzdem heterosexuell sind.

Abneigung

«Ich mag nicht, wie du mich anfaßt oder dich im Bett verhältst.» Ich glaube, dies ist eine entscheidende Aussage; wird diese Empfindung nicht offen und deutlich ausgesprochen, kann dies als absichtliche Täuschung gelten. Fallen Sie in diese Kategorie? Dann sollten Sie nochmals Kapitel 4 über sexuelle Erregung und sexuelle Reaktion lesen.

Sexueller Appetit

In der westlichen Kultur wurde von jeher der Mythos hochgehalten, Frauen machten sich nichts aus Sex oder würden Geschlechtsverkehr vermeiden, Männer hingegen seien stets an Sex interessiert. Dieser Aberglaube ist in unserer modernen Gesellschaft immer noch lebendig, wie dieser beliebte, aber voreingenommene Witz zeigt:

«Ein Mann weckt seine Frau um drei Uhr morgens auf und sagt: ‹Ich habe dir zwei Aspirin und ein Glas Wasser gebracht.› ‹Wofür?› fragt die Frau schlaftrunken. ‹Für deine Kopfschmerzen›, antwortet er. ‹Du bist wohl verrückt›, sagt sie, ‹ich habe gar keine Kopfschmerzen.› ‹Endlich!› ruft ihr Mann aus. ‹Laß uns miteinander schlafen!›»

Um sich ein klares Bild von den unausgewogenen Erwartungen zu machen, auf denen dieser Witz basiert, lesen Sie ihn noch einmal. Stellen Sie sich vor, daß die Frau den Mann aufweckt. In unserer Kultur würde diese Version nicht als witzig gelten.

Angesichts dieser eindeutig definierten Bilder verbergen Menschen oft das Ausmaß ihres sexuellen Interesses, wenn es nicht mit dem Stereotyp vereinbar scheint. Aus Angst vor Kritik verstecken manche Frauen einen herzhaften sexuellen Appetit. Und manche Männer verbergen ihren relativ geringen Appetit mit Ausreden oder durch Pedanterie.

Menschen führen ihre Partner auf diese Weise hinters Licht, weil sie annehmen, es gäbe ein ‹richtiges› oder ‹normales› Maß für sexuelles Verlangen. Aber normales Verlangen läßt sich nicht auf eine bestimmte Menge festlegen, sondern es umfaßt eine breite Skala. Und diese Skala umfaßt eine größere Bandbreite, als die meisten Menschen erkennen. Wenn Sie sich nicht wohl fühlen mit dem Maß Ihres sexuellen Appetits, können Sie Hilfe suchen, um das produktiv zu verändern. Sie sollten wissen, daß die meisten Menschen, die wegen Problemen mit ihrem Verlangen in die Therapie kommen, ‹normal› sind.

Ein weiterer Grund, weshalb Menschen einander über ihr sexuelles Verlangen täuschen, besteht darin, daß sie sich vor Zurückweisung fürchten. Wie wir bereits sahen, basiert das im allgemeinen auf einem Mangel an Selbstannahme. Menschen, die sich wirklich selbst annehmen, sorgen sich nur selten um die Gefahren, die Offenheit gegenüber anderen Menschen mit sich bringen könnte.

Zum Beispiel verbergen manche Frauen, die das Gefühl haben, ihre Libido sei ‹unnormal› gering, dieses Gefühl während der Werbezeit aus Angst, ihre Verehrer zu entmutigen. Nach der Heirat fühlen sie sich sicherer, das Maß ihres wirklichen Interesses zuzugeben, obwohl das mit den sexuellen Bedürfnissen des Mannes in Konflikt geraten kann. Wenn es daraufhin ein paarmal Streit wegen Sex gibt, kann die Frau ihre Täuschung leicht rechtfertigen: «Ich wußte ja, Sex würde zum Problem, wenn ich die Wahrheit sage.»

Es ist müßig, irgendwelche objektiven Maßstäbe für ein zu geringes oder zu großes sexuelles Verlangen festzulegen. Es gibt solche verallgemeinerbaren Kriterien nicht.

Sex mit einem Tabupartner

Wie wir bereits sahen, ist es nicht immer der Ehepartner oder Liebhaber, vor dem Geheimnisse geheimgehalten werden. Manche Dinge werden vor Freunden oder Verwandten verheimlicht. Denken Sie an den Tabupartner: die Schwester, den Freund, Sohn, ehemaligen Ehemann, Rabbi usw. von jemandem, den Sie kennen. Wir halten eine Beziehung mit einem solchen Partner geheim, weil wir schreckliche Konsequenzen fürchten, würden wir die Wahrheit sagen. Das kann eine durchaus rationale und berechtigte Einschätzung der Lage darstellen. Doch kann es wiederum zu einer Verzerrung dieser grundsätzlich vernünftigen Einschätzung durch das Geheimhaltungsgebot kommen.

Wir könnten uns mit einem direkten Gespräch eine Menge Ärger ersparen. Eine Frau kann zum Beispiel sagen: «Vater, dein Golfpartner hat mich eingeladen, mit ihm auszugehen, und ich wollte es dir selbst sagen, bevor es dir als Gerücht zugetragen wird.» Oder ein Freund äußert vielleicht: «Janice, ich weiß, daß du der Exfrau deines Bruders nahestehst. Ich würde mich gern mit ihr treffen und finde, wir sollten zuerst darüber sprechen.»

Es wäre, nebenbei gesagt, interessant zu untersuchen, warum Menschen sich auf Tabupartner einlassen. Für manche ist das Tabu selbst attraktiv, bewußt oder unbewußt sagen sie mit ihrem Verhalten: «Ich kann tun, was ich will. Ich werde mich nicht von der Logik oder den Gefühlen anderer daran hindern lassen, mich zu treffen, mit wem ich will.»

Menschen setzen diese riskanten oder verbotenen Beziehungen auch zu anderen, oft unbewußten Zwecken ein, dazu gehört der Ausdruck von Rache, Wut oder Traurigkeit. Manchmal wünschen sie, damit andere Beziehungen zu zerstören, die ihnen ein Dorn im Auge sind.

Schließlich benutzen Menschen Tabupartner auch, um das nächste Kapitel in ihrem durchgängigen Skript zu schreiben, das da lautet: «Liebe macht sich für mich niemals bezahlt.» Ich freue mich, Ihnen die Geschichte eines Patienten erzählen zu können, der gerade erst vor kurzem ein solches Muster durchbrochen hat.

Der achtundzwanzigjährige Ron war etwa einen Monat lang in Therapie gewesen. Er war depressiv, hatte wenig Selbstvertrauen und keine Freundinnen. «Oh, übrigens, Juanita hat mich heute eingeladen», sagte er eines Nachmittags. «Das ist die Exfrau meines Bruders. Wir sind schon seit Jahren befreundet. Ich bin nicht sicher, ob sie wirklich mit ihm fertig ist, aber sie behauptet es. Es wird schön sein, mit ihr zu schmusen. Sie ist wirklich sehr nett.»

Je mehr Ron sprach, desto mehr erschien Juanita wie ein Unglück, das nur darauf wartete, über ihn hereinzubrechen. Sie hatte angefangen, ihn fast jeden Tag bei der Arbeit anzurufen, oberflächlich geplaudert, selbst wenn er sagte, er sei beschäftigt. Sie erwähnte, sie habe die Phantasie, sie würden heiraten. Sie wolle wieder glücklich sein, «so wie ich es mit Bruce war».

Ich fragte Ron, was er vorhätte. «Nun, ich hasse es, Geheimnisse vor meiner Familie zu haben, aber ich glaube nicht, daß irgend jemand das verstehen würde. Ich werde es für eine Weile verschweigen müssen.» Und was waren seine Pläne? Sah er selbst, daß er sie heiratete? «Nein, ich glaube nicht, daß sie für mich die Richtige ist. Außerdem wären die Familienzusammenkünfte wirklich sehr peinlich.»

Ich ließ Ron in der Phantasie ausmalen, wie es wäre: Wie würde er sich fühlen, seinen Bruder zu hintergehen und später, wenn er, nach dem Ende der Romanze mit Juanita, einer Frau begegnen würde, die für eine Ehe eher geeignet schien. Nichts fühlte sich sehr gut an. «Aber was kann ich tun?» fragte Ron.

Wir gingen von einer anderen Richtung an dieses Problem heran. «Wenn die zukünftigen Folgen einer gegenwärtigen Entscheidung unannehmbar erscheinen, müssen Sie entscheiden, daß es Alternativen gibt – und sie finden», sagte ich. Ron war verblüfft. «Sie meinen, das würde zu einem Durcheinander führen, das ich in Wirklichkeit vermeiden will!» sagte er aufgeregt. Es ist eine Vorstellung, die er bereits verstanden hatte, soweit es die Arbeit, nicht aber soweit es die Liebe betraf.

Ron erkannte, daß er nicht eine Person sein mußte, bei der sich eine Liebesbeziehung nie auszahlt. Statt dessen entwickelte er sich zu einer Person, die ihre Liebesbeziehungen sehr sorgfältig auswählt, so daß es eine gute Chance gibt, sie befriedigend zu gestalten.

Am Schluß möchte ich noch weitere ‹beliebte› Unaufrichtigkeiten erwähnen. Halten Sie diese oder ähnliche Empfindungen vor Ihrem Partner geheim?

- Ich mag es, deine Unterwäsche zu berühren.
- Ich mag es, deine Unterwäsche zu tragen.
- Ich mag die Geräusche, die du beim Sex machst.
- Ich masturbiere bei der Betrachtung deines Bildes oder indem ich an dich denke.
- Ich frage mich, ob ich normal bin (und denke vielleicht sogar, daß das nicht normal ist).

Vielleicht führen Sie Ihre Freunde oder andere mit Minigeheimnissen hinters Licht:

- Ich habe kein Interesse an Frauen außer meiner Frau (Männer geben das einander selten zu).
- Ich liebe es, beim Sex passiv zu sein.
- Ich stelle mir vor, daß du ein besserer Liebhaber bist als ich.
- Es ist mir peinlich, meinen Kindern irgend etwas über Sex beizubringen.

Wir haben die verschiedenen sexuellen Geheimnisse untersucht, die Menschen für sich behalten. Wir haben auch über die widersprüchlichen Gefühle gesprochen, die oft damit einhergehen, andere hinters Licht zu führen. Da Menschen häufig mit diesem Konflikt umgehen, indem sie ihre Partner fortstoßen, schafft Unaufrichtigkeit oft Situationen, die weitere Täuschungsmanöver notwendig machen. Das ist eine Form, wie wir unsere persönlichen Einflußmöglichkeiten aus der Hand geben.

Im nächsten Teil werden wir uns mit dem Entscheidungsprozeß beschäftigen, der der Enthüllung oder Bewahrung eines Geheimnisses vorausgeht. Jeder will Entscheidungen treffen, die zu mehr Glück und Nähe führen. Lassen Sie uns untersuchen, wie Sie besser beurteilen können, ob Sie Ihre sexuellen Geheimnisse weiter verbergen wollen oder wann und wie Sie sich jemandem anvertrauen können.

III. Eingestehen oder schweigen?

Teil I und II waren dazu gedacht, wichtige Fragen über unsere Sexualität und über Beziehungen aufzuwerfen. In Teil III wollen wir anfangen, Antworten auf diese Fragen zu finden, so daß Sie entscheiden können, wie Sie damit umgehen wollen.

Nun will ich Ihnen Kriterien vorstellen, damit Sie beurteilen können, ob Ihre Motive zur Enthüllung oder Bewahrung eines Geheimnisses gesund oder ungesund sind bzw. Ihre Ziele realistisch oder unrealistisch. Mit hilfreichen Fragen und vorsichtiger Ermutigung will ich Sie unterstützen, Ihre wahren Gründe und Ziele zu erforschen, warum Sie ein Geheimnis eingestehen oder weiter verbergen möchten.

Selbsterkenntnis ist oft etwas sehr Flüchtiges, denn wenn unsere Motive nicht klar sind, verstecken wir sie oft vor uns selbst. Und doch ist es sehr wichtig, sich selbst zu kennen, damit Sie Frieden mit Ihrem sexuellen Selbst schließen können.

Deshalb sollten Sie folgende Ratschläge als einen aufrichtigen, verläßlichen Freund betrachten, jemanden, der Ihnen helfen kann, hinter Ihre bewußten Einstellungen und Verhaltensweisen zu sehen und zu erkennen, was wirklich in Ihrem Kopf vorgeht. Es wird Ihnen vielleicht nicht immer gefallen, was dieser Freund Ihnen zu erkennen hilft, aber Sie sollten wissen, daß er bereit ist, Sie sanft zu der Erkenntnis Ihrer eigenen wahren Interessen zu drängen.

Die Lektüre dieser Seiten wird Ihnen außerdem helfen, die Konsequenzen eines Geständnisses oder der weiteren Bewahrung Ihres Geheimnisses zu bewerten. Die Folgen vorauszusehen kann aus zwei Gründen schwierig sein: Erstens wollen wir bestimmte Konsequenzen vielleicht nicht sehen, weil uns das zu einem bestimmten Handeln zwingen würde, das uns beängstigend oder bedrohlich vorkommt.

Zweitens kann der Akt der Entscheidung selbst Schuld und andere Gefühle auslösen, weil wir glauben, es sei nicht angemessen, bewußt über Geheimnisse nachzudenken und eine Entscheidung zu treffen, ob wir sie offenbaren oder geheimhalten wollen.

Egal, was Sie am Ende beschließen, ich unterstütze Sie darin, überhaupt eine Entscheidung zu treffen. Bewußt Entscheidungen zu treffen und nicht passiv die Rolle des Opfers zu spielen, ist ein positiver Schritt.

- Die Entscheidung, wieviel Sie zu offenbaren bereit sind, ist ein fortwährender Prozeß und läßt sich nicht ein für allemal erledigen.
- Diese Entscheidung sollte bewußt getroffen werden.
- Sie sollten die Kriterien verstehen, die Sie verwenden, um Ihre Entscheidungen zu treffen.
- Weder Geheimhaltung noch ein Geständnis kann in jeder Situation als beste Lösung gelten, in jedem Fall müssen die Umstände individuell beurteilt werden.
- Da wir alle bestimmte Vorstellungen über unsere Sexualität und unsere Beziehungen gebildet haben, müssen diese Voraussetzungen von Zeit zu Zeit überprüft werden.

In diesem dritten Teil ist je ein Kapitel dem Eingestehen und eines dem Verschweigen der Wahrheit gewidmet. Das soll Ihnen helfen, über die Legitimität beider Möglichkeiten nachzudenken. Die Kapitel sind jedoch einander in vieler Hinsicht ähnlich, denn ihnen liegen die gleichen Vorstellungen von Nähe, persönlicher Macht und Sexualität zugrunde.

Sich mit der Frage auseinanderzusetzen, ob man einem Menschen bewußt etwas anvertrauen will, das man bisher verschwiegen hat, bedeutet nicht weniger, als sich auf die Überprüfung der wichtigsten inneren Bilder einzulassen. Wie sieht Ihre Beziehung aus? Wie ist es um Ihre Sexualität bestellt? Wieviel Verantwortung wollen Sie füreinander übernehmen?

Allein schon diese Fragen zuzulassen, ist ein schwieriges Unterfangen. Sie zu beantworten, ist sogar noch schwieriger. Ihre Bereitwilligkeit, in diesen Prozeß einzutreten, verdient Respekt, und Sie haben meine ganze Hochachtung, wo immer Ihre Reise hingeht.

Wenn Sie sich dem letzten Drittel dieses Buches nähern, nutzen Sie die Chance, die es Ihnen bietet. Tun Sie sich selbst etwas Gutes, und nehmen Sie die Unterstützung an, die es Ihnen geben will.

8. Wann sollten Sie die Wahrheit sagen?

Dies ist das Kapitel, in dem Sie die Entscheidung erkunden werden, ob Sie Ihre sexuellen Geheimnisse eingestehen wollen. Wir werden die damit verbundenen Fragen erörtern und untersuchen, wie Sie sich selbst und Ihre Beziehung im Hinblick auf diese Fragen beurteilen. Am Ende des Kapitels sollten Sie in der Lage sein, aufgrund aller notwendigen Informationen bewußt zu urteilen, ob Sie eines oder mehrere Geheimnisse eingestehen wollen.

Meist wird die Entscheidung, ein Geheimnis zu bewahren, nicht gründlich durchdacht. Wie ich am Anfang dieses Buches erklärte, entwickeln sich Geheimnisse oft unbewußt und schleichen sich uneingeladen in erwachsene Beziehungen ein. Wenn man sich bewußt entscheidet, eine Wahrheit zu verschweigen, ist das häufig eine Reaktion auf eine bestimmte Angst.

Wie auch immer, Sie können jetzt überlegen, ob Sie etwas daran ändern wollen. Vielleicht haben Sie angefangen, die Folgen Ihrer Geheimhaltung in einem neuen Licht zu sehen. Vielleicht haben sich Ihre Bedürfnisse im Lauf der Zeit verändert.

Die Entscheidung, Ihre Geheimnisse zu offenbaren, ist sinnvoll, wenn Sie 1. einen guten Grund dafür haben und 2. genug Möglichkeiten haben, mit den Ergebnissen umzugehen.

Betrachten wir diese beiden Bedingungen.

Realistische Ziele für ein Geständnis

In intakten Beziehungen können die Partner, wenn sie wütend sind, Angst haben, verwirrt, gedemütigt, traurig oder einsam sind, das dem anderen einfach mitteilen. Und wenn sie das tun, erwarten sie, daß sie gehört werden. Für viele Menschen ist das eine radikale Vorstellung.

Eine gute Beziehung bietet andere Verständigungsmöglichkeiten, als diese Gefühle feindselig oder manipulativ zum Ausdruck zu bringen und dem anderen einfach an den Kopf zu werfen. Wenn Sie ein Geständnis ablegen, so bedeutet das nicht, daß Sie jemandem etwas antun. Vielmehr ist es etwas, was Sie *mit* jemandem tun und womit sich sowohl die Nähe zu dieser anderen Person als auch das eigene Selbstwertgefühl verbessern läßt.

Aber das kann sich sehr schwierig gestalten. Die folgenden Geständnisse zum Beispiel klingen in den meisten Fällen feindselig:

- «Ich denke an deine Schwester, wenn wir im Bett sind.»
- «Ich hatte viel bessere Orgasmen mit diesem One-night-Stand im letzten Jahr.»
- «Mutter, ich erzähle dir jetzt alle Details meiner sexuellen Beziehung zu meinem Freund.»
- «Bevor du mich verläßt, will ich dir mitteilen, daß ich schon eine ganze Weile eine Affäre habe.»

Nun einige konstruktive Aspekte, wie sich die Wahrheit formulieren läßt:

- Das Geständnis spricht besonders die Auswirkungen der Geheimhaltung auf denjenigen, der es bisher bewahrt hat, und/oder die Beziehung an.
- Das Geständnis manipuliert den Partner nicht und führt ihn nicht in die Irre.
- Das Geständnis trägt positiv zu der Gesundheit dessen, der es ablegt, und/oder der Beziehung bei.

Aus dieser Liste läßt sich erkennen, daß die folgenden Gründe gute Gründe sind, Geheimnisse zu offenbaren. Wenn Sie ein Geheimnis mit guten Absichten eingestehen, unter den richtigen Umständen, sind die unten genannten Ziele realistisch:

- größere Nähe zu Ihrem Partner
- Verbesserung der sexuellen Beziehung
- Steigerung des Selbstwertgefühls
- weniger körperliche oder emotionale Belastungen durch die Geheimhaltung
- Veränderung einer Beziehung oder Unterstützung eines gegenwärtigen Veränderungsprozesses

Betrachten wir diese Ziele genauer.

Größere Nähe

Ein Geständnis kann zwei Menschen einander näherbringen, indem es ihnen ermöglicht, einander zu verstehen. Ihr Partner stimmt vielleicht nicht mit Ihren Wahrnehmungen überein, ist enttäuscht über Ihre Gefühle oder will Ihnen nicht geben, was Sie sich wünschen. Aber er oder sie wird wenigstens ein besseres Gespür dafür entwikkeln, wie die Welt durch Ihre Augen aussieht.

Wenn man ein Geheimnis eingesteht, ist das manchmal das fehlende Teil eines Puzzles, das ein Bild vervollständigt. Ein Mann sagte mir zu dem Geständnis seiner Frau: «Mir gefiel nicht, was ich hörte, aber ich war froh, es zu hören. Ich weiß zwar nicht, wie ich mich dazu verhalten soll, aber wenigstens weiß ich jetzt, warum sie vermied, mit mir zu schlafen.»

Selbst wenn das Geständnis den Partner nur wissen läßt, daß Sie Scham oder Wut empfinden, kann das schon eine Menge ausmachen. Sie bemerken die positiven Auswirkungen vielleicht nicht sofort, aber sie werden sich schließlich zeigen. Die Veränderungen kommen vielleicht nicht in der Sexualität zum Vorschein, sondern eher in einem damit verbundenen Gebiet, dem Machtverhältnis zwischen Ihnen zum Beispiel, oder der Form, wie Sie miteinander sprechen, oder nur in der Art und Weise, wie Sie sich fühlen, wenn Sie zusammen sind.

Wenn Menschen einander stärkere Gefühle und emotionale Erfahrungen mitteilen, kommen sie sich oft näher, selbst wenn es sich um schmerzhafte Gefühle und Erfahrungen handelt. Sie empfinden vielleicht die positive Erregung, ein Risiko einzugehen, indem Sie sich offenbaren oder Ihre Beziehung in neuem Licht sehen. Oder Sie empfinden Befriedigung, daß Ihre Geheimnisse angenommen und akzeptiert werden. Oder Sie freuen sich, zu sehen, wie das Selbstwertgefühl Ihres Partners dadurch gestärkt wird.

Manchmal gehört zur Aufdeckung der Wahrheit auch, Schmerzen zuzugeben. Viele Menschen sind traurig, weil sie einen Teil von sich versteckt hielten. Der Partner, der sich dem anderen anvertraut, empfindet vielleicht Scham oder Peinlichkeit. Gleichzeitig kann eine Offenbarung aber auch bedeuten, den Schmerz des Partners anzuerkennen. Der Partner oder die Partnerin fühlt sich vielleicht schlecht, weil er oder sie getäuscht wurde oder unbewußt zu der Täuschung beigetragen hat.

Schließlich kann dazu auch die gegenseitige Übereinkunft gehören, daß dies ein Moment des Übergangs ist. Sie und Ihr Partner sind vielleicht stolz auf Ihre Beziehung. Sie können anerkennen, daß Sie sich gegenseitig Kraft geben, oder Sie sind vielleicht beide besorgt, daß größere Veränderungen auf Sie zukommen werden, und fürchten, sie könnten schwierig zu bewältigen sein.

All das sind Möglichkeiten, wie die starken, durch ein Geständnis ausgelösten Gefühle die Partner einander näherbringen können. Starke Erlebnisse können wie ein verheerender Tornado oder wie ein Lotteriegewinn wirken.

Befriedigendere Sexualität

Der Wunsch, Ihre sexuelle Beziehung zu verbessern, ist ein anderer guter Grund, sexuelle Geheimnisse nicht länger zu verbergen. Sie glauben vielleicht, es sei ein recht einfacher Schritt, darüber zu sprechen, aber vielleicht ist es für Sie auch der letzte verzweifelte Ausweg.

Manche Menschen entscheiden sich, ihre Geheimnisse zu offenbaren, nachdem sie lange Zeit ein unbefriedigendes Geschlechtsleben ausgehalten haben. Andere sind relativ zufrieden, entdecken oder beschließen aber, daß mehr möglich wäre. Diese Erkenntnis kann aus einem Buch stammen, einem Fernsehprogramm, einem Gespräch oder sogar durch eine außereheliche Affäre ausgelöst werden.

Manchmal entdecken wir unsere Wünsche erst nach Veränderungen, wenn wir uns selbst besser kennengelernt haben. Lonnie Barbach und andere Therapeuten schlagen Frauen vor, zu masturbieren, um mehr über ihre sexuellen Reaktionen herauszufinden. Frauen, die nie zuvor einen Orgasmus erlebt haben, eröffnet sich damit oft die Tür zur Erforschung ihrer Sexualität mit einem Partner.

Die Aufgabe der Heimlichtuerei kann auch einfach dadurch zu besserem Sex führen, weil einer der Partner entspannter ist. Erinnern Sie sich an Sandy aus Kapitel 4, die es nur im Dunkeln machen wollte? Indem sie mir das Geheimnis anvertraute, daß sie sich wegen ihres Körpers schämte, hat sich Sex für sie entscheidend verändert. Die Liebe ist nun nicht mehr eine Gelegenheit für Sandy, sich selbst zu bestrafen. Ihre Partner äußern sich anerkennend über ihren Körper und geben ihr damit eine positive Rückmeldung. Sie kann nun weniger gehemmt sein.

Und natürlich geben Sie Ihrem Partner, wenn Sie ihm Ihr Geheimnis – die notwendige Information – mitteilen, die Möglichkeit, Sie auf die Weise zu stimulieren, die Sie mögen. Ein Mann zum Beispiel, der sich schämte, weil er gern seinen Hintern gestreichelt haben wollte, kann schließlich dazu gelangen, diese Zärtlichkeit zu bekommen, ohne mit sich kämpfen zu müssen.

Glücklicherweise ist ein Geständnis keine einseitige Sache. Sie laden damit Ihren Partner ein, sich Ihnen ebenfalls anzuvertrauen. Peg und Irv, ein älteres Paar, mit dem ich vor Jahren arbeitete, waren beide ehemalige Lehrer, die sehr gern miteinander verheiratet waren und ein aktives Leben führten. Sie hörten einen Vortrag von mir und kamen hinterher in die Praxis, um mich in verschiedenen Dingen, die ihre erwachsenen Kinder und heranwachsenden Enkelkinder betrafen, um Rat zu fragen.

Unter uns herrschte eine leichte, entspannte Atmosphäre. Peg las einige meiner Artikel, damit sie mit ihrer Tochter darüber sprechen konnte. Bei unserem nächsten Treffen sah sie ernster aus als gewöhnlich.

«Irv, einer dieser Artikel hat mich nachdenklich gemacht», verkündete sie, nachdem wir uns alle gesetzt hatten. «Ich weiß, daß du mich liebst und mir Lust geben willst, aber es ist an der Zeit, dir zu sagen, daß ich mich sexuell verändert habe. Ein kräftiger Penis, der in mich stößt, ist einfach nicht mehr meine erste Wahl.»

Irvs Gesicht ließ eine Mischung aus Besorgnis, Zuneigung und Erregung erkennen. «Meinst du damit, ich kann diese alte Sturmbock-Routine aufgeben? Das ist ja wunderbar!» rief er zu Pegs Überraschung aus. «Ich bin auch nicht mehr der Jüngste, weißt du.» Ihr Geständnis hatte ihn zu seinem ermutigt.

Als sie erkannten, daß sie sich beide an das angepaßt hatten, was der andere ihrer Vorstellung nach wollte, begannen sie zu lachen. Die Wahrheit ist, Geschlechtsverkehr war für sie zu mühseliger Arbeit geworden. Sie bevorzugten es beide, mit dem Mund oder der Hand stimuliert zu werden. Aber Peg wollte Irvs Stolz als Liebhaber nicht verletzen, und Irv wollte Peg nicht das Gefühl geben, daß sie ihn nicht mehr erregte.

«Aber laß uns die Liebe nicht völlig vergessen, in Ordnung?» sagte Peg spielerisch. Irv zwinkerte ihr zu und nickte. Wenn doch nur jede Therapie so befriedigend verlaufen würde, dachte ich.

Manchmal ermöglicht Ihnen das Eingeständnis eines Geheimnisses auch, Ihren Partner mehr zu befriedigen. Nehmen Sie zum Beispiel Lila und James, ein fundamentalistisch christliches Paar. Sie schliefen beide sehr gern miteinander, aber jeder gab mir gegenüber unter vier Augen zu, daß ein gewisser Funke fehlte.

Lila war über mehrere Dinge enttäuscht, eins davon war, daß sie nie die Chance gehabt hatte, James oralen Sex zu geben. «Haben Sie es ihm je vorgeschlagen?» fragte ich in unserem Einzelgespräch. «Nein», erwiderte sie. «Er ist so bibeltreu. Ich fürchte, er würde denken, ich sei eine lose Frau, und würde wegen meiner Vergangenheit nervös werden.»

In dem Einzelgespräch mit mir brachte James ebenfalls Enttäuschung zum Ausdruck. «Lila ist sehr liebevoll, sie gibt wirklich alles», sagte er. «Aber ich wünschte, sie würde es mir mit dem Mund machen.» Überraschung! Ich fragte, ob James Lila je dazu ermutigt oder um oralen Sex gebeten hätte. «Auf keinen Fall», sagte er gefühlvoll. «Ich würde es nicht riskieren wollen, sie zu verletzen. Sie versteht vielleicht nicht, daß es eine ganz übliche, normale Sache ist.»

Am Anfang der gemeinsamen Sitzung in der folgenden Woche sagte ich einige der Dinge, die ich in solchen Situationen immer sage. «Die meisten Partner», fing ich an, «haben Geheimnisse voreinander. Obwohl die Respektierung der Privatsphäre in einer Beziehung von entscheidender Bedeutung ist, ist diese Geheimhaltung unnötig, sogar schädlich. Ich dränge nie jemanden dazu, Geheimnisse zu offenbaren, aber wenn einer von Ihnen dem anderen etwas anvertrauen will, ist das jetzt der geeignete Zeitpunkt dafür.»

Im Raum war es still. Dann drehte Lila sich James zu und sprach. «Ich fühle mich nicht völlig frei», sagte sie. «Ich würde gern...» sie machte eine Pause. «Ich würde dich gerne auf andere Weise befriedigen.» Die Wörter kamen ihr nicht leicht über die Lippen, sie hatte Angst.

Aber sie erzählte es ihm trotzdem. Als James begriff, was Lila sagte, war er entzückt. Lila war bewegt von der Annahme ihres Ehemannes. Es war eine Situation, in der sie beide etwas gewannen.

Gesteigertes Selbstwertgefühl

Das Selbstwertgefühl zu verstärken oder zu unterstützen ist ebenfalls ein wichtiger Grund, um sexuelle Geheimnisse zu offenbaren. In einer gesunden Partnerschaft hat jeder Partner ein vitales Interesse am Selbstbewußtsein des anderen. Das Eingeständnis eines Geheimnisses wird damit zu einer guten Möglichkeit, sich in der Partnerschaft gegenseitig Kraft zu geben.

Was ist Selbstwertgefühl? Es ist das Gefühl, sich selbst so anzunehmen, wie Sie sind, egal was Sie tun. Aber es ist gar nicht so einfach, dieses Gefühl zu empfinden. Ein geringes Selbstwertgefühl hat seine Wurzeln in der frühen Kindheit und entsteht, wenn wir zum erstenmal von unseren Eltern Kritik und Bestätigung erfahren.

Es ist von entscheidender Bedeutung, daß Kinder das Gefühl bekommen, akzeptiert zu werden, auch wenn sie manchmal unannehmbare Dinge tun. Dieses Akzeptiertwerden führt zu dem tiefen Gefühl, in Ordnung zu sein. Allerdings, so stellte die Schweizer Psychologin Alice Miller fest, neigen Eltern dazu, Kinder mit Begriffen zu beurteilen, die sich darauf beziehen, wer sie *sind*, und nicht, was sie *tun*.

Wie oft haben Sie von Eltern gehört: «Du bist ein böses Mädchen» anstatt «Wenn du nicht achtgibst, kannst du deine Milch verschütten. Du mußt besser aufpassen.» Oder: «Brave Jungen fassen sich da nicht an» anstatt «Ich weiß, es fühlt sich gut an, aber wir berühren unsere intimen Teile nicht in der Öffentlichkeit. Warte, bis wir zu Hause sind, dann kannst du das in deinem Zimmer machen.»

So lernen die meisten Kinder die verheerende Lektion, daß sie schlecht *sind,* wenn sie etwas Schlechtes *tun.* Außerdem lernen sie (von ansonsten durchaus liebevollen Eltern), sie seien «faul», «schlampig», «boshaft» und so weiter, anstatt zu lernen, daß sie wunderbare kleine Menschen sind, die manchmal unangemessene, unrichtige oder zerstörerische Dinge tun.

Menschen, denen es dennoch gelingt, ein starkes Selbstwertgefühl zu entwickeln, sind fähig, sich selbst von ihren Siegen und Niederlagen zu unterscheiden. Es gefällt ihnen vielleicht etwas nicht, das sie tun, aber sie sehen keinen Grund, sich deswegen selbst nicht zu mögen. Sie müssen ihre Erfolge nicht übertreiben, weil ihr Selbstgefühl nicht von individuellen Leistungen abhängt.

Ein Geheimnis konstruktiv mit einer vertrauten Person teilen zu können ist ein Ausdruck von Selbstannahme und somit von Selbstwertgefühl. Zum Beispiel kann das Geständnis eines Geheimnisses dazu beitragen, Ihr Selbstbild als aufrichtiger Mensch zu erhalten oder zu stärken. Das kann besonders wichtig sein nach einem bestimmten Ereignis oder als Schritt in einem Wachstumsprozeß.

Mein Nachbar Tom erzählte mir einmal eine wunderbare Geschichte darüber. «Ich habe mich immer für ziemlich aufrichtig gehalten», sagte er. «Aufrichtiger als viele andere Männer. Eines Tages fragte mich mein sechsjähriger Sohn, was eine ‹Notlüge› ist. Während ich es ihm erklärte, erkannte ich, daß ich Rae (seiner Frau) schon eine ganze Weile etwas vorenthalten habe. Ich mochte nicht, wie sie mich neuerdings manchmal küßte. Ich beschloß, ihr das noch am gleichen Abend zu sagen. Als Ergebnis hatten wir ein sehr wichtiges Gespräch über eine ganze Reihe von Dingen.»

Manchmal geht es um sehr viel ernstere Dinge, die durch die Formulierung «nicht länger mit einer Lüge leben zu wollen» zum Ausdruck kommen. Ein Mann erzählt vielleicht seiner Frau, daß er manchmal Frauenkleider trägt. Eine Frau kann ihrem Mann eingestehen, daß sie sterilisiert wurde, bevor sie einander begegneten. Für viele wiegt das erregende Gefühl der Selbstannahme, das diesen Enthüllungen folgt, nahezu jede Schwierigkeit auf, die das Geständnis mit sich bringen kann.

Andere Geheimnisse erscheinen Außenstehenden relativ unbedeutend, haben aber für die betroffene Person selbst eine große Bedeutung. Damit «herauszurücken» kann bedeuten, sich so anzuziehen, daß ein kleiner Busen nicht mehr versteckt wird, der Katze des Liebhabers nicht zu erlauben, im Zimmer zu bleiben, wenn Sie sich lieben, oder zuzugeben, daß man einmal einen zensierten Film gesehen und genossen hat.

Vielleicht haben Sie eines oder mehrere sexuelle Geheimnisse bewahrt, weil Ihr Partner in der Vergangenheit auf die Wahrheit hart reagiert hat. Die Offenbarung sexueller Geheimnisse kann Ihre Entscheidung unterstützen, nicht länger vor Konfrontationen zurückzuschrecken – was eine ungeheure Auswirkung auf Ihr Selbstwertgefühl haben kann. Beispiele für ein Geheimnis, das Sie offenbaren, um das Gefühl von Selbstbestimmung zurückzuerlangen, können unter anderem folgende Themen sein:

- Beim Geschlechtsverkehr keinen Orgasmus zu bekommen
- Eine sexuelle Beziehung ganz beenden zu wollen
- Wunsch nach oralem Sex
- Bei der Masturbation erotische Filme zu benutzen
- Als Verheirateter zu masturbieren

Ich sage meinen Klienten seit Jahren: «Wenn Sie erst einmal beschlossen haben, daß Ihr primäres Ziel darin besteht, Schmerz zu vermeiden, werden Sie es nie schaffen, andere Entscheidungen zu treffen.» Konfrontationen zu vermeiden ist ein Job, der Sie unablässig fordert und emotional einen hohen Preis hat. Alles andere wird diesem Ziel untergeordnet, außerdem müssen Sie fortwährend auf der Hut sein und Gedanken lesen. Der Entschluß, diese ganze anstrengende Gewohnheit abzulegen, bedeutet einen großen Aufschwung für das Selbstwertgefühl.

Ein Geheimnis einzugestehen erhöht auch deshalb das Selbstwertgefühl, weil hierin ein Akt der Selbstbehauptung enthalten ist: «Ich bin gleichberechtigt.» Viele Menschen leben in einem ungleichen Machtarrangement, ohne zu bemerken, daß Beziehungen auf andere Weise funktionieren können – oder daß Veränderung möglich ist. Ein Geständnis kann ein wirkungsvoller Eingriff sein in einer ansonsten festgefahrenen Situation.

Die Vorstellung, daß die eigenen Wünsche ebenso wichtig sind wie die Wünsche des Partners, der Eltern oder Kinder, kann radikal sein und das ganze Leben verändern. Es kann das Machtverhältnis in einer Beziehung in ein neues Gleichgewicht bringen. Natürlich bedeutet das, Verantwortung für die eigene Frustration zu übernehmen, anstatt sie jemandem anders zuzuschieben, oder etwas, das mehr Macht hat als man selbst. Das kann beängstigend sein, aber auch außerordentlich befriedigend.

Entlastung von dem mit der Geheimhaltung verbundenen Streß

Ein Geheimnis einzugestehen ist ein wichtiger Weg, um die körperlichen und emotionalen Belastungen, die die Geheimhaltung mit sich bringt, zu verringern. Nichts illustriert das besser als die Geschichte eines Mannes, mit dem ich vor etwa einem Jahr arbeitete.

John wurde von einem Kollegen an der Schlafklinik der Universität an mich überwiesen. John hatte etwa zweimal in der Woche Alpträume, immer mit dem gleichen Thema. «Ich bin es so müde, verfolgt zu werden», erzählte mir der dreißigjährige Vater von Zwillingen. «Manchmal sind es Nazis, dann wieder sind es entflohene Häftlinge oder die Polizei. Ich wache immer auf und laufe um mein Leben.»

Ich fragte John nach seiner Familie, seinem Beruf, seinem allgemeinen Gesundheitszustand und gab ihm mein Anmeldeformular zum Ausfüllen. Meine letzte Frage – «Bitte beschreiben Sie Ihre sexuelle Beziehung in einem Wort» – beantwortete John: «schizophren».

«Alles ist wunderbar, wenn ich masturbiere», erwiderte er, als ich ihn daraufhin befragte. «Ich habe tolle Phantasien über ehemalige Freundinnen und kann meine Erektion lange halten. Aber mit meiner Frau ist es irgendwie öde. Und ich tue so, als sei ich mehr daran interessiert, als ich in Wirklichkeit bin.»

Johns Antwort kann, ebenso wie sein wiederkehrender Alptraum, vieles bedeuten. Aber bei gemeinsamer Betrachtung glaubte ich, darin Anzeichen von Streß und Konflikten zu entdecken. Ich bat John, mir mehr über sein Geheimnis zu erzählen.

«Nun, es gefällt mir nicht, es zu verheimlichen», sagte er traurig, «oder mich wie zwei verschiedene Menschen zu fühlen.» Ich fragte, wie oft er daran denken würde, erwischt zu werden. «Ich habe früher viel darüber nachgedacht», sagte John. «Besonders nachdem ich eines Abends in einer Radiosendung gehört hatte, daß Frauen genau wüßten, wann ihre Männer untreu werden.» Eine interessante Form, sein geheimes Leben zu beschreiben.

«Ich habe mir einfach abgewöhnt, daran zu denken», fuhr John fort. «Ich genieße einfach, was ich habe, und versuche, keine Schwierigkeiten zu bekommen.»

Ich glaube, es ist so gut wie unmöglich, starke Gefühle zu ignorieren. Johns Alpträume ähnelten mehr und mehr den Produkten von unterdrückten Ängsten und Schuldgefühlen. «Was würde geschehen, wenn Sie Betty einfach von Ihrem ‹anderen Leben› erzählen würden?» fragte ich. John schauderte. «Ich könnte das nicht», sagte er einfach. «Außerdem, warum sollte ich so etwas zugeben?»

John war nicht bereit dazu, deshalb fuhren wir mit der Einzeltherapie fort. Ich erinnere mich, daß er etwa einen Monat später einmal sagte: «Unsere Gespräche über Normalität haben mir eine Menge zu denken gegeben.» Zwei Wochen danach äußerte John: «Wissen Sie, ich fühle mich durch diese Sitzungen sehr erleichtert. Ich habe gar nicht bemerkt, wie angespannt mich diese ganze Geschichte machte. Oh, übrigens», fügte er hinzu, als sich unsere Sitzung dem Ende zuneigte, «die Alpträume haben so gut wie aufgehört.»

John hatte seiner Frau sein Geheimnis immer noch nicht erzählt, aber er hatte angefangen, es selbst anzunehmen. Für den Augenblick war das genug. Er sah sicherer aus und schien voll Selbstvertrauen, als er aus der Tür ging. Sein Leben hatte sich für immer verändert.

Veränderungen in der Beziehung einleiten oder unterstützen

Sorgfältig geplante Eingeständnisse können eine Möglichkeit sein, Ihre Beziehung zu verändern. Das kann auf ganz unterschiedliche Weise vor sich gehen. Nehmen Sie zum Beispiel Winston, er war Bauarbeiter, und er trank ziemlich stark. Sobald er von der Arbeit nach Hause kam, öffnete er einen Sechserpack Bier, «um sich zu entspannen». Um halb neun war er auf der Wohnzimmercouch eingeschlafen, sechs leere Dosen neben sich. Er und seine Frau Julie führten praktisch kein gemeinsames Leben und genossen nur selten die Gesellschaft des anderen.

Julie verließ ihn zweimal und kehrte zweimal zu ihm zurück. Um die Dinge noch komplizierter zu machen, hatten sie eine kleine Tochter. Winston weigerte sich, zu Hause oder in unseren Sitzungen über seinen Alkoholkonsum zu sprechen, und beharrte darauf, kein Alkoholiker zu sein, denn er könne jederzeit aufhören. Julies Flehen um eine herzlichere Beziehung stieß auf taube Ohren.

In dem verzweifelten Versuch, eine Lösung zu finden, entschloß sich Julie, die Antwort zu erzwingen, indem sie an Winstons männliche Eitelkeit appellierte. Sie brachte einen Wandkalender mit in unsere Sitzung, auf dem von den zwölf Monaten drei Tage rot eingekreist waren.

«Das sind die Male, wo wir in diesem Jahr miteinander geschlafen haben», verkündete sie. «Und jetzt ist bereits Oktober. Wir haben so gut wie nie Sex, weil du entweder betrunken bist oder schläfst. Ich habe von zwei Kollegen Angebote bekommen, ein Verhältnis anzufangen, und ich überlege, welches ich annehmen soll. Willst du dich ändern und unsere Ehe retten, oder sollen wir uns scheiden lassen?»

Winston warf ihr vor, sie würde bluffen, dann, sie hätte kein Verständnis für ihn, und schließlich, sie sei eine Hure. «Ich habe einen Artikel gelesen, in dem es heißt, daß die meisten Paare unter dreißig wenigstens einmal in der Woche miteinander schlafen», konterte Julie. «Wirst du normal werden oder nicht?»

Wie Julie befürchtete, weigerte sich Winston, ihren Schmerz anzuerkennen, und war nicht dazu bereit, sich mit ihr zu verbinden, um ihre Ehe zu retten. Aber sie hatte jetzt schließlich genug Rückmeldungen von ihm bekommen und war bereit zu handeln. Es war Zeit für sie, die größte aller Veränderungen anzugehen: Trennung und Scheidung. «Es war die schwerste Entscheidung meines Lebens», erzählte sie mir ein Jahr darauf. «Aber ich habe es nie bereut.»

Manchmal führt ein Geständnis auch zu einer Veränderung, die zwar ebenso drastisch ist, aber ein völlig anderes Resultat hat.

Eine Buchhalterin, mit der ich arbeitete, fühlte sich in der Ehe, die jedermann für ideal hielt, machtlos. Dawn konnte ihrem Mann Scott zwar sagen, daß sie unglücklich war, aber irgendwie folgte darauf nie eine Veränderung.

Sie beschloß schließlich, das Thema Sex zu benutzen, um Scott ihre Frustration verständlich zu machen. «Wir schlafen immer so miteinander, wie du es willst», sagte sie. «Immer liegst du oben, nie ich. Warum können wir nie experimentieren?» wollte sie wissen. «Ich bin sexuell sehr unglücklich. Wußtest du das?» Dawn hatte eine Bombe fallen lassen.

«Was macht das für einen Unterschied, in welcher Position wir es machen?» erwiderte Scott. «Du hast normalerweise einen Höhepunkt, ich kann meine Erektion lang genug halten, warum müssen wir um diese Dinge streiten?» Dawns Mundwinkel sanken herab, als sie bei Scott auf Widerstand traf. «Ich weiß nicht, was ich sagen soll», sagte sie zu mir, den Tränen nahe. «Er hat recht, wie immer. Stimmt irgend etwas nicht mit mir?»

Ich ermutigte sie, mehr miteinander zu sprechen, aber sie kamen immer wieder auf den gleichen Punkt zurück, deshalb schritt ich aktiver ein. «Scott», sagte ich, «Dawn würde gerne bestimmte

Dinge auf ihre Art haben. Sie haben Ihre eigenen Vorstellungen. Sie haben offenbar das Gefühl, daß jemand nur dann seinen Willen haben kann, wenn er dafür einen guten Grund angeben kann. Ist das richtig?»

Scott reagierte instinktiv mit Widerstand auf diese Beobachtung und sagte, er wolle, daß Dawn glücklich sei. «Ich glaube, daß Sie das wirklich wollen», sagte ich sanft. «Aber bekommt Dawn je ihren Willen, wenn Sie nicht das Gefühl haben, daß sie einen guten Grund dafür hat?»

Scott nannte ein paar unbedeutende Beispiele, konnte aber nichts von Bedeutung vorbringen. Plötzlich erhellte sich Dawns Gesicht. «Die Entscheidung sollte nicht von Scott abhängen, oder?» fragte sie aufgeregt. «Deshalb fühle ich mich so seltsam – ich muß mich immer verteidigen, und Scott tut so, als wäre das normal.» «Und was geschieht dann?» fragte ich ermutigend. «Früher oder später», erwiderte Dawn, «erscheint es mir leichter, das zu tun, was er für richtig hält.»

«Und», sagte ich, um das Bild abzurunden, «Scott glaubt, daß Sie tun, was Sie wollen, und Sie wissen nicht, warum Sie unglücklich sind.» Dawn und Scott sahen einander nachdenklich an. «Ich weiß nicht, wie wir da herauskommen können», sagte Scott ruhig. «Aber ich habe das Gefühl, so kann es nicht weitergehen, oder?» Ohne es zu wissen, hatten sie gerade angefangen, ihre Beziehung zu verändern.

Schließlich kann ein Geständnis auch die Entwicklung einer Beziehung oder persönliche Veränderungen unterstützen, die bereits eingesetzt haben. Diese Möglichkeit wird nur allzuoft unterschätzt. Sagen wir, ein Mann wird durch Kurse oder Lektüre durchsetzungsfähiger, seiner Freundin gefällt diese Veränderung. Sie kann nun ihr Geheimnis preisgeben: «Ich habe mir immer gewünscht, daß du im Bett dominanter bist.» Ihre Offenbarung unterstützt positiv seine Veränderung.

Unangemessene Gründe für Geständnisse

Ebenso wie es konstruktive Gründe gibt, Geheimnisse zu bekennen, gibt es auch destruktive Gründe. Geständnisse, die falsch motiviert sind, sind nicht dazu angetan, die positive Entwicklung einer Person oder einer Beziehung zu fördern. Statt dessen mobilisieren sie oft die Wut eines Partners, den Wunsch nach Vergeltung, und Sex wird als Waffe eingesetzt.

Ein Bekenntnis aus den falschen Gründen ist ebenfalls eine Form von Unaufrichtigkeit. Die Offenlegung eines Geheimnisses *erscheint* dann zwar so, als würde man Bedauern oder den Wunsch nach Nähe zum Ausdruck bringen, in Wirklichkeit aber handelt es sich nur um einen versteckten Ausdruck von Wut. Ein Verhalten, das bestimmte Gefühle vorgibt, während man in Wirklichkeit ganz anderes empfindet, entspricht der klassischen Definition von Manipulation. Ich rate dringend davon ab, Geständnisse, Überraschung oder andere Taktiken zu benutzen, um starke Gefühle wie Wut zum Ausdruck zu bringen – obwohl wir bisweilen alle das Gefühl haben, als müßten wir das tun.

Wer unfair kämpft, verharrt auf der Ebene kindischer, verletzter Gefühle. Das verhindert die zur positiven Problemlösung notwendige Sicherheit. Außerdem reagieren die Partner häufig ihrerseits mit entsprechend unfairen Taktiken, was alle Beteiligten von den zentralen Fragen weiter entfernt.

Wenn Sie an einem bestimmten Punkt Rachegelüste verspüren, sollten Sie vorsichtig sein. Was können Sie tun, wenn Sie das Gefühl haben, Ihren Partner verletzen oder bestrafen zu wollen? Anstatt diesem Gefühl nachzugeben, teilen Sie ihm oder ihr mit, daß Sie es am liebsten tun *wollen*. Sagen Sie zum Beispiel: «Marge, wenn du derartig flirtest, macht mich das wütend. Manchmal würde ich am liebsten mit einer deiner Freundinnen flirten, nur damit du weißt, wie sich das anfühlt. Oder dir etwas von meinen vergangenen Eroberungen erzählen, damit du dich ebenso übergangen fühlst wie ich mich jetzt.»

Das ist eine produktivere Möglichkeit, und in fast allen Beziehungen werden Sie so die Aufmerksamkeit Ihres Partners erwecken, es sei denn, die Situation ist hoffnungslos verfahren. Achten Sie darauf, Ihrem Partner verständlich zu machen, daß Sie allein aus Sorge um die Beziehung Ihre Gefühle nicht ausagieren und diese Sorge größer ist als Ihr Gefühl, verletzt zu sein.

Wenn Sie entschlossen sind, Ihren Partner zu verletzen, tun Sie das direkt und explizit. Sagen Sie zum Beispiel: «Du bestehst darauf, mir von deinen ehemaligen Freundinnen zu erzählen, obwohl ich dich gebeten habe, das nicht zu tun. Ich glaube, es ist Zeit, daß du etwas von meinen Eroberungen hörst.» Damit wird deutlich, daß Bestrafung angesagt ist.

Weitere unproduktive Gründe, die Wahrheit zu sagen, sind Rache, der Wunsch, zu strafen oder zu demütigen, um die Last der Schuldgefühle loszuwerden, der eigene Wunsch nach Bestrafung, eine Prüfung der Beziehung, die Verschleierung der eigentlichen Wahrheit. Untersuchen wir diese Gründe genauer:

Rache und Strafe

«So wie das Leben ist», sagte der Maler Paul Gauguin, «träumt man von Rache.» Der Wunsch, andere zu bestrafen, scheint ein natürliches menschliches Bedürfnis zu sein. Die Frage ist, ob Sie mit den Folgen der Verwirklichung solcher Bedürfnisse leben wollen.

Hier ein paar Möglichkeiten, wie manche Menschen das Eingeständnis verheimlichter Wahrheiten einsetzen, um andere zu bestrafen:

- Eine Heranwachsende erzählt ihren strengen Eltern wütend, daß sie seit sechs Monaten mit ihrem Freund schläft.
- Eine Frau antwortet auf den Vorwurf ihres kritischen Ehemanns, sie sei ganz und gar nicht «frigide», sondern habe im Gegenteil ein sehr reiches Phantasieleben.
- Ein Mann teilt seinem Vater bei dem Begräbnis der Mutter mit, daß sie ihn als Kind belästigt hat – und fragt, warum sein Vater ihn nicht geschützt hat.

Das Bekenntnis eines explosiven sexuellen Geheimnisses ist zwar dazu gedacht, etwas zu verändern, es kann aber selbstzerstörerische Auswirkungen haben. Denn zuallererst diffamieren Sie sich selbst, denn tatsächlich sagen Sie: «Die Wahrheit über mich ist so häßlich, daß ich sie als Waffe einsetze.»

Sie werden damit rechnen müssen, daß Ihr Partner sein Vertrauen in Sie verliert und mißtrauisch wird, denn er wird sich vorstellen können, daß Sie es wieder tun werden. Indem Sie zu erkennen geben, daß es für Sie ein akzeptables Mittel ist, den anderen durch ein Geständnis zu strafen, öffnen Sie die Tür für ein entsprechendes Verhalten Ihres Partners.

Schließlich, und das ist besonders bedenklich, kann man dem anderen häufig nicht vermitteln, wie sehr und warum man verletzt ist, wenn man heikle Geheimnisse einsetzt, um den anderen zu bestrafen. Die andere Person reagiert vielleicht so wütend, verletzt oder verwirrt, daß in dem Durcheinander völlig untergeht, wie unglücklich Sie sind.

Entlastung von Schuldgefühlen

Die Entlastung von Schuldgefühlen ist ein unangemessener Grund, sexuelle Geheimnisse zu offenbaren, weil es einen Mißbrauch der Beziehung bedeutet. Ich habe Sie, wie ich weiß, ermutigt, Ihre Beziehung als Kraftquelle zu betrachten, aber es gibt Grenzen. Sie können diese Grenze respektieren, indem Sie sich nach einer alternativen Unterstützung umsehen, zum Beispiel einem Freund, einem Geistlichen oder Therapeuten.

Fragen Sie sich selbst: Wird der Schmerz, den Ihr Bekenntnis erzeugt, in einem angemessenen Verhältnis stehen zu Ihrer persönlichen Erleichterung? Das heißt, wie groß ist das Problem, vor das ich meinen Partner stelle? Wenn Sie im wesentlichen nur Ihren Schmerz gegen den Ihres Partners eintauschen, ist das nicht fair.

Und außerdem: Haben Sie vor, an sich weiterzuarbeiten, wenn Ihr Geheimnis erst einmal ans Tageslicht gekommen ist? Wenn nicht, dann wollen Sie Ihre Schuldgefühle einfach bei jemand anders loswerden, ohne produktiv etwas zu verändern. Das ist egoistisch.

Ein Beispiel: Eine Frau hat eine Affäre, fühlt sich schuldig und erzählt es dann ihrem Mann. Das Geständnis ist für sie beide schmerzhaft, aber sie fühlt sich besser. Zwei Monate später hat sie eine weitere Affäre. Unter diesen Umständen würde ich sagen, daß das Geständnis verantwortungslos und mißbräuchlich war.

Im allgemeinen sind Schuldgefühle eine destruktive Motivation. Ein Schuldgefühl ist nicht das gleiche wie das Gefühl für Fairness, Gewissensbisse oder der Wunsch, richtig zu handeln. In Schuldgefühlen kommt das Gefühl zum Ausdruck: «Ich bin schlecht.» Natürlich wollen wir alle, daß uns dieser Druck genommen wird. Aber das ist Ihr Problem, nicht das Ihres Partners. Sich von Schuldgefühlen zu befreien ist kein guter Grund, um heikle Informationen weiterzugeben, vielmehr kann sich solche Offenheit zerstörerisch auswirken.

Der Therapeut Fritz Pearls ist der Ansicht, daß Schuldgefühle und Wut in enger Beziehung zueinander stehen. Er beobachtete, daß, wenn Personen sich schuldig fühlen – das heißt, sich selbst kritisch beurteilen – sie das an anderen auslassen, die sie sich dazu sehr genau aussuchen. Sie wenden sich an ein Gegenüber, das ihnen eine kritische Haltung entgegenbringt. Eine ähnliche Dynamik ist im Spiel, wenn man sexuelle Geheimnisse offenbart, die andere verletzen.

Aufforderung zu Kritik und Strafe

Manche Menschen suchen unbewußt die Kritik anderer, auch wenn sie es abstreiten würden. Warum? Weil die negative Beurteilung irgendein inneres Bild bestätigt, nach dem sie ein Versager und Unruhestifter sind, zu nichts zu gebrauchen oder von niemandem geliebt werden.

Außerdem bedeuten Strafen Erleichterung für Menschen, die fürchten, sich nicht in der Hand zu haben. Es gibt ihnen das Gefühl, unter Kontrolle zu stehen und deshalb *gemocht* zu werden. Bestrafungen bestätigen ihnen, von ihrem Partner gebraucht zu werden. Und die Partner brauchen oft einen Schwächeren.

Wenn der Wunsch nach Kritik nicht extrem ausgeprägt ist, gelten

Menschen mit einer derartigen Persönlichkeitsstruktur nicht als ‹krank›. Gerade sie erhalten von ihren Mitmenschen oft Komplimente für ihre Bescheidenheit, ihren Sanftmut und ihre Freundlichkeit. Viele solcher ‹normalen› Menschen haben einfach Angst vor ihren Phantasien, Gedanken und Impulsen. «Wie schlecht ich in Wirklichkeit bin, weiß nur ich selber», lautet ihre unbewußte Überzeugung. «Wenigstens gibt mir diese Person die Strafe, die ich verdiene, auch wenn es nicht für das eigentliche Vergehen ist.»

Beziehungstests

Manche Menschen stellen Beziehungen ständig auf die Probe, besonders wenn sie ihnen gut erscheinen. Sie reizen einen Partner, um zu sehen, ob er sie verlassen wird, wenn er wütend ist. Oder sie weisen frühzeitig auf ihre Mängel und Grenzen hin und übertreiben sie, um ihre Angst zu reduzieren, schließlich abgelehnt zu werden. Ein Klient sagte kürzlich: «Lehne mich jetzt ab und vermeide den Ferienstress.»

Anstatt Ihren Partner zu testen, sollten Sie ihm die Chance einräumen, zu diskutieren, die eigenen Klagen zum Ausdruck zu bringen und die damit verbundenen Fragen zu erörtern. Es besteht immer die Möglichkeit, einen Konflikt als Team und nicht als Gegner zu bewältigen.

Eine Beziehung ohne Vorwarnung zu testen ist außerdem deshalb unfair, weil Menschen meist nicht in bester Form sind, wenn sie überrascht werden. Die meisten Menschen fühlen sich in einer solchen Situation bedroht und verhalten sich defensiv oder aggressiv. Aber wenn ihnen die Möglichkeit gegeben wird, sind die gleichen Personen vielleicht glücklich, über ein Problem diskutieren zu können.

Psychologisch gesehen sind Beziehungstests eine eher feige Form, Informationen einzuholen. Auf die Qualität der auf diesem Weg erzielten Information kann man sich im Regelfall nicht verlassen.

Meist sind es unsichere oder labile Menschen, die ihre Motive verbergen müssen. In diesem Fall sollte man versuchen, sich auf eine offene Diskussion einzulassen, denn ansonsten droht dem Individuum und/oder dem Paar eine ernste Krise.

Ablenkung vom eigentlichen Problem

Manche Menschen machen ein Geständnis in der Absicht, den Partner auch zukünftig weiter irrezuführen. Das ist etwa der Fall, wenn jemand eine Affäre bekennt, jedoch vorhat, auch in Zukunft Liebesbeziehungen einzugehen. Eine vermeintliche Offenbarung in der Absicht, damit zukünftige Heimlichkeiten abzusichern, ist im Grunde zynisch. Ein solches Verhalten läßt es außerordentlich fragwürdig erscheinen, ob sich der Betreffende an die Beziehung gebunden fühlt. Vor allem stellt jemand, der sich so verhält, in Frage, ob er oder sie das Vertrauen seines Partners verdient. Was ist sein Wort wert?

Unaufrichtigkeit ist der traurigste Anlaß, um die Wahrheit zu sagen. Es bedeutet, daß Sie sich allein fühlen, sowohl vom Partner als auch der Beziehung verlassen. Sie drücken so die Erwartungshaltung aus, daß es auch zukünftig notwendig sein wird, die Wahrheit zu verheimlichen. Es bedeutet, daß Sie beschlossen haben, in dieser Beziehung nicht Sie selbst zu sein. Wenn man aus diesem Grund eine Wahrheit offenbart, ist das ein eindeutiges Signal für ernste Schwierigkeiten in Ihrer Beziehung.

Die Bewertung Ihrer Motive

Wie können Sie sicher ausschließen, daß Ihre Motive für ein Geständnis nicht unangemessen sind wie die oben beschriebenen? Schließlich fällen wir vielleicht in der freundlichsten, großzügigsten Stimmung die Entscheidung, ein Bekenntnis abzulegen, und benutzen die Wahrheit dann doch, um zu manipulieren oder Feindseligkeit auszudrücken. Folgende Richtlinien können Ihnen helfen, Ihre Motive zu bewerten:

- Reagieren Sie bei dem Gedanken an den Schock, die Überraschung, den Schmerz oder die Abneigung Ihres Partners mit heimlicher Freude oder Selbstgerechtigkeit?
- Freuen Sie sich auf eine wütende Konfrontation über das, was Sie Ihrem Partner anzuvertrauen beschlossen haben?
- Sind Sie wütend oder verletzt, wenn Sie sich auf Ihre Offenbarung vorbereiten? Wird die Wut oder das Gefühl, verletzt zu sein, stärker, wenn Sie Ihrer Entscheidung näher kommen?
- Denken Sie bereits daran, wie Sie in Zukunft mit etwas Verbotenem durchkommen, geplant oder ungeplant?
- Denken Sie daran, ein Geständnis abzulegen, nur um zu sehen, wie Ihr Partner reagiert?
- Haben Sie daran gedacht, mit wem Sie die Ergebnisse Ihres Geständnisses besprechen wollen?
- Fühlen Sie sich wie ein unartiges Kind, wenn Sie sich darauf vorbereiten, ein Geständnis abzulegen?

Jedes «Ja» läßt auf ein unproduktives Motiv schließen. Denken Sie sorgfältig über diese Möglichkeit nach, bevor Sie fortfahren. Was haben Sie wirklich vor? Gibt es einen aufrichtigeren, direkteren Weg, wie Sie vorgehen können?

Hilfestellung

Ein sexuelles Geheimnis offenbaren kann jeder. Aber es mit Erfolg zu tun – das Ergebnis damit zu erreichen, das Sie damit erreichen wollen – erfordert, daß Sie sowohl persönlich wie auch in der Beziehung auf etwas zurückgreifen können, das Ihnen Kraft gibt. Diese Kraftquellen erlauben zwei Partnern, die eingestandene Information konstruktiv zu nutzen.

Fast alle menschlichen Wesen haben Schwierigkeiten, mit heiklen Fragen umzugehen. Wir bringen diese Schwierigkeiten durch Gefühle wie Eifersucht, Angst, Furcht und Wut zum Ausdruck. Wegen der Macht dieser Gefühle reicht guter Wille allein oft nicht aus, um ein Geständnis produktiv zu gestalten. Auf welche Voraussetzungen sollten Sie achten, wenn Sie beschließen, ein Bekenntnis abzulegen?

Die beste positive Voraussetzung ist sicherlich die Fähigkeit und Bereitwilligkeit zu Kommunikation. Gute Kommunikation macht es Paaren möglich, ihre Liebe, Intelligenz, gemeinsame Geschichte und ihre guten Absichten produktiv einzusetzen. Hier einige Richtlinien für wirksame Kommunikation:

- Wir können zuhören, ohne uns angegriffen oder kritisiert zu fühlen.
- Wir können abweichende Meinungen haben, ohne einander zerstören zu müssen.
- Wir können Wut voll zum Ausdruck bringen, ohne einander verletzen zu müssen.
- Wir können Zutrauen empfinden, daß keiner von uns je gewalttätig wird oder den anderen bedrängt.
- Wir bedrohen oder beschimpfen einander nicht.
- Wir beenden normalerweise wichtige Diskussionen, ohne Unterbrechungen zuzulassen und ohne Türenknallen, aus dem Haus stürmen usw.
- Wir haben keine Angst, an Meinungsverschiedenheiten zu arbeiten.
- Wir halten Wut nicht für zerstörerisch.
- Wir wissen, wie wir unsere Kritik und Wut auf produktive Weise formulieren können.
- Wir sagen häufig «Ich liebe dich», sowohl verbal als auch nonverbal.
- Wir rühren alte Wunden nicht wieder auf oder irrelevante Dinge, wenn wir Meinungsverschiedenheiten haben.
- Wir glauben nicht, daß Konflikte das Scheitern unserer Beziehung bedeuten.

Betrachten wir, wie ein Paar seine Fähigkeit zur Kommunikation einsetzte, um eine extrem belastende Erfahrung nach einem Geständnis zu bewältigen. Hier der Teil eines Gesprächs zwischen Letty und Al, sie sind beide Lehrer Anfang Dreißig. Ich hatte sie nicht gesehen, seitdem ich im vorigen Sommer die Paartherapie mit ihnen erfolgreich beendet hatte.

Letty hatte angerufen und gesagt, sie wolle gemeinsam mit Al kommen, um etwas Heikles zu offenbaren. Sie meinte zwar, sie könne es allein bewältigen, wollte aber «kein Risiko eingehen». Um Ihnen zu zeigen, wie gut die beiden kommunizieren, habe ich die eindeutigen Botschaften in ihrem Gespräch in Klammern noch einmal betont. Sie werden sehen, wie diese eindeutigen Botschaften Lettys Geständnis produktiv machten.

Letty: Ich bin nervös, dir das zu erzählen (so fühle ich mich), aber ich will es dir sagen, weil es mich verrückt macht und mir das Gefühl gibt, dir nicht nahe zu sein (ich möchte dir nahe sein, selbst wenn ich negative Gefühle habe). Als Kind wurde ich über ein Jahr lang von meinem Onkel belästigt. Ich bin sicher, es wird dich wütend machen (ich bin empfänglich dafür, wie du dich fühlst), aber ich will nicht, daß du irgend etwas Verrücktes unternimmst. Ich will nur, daß du mir sagst, daß alles in Ordnung ist (hier ist, was ich damit bezwecke), und ich möchte, daß wir einen Weg finden, damit umzugehen (ich sehe uns als Team).

Al: Ich bin vollkommen überrascht. Wie konnte das passieren? Warum konntest du es mir früher nicht erzählen? Ich fühle mich wirklich verletzt (hier ist, wie ich mich fühle). Hast du mir die ganze Zeit über nicht vertraut (ich möchte mehr wissen)?

Letty: Ich glaube, ich kann ganz gut verstehen, wie du dich fühlst (du kannst deine Gefühle zum Ausdruck bringen, ohne daß ich mich angegriffen fühle). Aber ich konnte es dir einfach vorher nicht erzählen. Jetzt kann ich es. Ich habe mich verändert, bin etwas erwachsener geworden (ich kann mit deinen Gefühlen umgehen, ohne dich ins Unrecht zu setzen). Ich nehme an, ich bin jetzt auch mutiger, und ich glaube mehr an unsere Ehe (ich kann zugeben, dich zu lieben, auch wenn wir Schwierigkeiten haben).

Eine peinliche Stille erfüllte das Zimmer, und Mann und Frau vermieden, einander anzusehen. Sie versuchten beide, ein- oder zweimal zu sprechen, verschluckten die Worte aber, bevor sie herauskamen. Schließlich schlug Al mit der Faust auf den Tisch. Ein paar Tränen flossen über seine Wange.

Al: Es tut mir unendlich leid, daß du so etwas Furchtbares erlebt hast (hier ist, wie ich mich fühle). Und ich bin froh, daß du dich besser fühlst, nachdem du es mir erzählt hast (ich bin froh, deinen Schmerz erleichtern zu können, obwohl ich selbst erregt bin). Aber was erwartest du nun von mir? Ich fühle mich restlos gedemütigt.

Ich habe seit Jahren mit diesem verdammten Kerl zu tun gehabt, ohne zu wissen, daß er versuchte, das Leben meiner Frau zu ruinieren. Er muß glauben, ich sei entweder ein Schlappschwanz oder ein vollständiger Idiot (ich kann meine Wut ausdrücken, ohne dich zu zerstören oder herabzusetzen).

Letty: Ich glaube nicht, daß er das tut, aber ich kann begreifen, wieso du dieses Gefühl hast (ich weiß, daß Gefühle wichtiger sein können als Tatsachen, ich werde nicht versuchen, dich von deinen Gefühlen abzubringen). Wenn du weniger erregt bist, können wir weiter darüber sprechen (wir bringen schwierige Diskussionen zu Ende).

Al: Nun, ich werde mit diesem Wahnsinnigen abrechnen.

Letty: Wir müssen noch intensiv reden, bevor wir irgend etwas unternehmen. Ich möchte ganz und gar nicht, daß du losgehst und in der Hitze des Augenblicks irgend etwas tust (ich erwarte bei der Bewältigung dieses Problems deine Kooperation als mein Partner).

Wieder war es still im Zimmer, und beide kämpften mit ihren Gefühlen. Als Gesicht verfinsterte sich, und Letty bekam Angst.

Letty: Ich hätte gern, daß wir uns umarmen, damit ich weiß, daß alles in Ordnung ist (ich will dir nahe sein, selbst wenn wir Konflikte haben).

Al: Ich bin nicht in der Stimmung. Ich glaube, ich will allein gelassen werden (hier ist, was ich will).

Letty: Willst du mir wenigstens sagen, daß du mich liebst (ich bin bereit, um das zu bitten, was ich will, selbst wenn es riskant ist)?

Al: Ja, natürlich liebe ich dich. Mich regt das nur wirklich auf. Ich bin sicher, ich komme schon darüber hinweg... Ich weiß nicht, aber ich nehme es an (ich bin bereit, mit dir verbunden zu bleiben, selbst wenn wir nicht völlig verbunden sind).

Letty: Kann ich irgend etwas für dich tun?

Al: Sag mir, daß du verstehst, warum ich mich so aufrege (hier ist, was ich brauche, um mehr Nähe zu spüren).

Letty bestätigte Al, und die Sitzung ging weiter. Als unsere Zeit um war, beschlossen sie, eine Weile allein an dieser Frage weiterzuarbeiten. Wir kamen überein, uns in zwei Wochen wieder zu treffen.

Ich war stolz zu hören, wie die beiden mit Lettys Geheimnis umgingen. Ihre Kommunikation war nicht vollkommen, aber sie war offensichtlich sehr wirksam. Letty und Al wissen, wie man als Team an Probleme herangeht, und nicht als Gegner.

Die Beziehung

Neben einer guten Kommunikation tragen alle Fundamente einer soliden Beziehung zur produktiven Gestaltung eines Bekenntnisses bei. Hier einige davon:

- Wir verbringen jede Woche einige Zeit miteinander und sprechen über andere Dinge als die Kinder und den Haushalt.
- Wir sorgen uns um das Glück und den Schmerz des anderen.
- Wir sind beide zufrieden mit der Bindung des anderen an die Beziehung.
- Wir respektieren die innere Erfahrung des anderen, selbst wenn wir nicht einer Meinung sind oder sie nicht verstehen.
- Wir lieben einander.
- Wir fühlen uns beide berechtigt, zu erwarten, daß ein Partner mit schwierigen Fragen umgeht, ohne sich zu sehr zurückzuziehen, zu jammern oder zu strafen.
- Wir glauben beide, daß unsere Partnerschaft größer ist als die vorübergehenden Gefühle der einzelnen.
- Wir sind beide fähig, uns an die Stelle des anderen zu versetzen und zu überlegen, was ein bestimmtes Ereignis für ihn oder für sie bedeutet, und nicht nur für uns selbst.
- Wir glauben beide, daß, wenn einer dem anderen Schmerz zufügt, das nicht in bewußter Absicht geschieht – und im schlimmsten Fall gedankenlos ist.

Ihre Beziehung muß nicht jede dieser Bedingungen erfüllen, damit Ihr Geständnis sich positiv auswirkt, aber je mehr dieser Voraussetzungen sie entspricht, desto wahrscheinlicher wird es sein, daß Ihr Geständnis am Ende das Resultat hat, das Sie sich wünschen.

Die wichtigste positive Voraussetzung, um jemandem ein sexuelles Geheimnis mit produktiven Auswirkungen anzuvertrauen, ist das Gefühl, selbst in Ordnung zu sein. Oder wie die Pädagogin Gloria Blum es formulierte: «Die Fähigkeit und Bereitschaft, sich selbst Zustimmung zukommen zu lassen.»

Wenn Sie sich an das Geheimhaltungsgebot erinnern – «Meine Sexualität ist schlecht, ich selbst bin im Grunde schlecht, deshalb muß ich beides verbergen» –, können Sie erkennen, daß es viel weniger zwingend wird, etwas zu verheimlichen, wenn man das Gefühl hat, in Ordnung zu sein.

Wenn Sie über ein starkes Selbstwertgefühl verfügen, machen Sie aller Wahrscheinlichkeit nach selten andere für Ihre negativen Gefühle verantwortlich. Damit wird es auch weniger wahrscheinlich, daß Sie Ihr Geheimnis als Waffe benutzen und sich und den anderen diffamieren. Wenn Sie sich selbst eher als Partner denn als Gegner oder Opfer sehen, werden Sie das Eingeständnis von etwas, das Sie geheimgehalten haben, als gemeinsame Erfahrung betrachten können, nicht als etwas, das Sie jemand anders antun. Außerdem verhilft es dazu, mit Meinungsverschiedenheiten sehr viel leichter umzugehen, wenn man erkennt, daß Liebe nicht immer erfordert, einer Meinung zu sein.

Andere persönliche Eigenschaften, die Ihnen helfen werden, wenn Sie beschließen, ein Geständnis zu machen, sind Intelligenz, ein Sinn für Humor, die Fähigkeit, Belastungen zu ertragen, Geduld und Objektivität – all die wunderbaren Eigenschaften, die wir gerne haben würden. Das erinnert mich an den Mann, der sein Leben damit zubrachte, die vollkommene Frau zu finden: «Und als ich sie schließlich gefunden hatte», sagte er reuevoll, «suchte sie nach dem vollkommenen Mann.»

Warnsignale

In manchen Situationen ist es natürlich nicht angebracht, ein Geständnis abzulegen. Beziehungen, denen die nötigen positiven Voraussetzungen fehlen, um mit den Belastungen eines ernsthaften Geständnisses umzugehen, erkennen Sie oft an den folgenden Symptomen:

- Ich habe definitiv vor, diese Beziehung aufzugeben.
- Ich bin meinem Partner egal.
- Ich mache mir nicht wirklich viel aus meinem Partner.
- Es gibt kaum oder nur unzureichende Kommunikation zwischen uns.
- Wir haben nur wenig Vertrauen zueinander.
- Mein Partner hat bewiesen, daß er Vertraulichkeiten nicht für sich behalten kann.
- Mein Partner und ich haben starke Konkurrenzgefühle gegeneinander.
- Offenbar hält immer nur einer von uns zu einer Zeit unsere Beziehung für in Ordnung.
- Mein Partner bestraft mich, wenn er oder sie sich aufregt.
- Ich bestrafe meinen Partner, wenn ich mich aufrege.
- Mein Partner und ich können nicht zwanzig Minuten über etwas Wichtiges sprechen, ohne zu streiten.
- Ich kann nie voraussagen, wie mein Partner auf etwas reagieren wird.
- Mein Partner hat mir zu verstehen gegeben: «Erzähl mir nichts.»
- Jeder hat mich davor gewarnt, die Wahrheit zu sagen, die ich eingestehen will.
- Es gab Szenen von Gewalt oder Drohungen in der Beziehung.

Wie geht man mit Situationen um, in denen den Individuen die notwendigen Voraussetzungen fehlen und produktives Teilen schwierig oder sogar unmöglich ist? Wie sehen die Warnsignale in diesem Fall aus?

Zunächst sollte man hier auf alle Anzeichen eines geringen Selbstwertgefühls achten. Dazu gehören die fortwährende Entschuldigung, man sei dumm, der Wunsch, jemand anders zu sein, nicht zu verstehen, warum Menschen mit einem zusammensein wollen, und die Erwartung, man würde ja doch nie bekommen, was man will.

Wenn Sie diese Hinweise auf ein geringes Selbstwertgefühl erkennen, sollten Sie sich jedoch nur *gewarnt* fühlen, ein Geheimnis zu offenbaren, und sich nicht grundsätzlich entmutigen oder von Ihrem Vorhaben abbringen lassen. Schließlich profitieren Menschen mit einem niedrigen Selbstwertgefühl und ihre Beziehungen von solchen Eingeständnissen am meisten. Denn offen die Wahrheit zu sagen ist eine Möglichkeit, ein besseres Selbstwertgefühl zu entwikkeln.

Sie sollten sich ebenfalls gewarnt fühlen, wenn Ihnen die oben erwähnten Voraussetzungen abgehen, das heißt Intelligenz, ein Sinn für Humor usw. Achtsam sollten Sie auch sein, wenn einige der nachfolgend aufgezählten Signale auf Sie zutreffen:

- Sie können nicht ertragen, wenn Ihr Partner sich aufregt.
- Sie neigen dazu, wegen allem und jedem Schuldgefühle zu haben.
- Sie sind ständig wütend oder ärgerlich.
- Sie sind ein paarmal gewalttätig geworden.
- Sie glauben, Sie sollten die Fäden in der Beziehung in der Hand haben, wegen Ihres Geschlechts, Ihres Alters, Ihrer Intelligenz usw.
- Sie sind der Ansicht, daß Beziehungen überschätzt werden oder Zeitverschwendung sind.

Wenn Ihnen diese persönlichen oder beziehungsbezogenen Warnzeichen vertraut vorkommen, was können Sie tun? Am wichtigsten ist: Seien Sie vorsichtig. Beurteilen Sie die Botschaft dieser Warnsignale sorgfältig, ignorieren Sie sie nicht, aber reagieren Sie auch nicht übertrieben darauf. Benutzen Sie Ihr gesundes Urteilsvermögen. Urteilsvermögen ist etwas, das wir aus Erfahrung gewinnen, und Erfahrung machen wir ironischerweise mit schlechten Urteilen.

In diesem Kapitel haben Sie Ihre Motive und Voraussetzungen untersucht, um ein Geständnis zu machen. Wie sieht die Situation jetzt für Sie aus? Wenn Sie sehr erregt sind, sollten Sie in jedem Fall versuchen, jemanden zu finden, mit dem Sie sprechen können, ob es Ihr Partner ist oder jemand anders. Sie müssen nicht über irgendein bestimmtes Geheimnis sprechen, nur über die Tatsache, daß Sie aufgewühlt sind.

Wann der Zeitpunkt in Ihrem Leben gekommen ist, ein Geheimnis einzugestehen, können nur Sie selbst entscheiden. Erfahrung ist eine wertvolle Hilfe, die Ihnen bei dieser Entscheidung zugute kommen wird. Erfahrung... das ist, was uns ermöglicht, einen Fehler zu erkennen, wenn wir ihn einmal mehr gemacht haben.

Wann sind die Bedingungen gut, um ein Geheimnis zu offenbaren? Das wird im nächsten Kapitel besprochen.

Überlegen Sie:
Habe ich einen der folgenden guten Gründe, um eine verheimlichte Wahrheit zu offenbaren?

Ich will meinem Partner näherkommen.
Ich will unsere sexuelle Beziehung verbessern.
Ich will mein Selbstwertgefühl verbessern.
Ich will die körperlichen oder emotionalen Belastungen der Geheimhaltung verringern.
Ich will die Beziehung verändern oder einen bereits angefangenen Veränderungsprozeß unterstützen.

Habe ich irgendeinen der folgenden schlechten Gründe, um die Wahrheit einzugestehen?

Ich will Rache nehmen.
Ich will den anderen bestrafen oder demütigen.
Ich will die Schuldgefühle loswerden, die mich belasten.
Ich will damit zu Kritik oder Bestrafung auffordern.
Ich will eine Beziehung testen.
Ich will eine wichtigere Wahrheit verschleiern.

Auf welche der folgenden Voraussetzungen kann ich mich verlassen, wenn ich mein Bekenntnis ablege?

gute Kommunikationsfähigkeiten
ein gutes Kommunikationssystem
eine solide, tragfähige Beziehung
das Gefühl, daß ich in Ordnung bin
einen Sinn für Humor
die Fähigkeit, mit Belastungen fertig zu werden
meine eigene Geduld und Objektivität

9. Vorbereitung auf ein Geständnis

Sie haben also beschlossen, ein sexuelles Geheimnis nicht länger zu verschweigen. Sie sind vermutlich aufgeregt und nervös. Vielleicht ist es Ihnen auch peinlich, oder Sie rechnen damit, daß Sie sich in der Situation selbst schämen oder wütend werden. All diese Gefühle sind normal.

In diesem Kapitel soll erörtert werden, wie Sie sich auf Ihr Geständnis vorbereiten. Im Idealfall fühlen Sie sich mit sich selbst im reinen, bevor Sie Ihr Geständnis ablegen, und fühlen sich frei, Ihre Gefühle und Bedürfnisse klar zum Ausdruck zu bringen. Sie haben das Gefühl, daß Ihre Beziehung eine kooperative Partnerschaft ist. Und Sie richten es so ein, daß Sie die praktische Unterstützung bekommen, die Sie brauchen, wie die Anerkennung Ihrer Privatsphäre, Vertrauen oder ein freundliches Rückenstreicheln mittendrin.

Es gibt im wesentlichen vier Dinge, die Sie im vorhinein berücksichtigen sollten. Sie sollten:

- sich selbst vorbereiten
- den Partner und die Beziehung vorbereiten
- die äußeren Umstände vorbereiten
- sich auf die Folgen vorbereiten

Sich selbst vorbereiten

Der wichtigste Teil der Vorbereitung auf ein Geständnis besteht darin, sich selbst darauf vorzubereiten. Sie sind schließlich derjenige, der in dieser Situation den Ton vorgeben, den Zeitpunkt wählen und die Interaktion leiten wird.

Vorbereitet zu sein bedeutet, sich der positiven Voraussetzungen bewußt sein, damit sie so wirksam eingesetzt werden können wie möglich. In diesem Abschnitt werden wir verschiedene Formen solch positiver Voraussetzungen untersuchen.

Schritt 1 bis 7 stellen in gewisser Weise eine Rekapitulation dar. Sie helfen Ihnen, sich an nützliche Informationen zu erinnern, die Sie bereits kennen, und bringen scheinbar Unzusammenhängendes zusammen. Diese Schritte werden dazu beitragen, Ihre Gefühle und Gedanken in positive Voraussetzungen zu verwandeln.

Schritt 8, die Visualisierung, schafft eine Synthese aller vorherigen Schritte. Dieser Schritt führt Sie zu einer geistigen Probe der Ergebnisse, die Sie durch das Geständnis hoffen zu erreichen.

Insgesamt sind die acht Schritte, die nun folgen, dazu gedacht, Ihnen ein Gefühl dafür zu vermitteln, daß Sie zu Ihrem Vorhaben *berechtigt* sind. Sie müssen die Überzeugung gewinnen, daß Ihre Bedürfnisse grundlegend vernünftig sind und Ihre emotionale Realität Anerkennung verdient. Sie müssen diese Berechtigung nicht «verdienen», indem Sie etwas «richtig» machen. Alle menschlichen Wesen kommen mit diesem berechtigten Anspruch auf die Welt, auch Sie. Warum? Einfach weil Sie in Ordnung sind. Nicht richtig vollkommen – aber vollkommen richtig.

Denken Sie daran, daß das Gefühl, zu Ihrem Schritt wirklich berechtigt zu sein, ein wichtiger Aspekt bei der Vorbereitung eines Bekenntnisses ist, weil es den liebevollen, aufgeklärten Teil Ihrer Persönlichkeit unterstützt. Wenn die Interaktion bei einem Geständnis schwierig wird, kann das Gefühl der Berechtigung auch dazu beitragen, daß Sie nicht anfangen, sich zu verteidigen. Es hilft Ihnen, sich Ihrem Partner nahe zu fühlen, anstatt ihn oder sie als Gegner zu betrachten.

Wenn Sie sich jeden dieser acht Schritte ansehen, werden Sie erkennen, wie sich jeder einzelne davon auf Ihre persönliche Situation beziehen läßt. Vielleicht finden Sie es sogar nützlich, sich einige Notizen zu machen, wie Sie jeden dieser Schritte bei dem Geständnis einsetzen können, das Sie planen.

1. Klärung der Ziele

Wir fangen mit Kapitel 9 ebenso an wie mit Kapitel 8 – indem wir die Ziele, die mit dem Eingestehen eines Geheimnisses erreicht werden sollen, untersuchen und klären. Wenn Sie sich Ihrer Ziele sicher fühlen, können Sie auf sie zurückgreifen, wenn Sie verwirrt sind, beim Sprechen Hemmungen haben oder von Schuldgefühlen überwältigt werden.

Elaine zum Beispiel hat ein Geheimnis, das nur zu häufig vorkommt: Sie möchte häufiger mit ihrem Mann schlafen. Weil ihr Mann, Ned, seit Jahren als der Sex-Experte des Paares galt, hat Elaine nicht einmal daran gedacht, ihre eigenen Bedürfnisse einzugestehen. Statt dessen hegte sie schweigend ihre geheimen Wünsche.

Der Schwerpunkt von Elaines Therapie bestand darin, daß sie lernen mußte, sich selbst die Erlaubnis zu erteilen. Sie mußte vor allem lernen, es ganz in Ordnung zu finden, daß sie diese Wünsche verspürte. Normalerweise beurteilte Elaine ihre Erfahrungen nach den Maßstäben anderer. Oft fürchtete sie, diese Maßstäbe könnten ihre Wünsche als «falsch» entlarven.

Im Verlauf der Therapie beschloß Elaine, das wahre Ausmaß ihres sexuellen Interesses nicht länger zu verheimlichen. Ihre Ziele waren, ihr Geschlechtsleben zu verbessern und sich als gleichberechtigte Partnerin Ned gegenüber mehr durchzusetzen. Ich unterstützte sie in ihrem Vorhaben, die Wahrheit zu offenbaren.

Elaine bereitete sich wochenlang darauf vor. Die Situation, als sie ihr Geheimnis eingestand, war sehr schwierig. Hinterher berichtete sie mir: «Ich wurde nervös und verwirrt, als ich es ihm sagte, genau wie ich befürchtet hatte. Ned wurde nicht sichtbar wütend, aber er war auch nicht besonders kooperativ. ‹Es ist zu schwierig›, dachte ich. ‹Vielleicht sollte ich es einfach abbrechen.›

Aber ich erinnerte mich, was wir in der Sitzung besprochen hatten», fuhr sie mit einem Lächeln fort, das ihr Gesicht weicher machte, «und erinnerte mich an die Ziele, die ich niedergeschrieben hatte, das Gefühl von Richtung, das ich empfand. Ich erinnerte mich an unsere gemeinsame Überzeugung, daß meine Ziele in Ordnung sind, sogar liebevoll, und daß ich keinen Wunsch hatte, Ned zu verletzen oder zu beleidigen. Deshalb holte ich tief Luft und sprang ins kalte Wasser. Ned war überrascht und ein bißchen verblüfft, ich weiß. Aber wir sprachen weiter. Es scheint so, als ob wir es schaffen, das Problem zu bewältigen.» Als Elaine anfing, in der dünnen Luft der Konfrontation zu zaudern, wirkten ihre klaren Ziele wie zusätzlicher Sauerstoff, der ihr Energie für einen zweiten Anlauf gab.

Elaines Erfahrung zeigt, wie wichtig es ist, daß Sie Ihre Ziele und Motive vor dem Geständnis überprüfen. Verwenden Sie das, was in Kapitel 8 gesagt wurde, um sich an die Lernfortschritte während der Lektüre dieses Buchs zu erinnern. Wenn Ihr Ansatz bei der Lektüre des vorherigen Kapitels in Ordnung schien, ist er immer noch positiv. Wenn nicht, ist es nicht zu spät, ihn neu zu formulieren oder Ihr Vorhaben aufzuschieben.

2. Knüpfen und verstärken Sie Ihr Netz von Beziehungen

Niemand ist vollkommen selbstgenügsam. Wir brauchen andere Personen, die Risiken und Entscheidungen mittragen, mit denen wir unsere Siege feiern können, die mit unseren Frustrationen Sympathie empfinden und uns, wenn wir verzweifelt sind, bedauern. Wenn Sie es auf sich nehmen, sich der Vorbereitung und später den Nachwirkungen eines Geständnisses zu stellen, werden Sie den Beistand anderer zu schätzen wissen.

Ein unterstützendes Netz von Beziehungen besteht aus einem oder mehreren vertrauten Menschen, die Ihnen helfen, Selbstzweifel oder Schmerz zu durchleben. Das ist vielleicht ein enger Freund, ein Geistlicher, ein Therapeut, eine Schwester oder sogar ein ganzer Nähkreis.

Wenn Sie jemandem ein sexuelles Geheimnis anvertrauen, ist das meist die Ihnen nächststehende Person, auf deren Unterstützung Sie normalerweise am meisten vertrauen. Wenn er oder sie erregt ist, ist diese Unterstützung möglicherweise vermutlich genau dann, wenn Sie sie am meisten brauchen, am wenigsten verfügbar.

Überlegen Sie deshalb, anstatt allein auf die Unterstutzung Ihres Partners zu vertrauen, ob Freunde, Angehörige und Kollegen Ihnen helfen können. Wenn Sie klug sind, fühlen Sie Ihnen zuerst mit einem kleineren Problem auf den Zahn, um ihre Reaktion zu prüfen. Sie werden überrascht sein, wenn Sie feststellen, wer alles durchaus bereit ist, Sie zu unterstützen. Überlegen Sie im gegebenen Fall auch, einen berufsmäßigen Helfer hinzuzuziehen, wie einen Geistlichen oder einen Therapeuten.

Auch Bücher können eine wichtige Hilfe sein, besonders wenn Sie sich allein vorkommen oder das Gefühl haben, ein bißchen verrückt zu sein. Hinweise auf hilfreiche Bücher finden Sie im Literaturverzeichnis.

Wenn Sie daran denken, Ihr Geheimnis zu offenbaren, fragen Sie sich, welche Art von moralischer Unterstützung Sie bekommen können. Sorgen Sie dafür, daß Sie sich auf die Art von Unterstützung, die Sie am meisten wünschen, verlassen können.

3. Klären Sie Ihre Ansichten über Sexualität

Die meisten von uns überdenken nie in Ruhe ihre persönliche Haltung zu Sexualität. Und doch haben wir alle sexuelle Überzeugungen, Gefühle und Impulse. Das Erbe der sexuellen Geheimhaltung macht eine negative Einstellung zur Sexualität nahezu unvermeidlich. Sie kommt oft überdeutlich oder auch subtil zum Ausdruck.

Die eigenen Vorstellungen über Sexualität einmal zusammenhängend zu klären ist eine wertvolle Voraussetzung für die Offenbarung eines Geheimnisses. Wenn Sie Sexualität als gesund, gut und lebensbejahend betrachten, können Ihre Überzeugungen Ihnen in der Situation selbst als Wegweiser dienen. Gerade wie Seezeichen oder Bojen einem Boot helfen, Kurs zu halten, können Ihre Ansichten Ihnen helfen, nicht abzudriften, wenn Ihre Worte oder Absichten gegen Sie gewendet werden.

Das veranschaulicht eine Geschichte, die ich selbst erlebt habe. Eines Tages rief mich der Sohn eines Freundes an und bat um ein Gespräch. Ich hatte diesen jungen Mann über Jahre heranwachsen sehen und mochte ihn. Er hatte gerade angefangen zu studieren, war ein recht erfolgreicher Sportler und verbrachte nun seine Winterferien zu Hause. Er klang verstört.

Es war keine Therapiesitzung, deshalb lud ich ihn zu mir nach Hause ein. Er lehnte eine Pepsi ab, als er ankam, begierig, gleich anzufangen zu sprechen. «Es ist der Umkleideraum», sagte er ohne Umschweife. «Es ist ein großer Klub, aber ich gehöre irgendwie nicht dazu.» Ich bat ihn, mir mehr zu erzählen.

«Das einzige, wovon die Jungs überhaupt reden, sind Mädchen», fuhr er fort. «Schön, ich spreche auch gern über Mädchen. Aber alle reden darüber, was sie mit ihnen anstellen. Und weil ich ein Star auf dem Platz bin...» er zögerte.

«Stellen sie sich vor, daß du auch jenseits des Sportplatzes ein Star bist?» schlug ich vor.

Ken war erleichtert. «Ja, das ist es», sagte er. «Sie wollen wissen, mit wem ich schlafe und wann und wie oft und all das. Aber ich... ich habe... ich habe nie...»

Das war offenbar schwer für ihn. «Ken, eine Menge Jungen sind unerfahren, wenn sie anfangen zu studieren», sagte ich. «Manche machen sogar ihr Examen so. Es ist alles in Ordnung mit dir, wenn es das ist, worüber du dir Sorgen machst.»

Er entspannte sich ein bißchen. «Nun, das ist die eine Hälfte», sagte er. «Die andere Hälfte ist – was soll ich sagen? Soll ich so tun als ob? Soll ich den Jungen sagen, sie sollen den Mund halten? Ich fühle mich wirklich allein damit.»

Sich allein zu fühlen in einem Raum voller Gleichaltriger und Bewunderer ist eine traurige Erfahrung. «Du bist ein großes Licht an der Uni, du bist intelligent und beliebt», sagte ich. «Und offenbar hast du dich *entschieden*, keinen Geschlechtsverkehr zu haben. Abgesehen von diesem Druck, fühlst du dich wohl mit deiner Entscheidung? Hast du das Gefühl, es ist das beste für dich? Denk daran, du brauchst dich nicht zu entschuldigen oder mit irgend jemandem darüber sprechen, wenn du nicht willst. Wenn deine Entscheidung für dich richtig ist, gibt es keinen Grund, daran etwas zu verändern.»

Ich machte eine Pause und ließ das wirken.

«Aber es hört sich tatsächlich so an, als wolltest du dein Dilemma mit jemandem teilen», fuhr ich sanft fort. Ken mußte sich normal fühlen, und er brauchte eine Möglichkeit, wie er mit dem Druck fertig werden konnte. «Gibt es einen Jungen in deinem Team, dem du vertrauen kannst?» fragte ich. «Vielleicht könnte er dir helfen, das Thema zu wechseln, wenn es aufkommt, oder die Aufmerksamkeit etwas von dir ablenken. Wenigstens könntest du vielleicht mit ihm zusammen das Gefühl haben, du selbst zu sein.»

Diese Vorstellung begeisterte Ken, als er anfing, sich auf den positiven Aspekt dieser Entscheidung zu konzentrieren anstatt auf die Kritik in den Witzen seiner Mannschaftskameraden. Als er seine eigene Ansicht über Sexualität als Kompaß benutzte, fühlte Ken sich wohler in seiner Haut, und er konnte erkennen, daß es sinnvoll war, sich jemandem anzuvertrauen. Mit der Energie der Jugend begann er sofort, seine persönliche Strategie auszuarbeiten.

Als ich ihn das nächste Mal sah, in den Frühjahrsferien, schien er glücklicher und mit sich zufriedener zu sein. Er hatte mit ein paar Mannschaftskameraden gesprochen und herausgefunden, daß sie sich ebenfalls unwohl fühlten. Er war weniger isoliert und hatte mehr Vertrauen in sein Urteil. «Wenn man erst einmal erkannt hat, daß die eigene Entscheidung für einen selbst richtig ist», sagte er mir, «ist es leicht, mit anderen auszukommen, nicht wahr?»

Tatsächlich scheint ein Teil von Kens Reife auf den Rest der

Mannschaft abzufärben. Er sagte, sie würden einander nicht mehr so stark wie früher mit Sex unter Druck setzen.

4. Klären Sie Ihre Sicht der Beziehung
Halten Sie inne, und überlegen Sie, welche Art von Beziehung Sie sich wünschen. Gönnen Sie sich den Luxus, einen Augenblick zu tagträumen, und entwerfen Sie im Geist ein Bild, wie Ihre Beziehung aussehen würde, wenn Sie genau Ihren Wünschen entsprechen würde.

Konzentrieren Sie sich jetzt darauf, wie das Geheimnis, wenn Sie es offenbaren, zum Teil dieser soliden Beziehung werden könnte. Wenn Ihr Partner mit Angst oder Wut auf Ihr Geständnis reagiert, sagt er oder sie vielleicht, Ihr Verhalten habe die Beziehung bedroht. Ziehen Sie sich nicht in die Defensive zurück, denn das führt oft nur zu unerfreulichem oder destruktivem Streit.

Setzen *Sie* die Maßstäbe in jedem Konflikt, der aus dem Geständnis erwächst, statt dessen selbst. Benutzen Sie Ihre Vision Ihrer Beziehung, um in der Situation des Geständnisses zu navigieren, und laden Sie Ihren Partner ein, ebenfalls über seine oder ihre Vision zu sprechen.

Wenn Sie darüber nachdenken, wie eine Beziehung im Idealfall für Sie aussehen soll, berücksichtigen Sie folgende Themen:

- Welche Rechte und welchen Einfluß will jeder von Ihnen in der Beziehung haben?
- Welche Rollen will jeder von Ihnen spielen?
- Wie wollen Sie den Haushalt und andere Verantwortungen teilen?
- Wieviel und welche Art von Kommunikation wollen Sie?
- Wieviel gegenseitiges Vertrauen und wieviel Kontakt wollen Sie?

Betrachten wir, wie die Vision einer Beziehung eingesetzt werden kann, wenn Sie Ihrem Partner ein Geheimnis anvertrauen.

Carlos war ein erfolgreicher Tischler und hatte nie geheiratet. Er führte sexuell aktive Beziehungen mit mehreren Frauen, aber er wußte einfach, daß er nicht der «Vater-Typ» ist. «Onkel sein», so sagte er, «ist für mich genau richtig.» An seinem dreißigsten Geburtstag beschloß er, sich sterilisieren zu lassen.

Vier Monate später versammelte sich Carlos' Familie bei seinen

Eltern zu einem Familienfest. Am nächsten Morgen bat er seine Eltern um ein Gespräch.

«Ich weiß, daß euch viel daran liegt, daß ich eine Familie gründe», sagte er, «deshalb dachte ich, ich sollte euch Bescheid sagen. Ich werde keine Kinder bekommen. Ich war beim Arzt und hatte eine Vasektomie. Ich weiß, daß es nicht das ist, was ihr euch gewünscht habt, aber ich hoffe, ihr akzeptiert es.»

Nach einem überraschten Schweigen sagten Carlos' Eltern all das, was er befürchtet hatte. «Du bist egoistisch», weinte seine Mutter. «Wie konntest du losrennen und so etwas Impulsives tun?» – «Du wirst bedauern, so überheblich zu sein!» schrie sein Vater wuterfüllt. «Du wirst wünschen, du hättest nicht gemeint, in die Zukunft sehen zu können. Außerdem, wie konntest du es wagen, so etwas zu tun, ohne zuerst mit uns zu sprechen?»

Carlos fühlte sich verständlicherweise miserabel. Wie fast alle Männer, die eine Vasektomie hatten, war er völlig zufrieden damit. Er empfand keinerlei Bedauern – bis jetzt. Nun wollte Carlos sich verteidigen, entschuldigen, um Verständnis betteln. Er fühlte sich schuldig und verletzt.

Aber, so erzählte Carlos mir: «Dann dachte ich, einen Augenblick, das macht keinen Sinn. Wieso sollte das, was gestern richtig schien, über Nacht plötzlich falsch sein?» Carlos holte tief Luft und sah seine Eltern fest an. «Hört zu», unterbrach er sie. «Hört zu in diesem sogenannten Gespräch. Ihr sagt, daß ich nicht mit euch gesprochen habe, aber hier bin ich und rede mit euch, und ihr dreht völlig durch. Alles, was ihr bisher getan habt, ist, mir zu sagen, wie dumm meine Entscheidung ist», sagte er. «Ihr habt mich nicht gefragt, warum ich es getan habe, wie es für mich war, wie ich mich mit dem Ergebnis fühle, gar nichts.» Seine Stimme zitterte vor Erregung. «Ihr seid verletzt und wütend? Nun, ich bin ebenfalls verletzt und wütend.»

Im Zimmer herrschte plötzlich Stille. «Ihr beide seid mir sehr wichtig», sagte Carlos schließlich. «Ich will eine besondere Beziehung zu euch haben. Aber...» Carlos machte eine Pause, ebenso unglücklich über die Wahrheit, wie er wußte, daß seine Eltern waren. «Aber wir haben noch einen langen Weg vor uns.»

Ich finde, Carlos hat diese Situation ziemlich gut bewältigt. Seine Mutter und sein Vater waren bereit, eine große Auseinandersetzung über seine Entscheidung vom Zaun zu brechen. Carlos jedoch weigerte sich, in einen Streit verwickelt zu werden, in dem er als ‹böses Kind› gegen die ‹erzürnten Eltern› stand. Er blieb bei seiner Vision von der Beziehung, die er zu ihnen haben wollte, so direkt – und liebevoll – mit ihnen zu kommunizieren, wie er konnte.

Seine Eltern werden nie begeistert sein über seine Entscheidung, aber sie machen Fortschritte, die Beziehung zu Carlos wieder so befriedigend wie früher zu gestalten. Zum Beispiel bemerkten sie, daß er seine Nichten sehr liebt, und erkannten das an. Und sie sind begeistert über seine letzten Geschenke – Vergrößerungen von einigen Fotos, die er von den Mädchen beim Familienfest an Weihnachten aufnahm.

5. Überprüfen Sie Ihre Gefühle, und nehmen Sie sie an

Wissen ist bekanntlich Macht. Wir sehen diese Vorstellung zwar normalerweise nicht im Zusammenhang mit unseren Gefühlen, aber je besser Sie Ihre Gefühle verstehen, wenn Sie sich jemandem anvertrauen, desto besser können Sie die Interaktion auf Ihre Ziele hinlenken.

In unserer lärmerfüllten, schnellebigen Welt ist es manchmal sehr schwierig zu wissen, wie man sich fühlt. Unser Körper aber wird es uns erzählen, wenn wir zuhören: Schlaflosigkeit, enge Kehle, klopfende Kopfschmerzen, feuchte Hände, verknoteter Magen und ein geringer (oder unersättlicher) Appetit sind eindeutige Signale, wenn wir nur hinsehen und hinhören. Andere Möglichkeiten, wie Sie Ihre Gefühle entdecken können, sind unter anderem: Tagebuch schreiben, einen stillen Spaziergang machen oder beobachten, wie andere auf Sie reagieren.

Jeder, der sich darauf vorbereitet, ein Geheimnis zu offenbaren, erlebt bestimmte Gefühle, normalerweise unangenehme. Anstatt sie zu ignorieren oder zu verleugnen, ist es besser, sich auf sie zu konzentrieren. Sie haben dann eine gute Chance, Ihre Gefühle anzunehmen und direkt mit ihnen umzugehen. Hier einige Gefühle, die Sie möglicherweise empfinden werden:

- Angst: Ich werde verurteilt werden; ich werde abgelehnt werden; ich werde meine Beziehung zerstören.
- Schuld: Ich habe etwas Böses getan; ich bin böse; ich habe meinen Partner getäuscht.
- Wut: Ich kann nicht glauben, daß ich das so lange verbergen mußte; wie kannst du es wagen, über mich zu urteilen.
- Selbstkritik: Ich kann nicht glauben, daß ich bereit war, zu lügen; ich bin enttäuscht, daß ich so unsicher bin; ich habe mich selbst belogen.

Aber außerdem haben Sie vielleicht ein Gefühl von Stolz, ein Risiko einzugehen, Ihre Bedürfnisse anzumelden, die Lügen aufzugeben und Ihre Integrität wiederherzustellen. Die Verbindung von Schuld und Stolz kann verwirrend sein, aber es ist eine normale Reaktion auf emotionales Wachstum.

Was bedeutet es, Ihre Gefühle anzunehmen? Zum Teil bedeutet es, *einen Augenblick innezuhalten und zu empfinden, wie es sich in Ihrem Innersten anfühlt.* Wenn Sie verletzt sind, dann müssen Sie sich verletzt fühlen. Wenn Sie sich wirklich verletzt (oder ängstlich, wütend oder traurig) fühlen, werden Sie nicht so weitermachen wollen, als sei nichts gewesen.

Wir müssen alle zum Ausdruck bringen können, wie wir uns fühlen. So, wie das menschliche Gehirn konstruiert ist, werden wir, wenn wir sie nicht unmittelbar (durch Worte, Tränen oder körperliches Ausagieren) zum Ausdruck bringen, das fast zwangsläufig indirekt tun (durch Unfälle, Alkoholmißbrauch, verringertes sexuelles Interesse, sinnlosen Streit oder verdeckte Sabotage des Partners).

Der erste Schritt, um unsere Gefühle zu artikulieren, besteht darin, sie zu akzeptieren. Verwechseln Sie «akzeptieren» nicht mit «mögen» oder «gutheißen»! Sie nehmen einfach Ihre innere Wirklichkeit an, akzeptieren, was ist.

Wenn eine innere Stimme die Annahme von Gefühlen zum Ausdruck bringt, hört sich das oft so an:

- «Es ist in Ordnung, sich so zu fühlen.»
- «Ich weiß, dieses Gefühl ist vorübergehend.»
- «Ich bin größer als dieses besondere Gefühl.»
- «Ich habe schon früher solche Gefühle gehabt und damit weitergelebt.»
- «Auch andere vernünftige Menschen fühlen sich so.»
- «Dieses Gefühl macht einen Teil von mir aus.»
- «Dieses Gefühl negiert keinen anderen Teil von mir.»

Die eigenen Gefühle zu akzeptieren bedeutet, sich selbst zu akzeptieren. Es hilft Ihnen, ehrlich bei Ihren Zielen zu bleiben. Es hilft Ihnen, zu Ihrem Schmerz vorzustoßen, und hält Sie davon ab, zu glauben, daß Sie etwas Falsches tun, nur weil es Ihnen unangenehm ist. Wenn Sie wachsen, trifft tatsächlich viel häufiger das Gegenteil zu.

6. Seien Sie sensibel zu sich selbst

Wenn Sie sich darauf vorbereiten, ein Geheimnis zu offenbaren, berücksichtigen Sie Ihre eigenen Bedürfnisse und Stimmungen ebenso wie die Ihres Partners. Respektieren Sie sich selbst.

Wir haben über Entspannung gesprochen, das Gefühl, unterstützt zu werden und sich über die eigenen Ziele klarzuwerden. Hier einige Beispiele, wie Menschen, die ich kenne, ihre Erfahrung, sich jemand anders anzuvertrauen, befriedigender gestalten konnten:

- «Mein Mann wirft mir oft vor, zuwenig Interesse an Sex zu haben, deshalb nahm ich, bevor ich mein Geständnis machte, ein heißes Bad, um mich sinnlicher zu fühlen.»
- «Ich war so nervös, daß ich nicht einmal sicher war, ob ich es schaffen würde, überhaupt damit herauszurücken, deshalb plante ich unser Gespräch für die Zeit, wenn ich vom Joggen kam, denn dann fühle ich mich normalerweise sehr stark.»
- «Ich machte mir Sorgen, ich könnte wegen dieser ganzen Angelegenheit gehässig werden. Deshalb beschloß ich, es ihm, um eine positive Einstellung zu bewahren, an unserem Jahrestag mitzuteilen, denn dann würde ich das Gefühl haben, ihm nahe zu sein.»

Was können Sie tun, um Ihr eigenes Geständnis persönlich zu gestalten?

7. Wenden Sie die Angst vor Ablehnung positiv

Bestimmte menschliche Ängste sind universell: Dazu gehören die Angst vor der Dunkelheit, die Angst vor dem Altern, die Angst vor dem Unbekannten und die Angst vor dem Tod. Und es gibt die Angst, abgelehnt zu werden. Zu keiner Zeit ist diese Angst größer, als wenn man daran denkt, eine verheimlichte Wahrheit einzugestehen.

Wir haben bereits mehrere Male über den Ursprung und den Ausdruck dieser Furcht gesprochen. Betrachten wir sie ein weiteres Mal, aber auf eine andere Weise: als Quelle von Energie, die sich verwandeln und benutzen läßt.

Dazu müssen wir unter die Oberfläche schauen und uns fragen, was der Angst vor Zurückweisung am nächsten liegt. Die Antwort hat drei Gesichter: Da ist zuerst unser Bedürfnis nach Nähe und Verbundenheit. Zweitens unsere Idealisierung einer anderen Person (wenn wir sie nicht idealisieren würden, würde die Ablehnung keine so ungeheure Bedrohung darstellen). Drittens Selbstkritik – unser Gefühl, Ablehnung in gewissem Maß zu verdienen, schürt unsere Angst, daß genau das geschehen wird.

Ob sie Sinn machen oder nicht, diese primitiven Gefühle treiben unsere Angst an – es sei denn, daß wir bewußt mit ihnen umgehen. Deshalb müssen Sie Ihre Angst unterbrechen, um zu den darunterliegenden Gefühlen zu gelangen. Dann können Sie sich daran erinnern, daß Ihre Absichten gut sind (Sie wollen sich nahe fühlen), Ihre Ziele hochgesteckt (Sie idealisieren Ihren Partner) und Sie der Selbsterkenntnis fähig sind (Ihre Selbstkritik).

Damit werden Sie Ihre eigene Angst kurzschließen. Sie werden bald anfangen zu bemerken, wieviel weniger Sie sagen: «Ich kann mir nicht helfen, ich habe einfach Angst.»

Eine Möglichkeit, sich Ihrer Emotionen bewußt zu werden, ist, zu untersuchen, wie Sie sich die Interaktion bei der Eröffnung Ihres Geheimnisses vorstellen. Was, glauben Sie, wird geschehen? Was, meinen Sie, empfindet Ihr Partner? Wie wird er oder sie auf Sie reagieren? Wie werden Sie mit dieser Reaktion umgehen? Was werden auf lange Sicht gesehen die Folgen sein? Haben Sie das Gefühl, daß es eine schmerzhafte Situation sein wird, die Sie von früher kennen? Glauben Sie, die Dinge werden sich genauso entwickeln wie damals?

Wenn wir Mr. Spock in *Raumschiff Enterprise* wären, würden wir aufgrund genauer Daten und perfekter Logik in die Zukunft sehen können. Leider ist unser Urteil jedoch zumeist von einfachen menschlichen Ängsten und Wünschen getrübt. Aber Sie können sich auf Ihr Geständnis vorbereiten, indem Sie Ihre Vorstellungen über sich selbst und Ihren Partner überprüfen.

Nehmen Sie dazu eine Haltung ein wie Mr. Spock: Wie wahrscheinlich ist es *wirklich*, daß mein Mann mich anschreien wird? Daß ich in Tränen ausbreche, wenn er schreit? Daß er mich verläßt, wenn ich das tue? Oder wie wahrscheinlich ist es *wirklich*, daß meine erwachsene Tochter sagen wird, es widere sie an, und sich weigert, meinen neuen Liebhaber kennenzulernen? Malen Sie sich die schlimmste aller Möglichkeiten aus, und bewerten Sie, wie wahrscheinlich sie ist. Sie werden mit ziemlicher Sicherheit feststellen, daß die Fakten mit einem milderen Ergebnis rechnen lassen als Ihre Ängste.

Die andere Möglichkeit, wie Sie mit Ihren Ängsten umgehen können, besteht darin, über sie zu sprechen. Sagen Sie Ihrem Partner, daß Sie Ablehnung fürchten, und erklären Sie, was für Sie dahintersteckt. Wenn Sie Ihren Wunsch nach Nähe und Ihre Verlustangst äußern, kann das einer der intimsten Augenblicke in einer Beziehung sein. Emotionale Energie hat eine große Macht, setzen Sie sie bewußt ein. Anstatt zuzulassen, daß sie Sie durch Angst isoliert, benutzen Sie sie, um Verbindung herzustellen.

Wenn Sie Ihre Beziehung bestätigen, indem Sie über Ihre Ängste sprechen, schaffen Sie die Voraussetzungen, daß Ihr Bekenntnis sich so auswirkt, wie Sie es sich wünschen.

8. Proben und visualisieren Sie das Geständnis

Bernie Zilbergeld schreibt in *Mind Power* (1987), daß positive Proben im Geiste die Aufführung in nahezu allen Aufgaben des Lebens verbessern können. Weltklasseathleten «visualisieren» nun schon seit Jahren, mit erstaunlichen Resultaten. Das können Sie auch.

Der erste Schritt besteht darin, daß Sie üben, sich zu entspannen. Um anzufangen, atmen Sie einfach ein bißchen langsamer und tiefer. Lassen Sie Ihre Schultern herabhängen und den Kiefer herabfallen. Spüren Sie das warme Empfinden von Wohlbehagen, das das in Ihrem Körper hervorruft?

Unglaublich! Sie können diese entspannte Empfindung unter allen Umständen willentlich erzeugen, einfach indem Sie sich dazu entschließen. Nehmen Sie sich jetzt vor, daß Sie sich daran erinnern werden, es zu tun, wenn Sie mit Ihrem Gespräch anfangen, und dann wieder, während Sie Ihr Geständnis ablegen.

Schließen Sie nun Ihre Augen. Stellen Sie sich vor, Sie erzählen Ihrem Partner Ihr Geheimnis, und achten Sie darauf, Ihre Haltung auch unter Streß beizubehalten. Sie atmen, lächeln sogar gelegentlich, fühlen sich zuversichtlich und konzentrieren sich auf Ihre Ziele. Üben Sie diese Phantasie jeden Tag für dreißig Sekunden, bevor Sie um ein Gespräch bitten. Das ist die Realität, die Sie schaffen werden.

Nachdem Sie es im Geist geprobt haben, tun Sie es nun in der Wirklichkeit. Sie fühlen sich vielleicht erst komisch, aber dieser Schritt hilft wirklich. Stellen Sie sich vor, Sie säßen der Person gegenüber, mit der Sie sprechen wollen. Fangen Sie Ihr Gespräch laut an. Sagen Sie ein paar Worte, die Sie in dieser Situation wahrscheinlich sagen werden, wie: «Doris, es ist mir peinlich, aber ich möchte dir wirklich mitteilen, was ich auf der Seele habe.» Oder: «Bob, ich möchte dir etwas erzählen, was dich wahrscheinlich überraschen wird. Ich möchte, daß du einfach zuhörst, bis ich fertig bin.»

Achten Sie auf den Ton Ihrer Stimme, die Art, wie Sie sitzen oder stehen, und andere Formen Ihres Auftretens. Fangen Sie wieder an, laut zu sprechen, und verändern Sie Ihre Stimmlage, damit sie Ihre Absichten besser spiegelt. Wollen Sie bestimmter sein? Üben Sie, so zu sprechen, als ob Sie bereits bestimmter wären. Übung und Wiederholung werden Ihnen helfen, es schließlich zu erreichen.

Schließlich, visualisieren Sie – proben Sie im Geiste –, daß die Folgen eintreten, die Sie sich von Ihrem Geständnis erhoffen. Dazu gehört vielleicht, auf neue Weise verstanden zu werden, bestimmte Beziehungsveränderungen auszuhandeln, ein tieferes Gefühl für Nähe zu der anderen Person zu haben oder stolz auf sich selbst zu sein.

Wenn das Bild sich nicht ohne weiteres einstellt, holen Sie tief Atem, und bleiben Sie dabei. Nehmen Sie sich Zeit, um sich ein positives Ende auszumalen, vor allem, wenn Sie sich nur vorstellen können, daß das alles nur zu Problemen und einem Drama führen wird. Ein Geständnis ist vielleicht doch nicht ein solcher Schlamassel, wie Sie befürchten. Lassen Sie nicht zu, daß Sie einer von den Menschen sind, die nicht annehmen können, wenn ihnen etwas Positives widerfährt.

Bereiten Sie Ihren Partner und Ihre Beziehung vor

Das Maß, in dem Sie Ihren Partner und Ihre Beziehung für ein Geständnis vorbereiten müssen, ist abhängig von der Natur Ihres Geheimnisses. In einigen Fällen sind solche Vorbereitungen vielleicht unnötig, in anderen hingegen sind wochen- oder monatelange Vorbereitungen angemessen.

Das Ziel dieses Abschnittes ist, Ihnen zu assistieren, 1. die besondere Beziehung, Geschichte und die positiven Voraussetzungen, die Sie und Ihr Partner haben, ins Gedächtnis zu rufen und erneut zu bestätigen, und 2. daran zu denken, daß Sie ein problemlösendes Team sind, anstatt zwei Individuen mit widerstreitenden Interessen.

Wenn beide Partner diese beiden Punkte im Gedächtnis behalten, vergrößern sich die Chancen, daß Ihr Eingeständnis positive Resultate haben wird.

Fangen Sie damit an, daß Sie sich fragen, was normalerweise Ihrer Beziehung Kraft gibt. Das kann ein Spaziergang im Park sein, eine halbe Stunde mit einem Fotoalbum, gemeinsam im Bett lesen oder irgend etwas anderes. Nur daran zu denken ist bereits konstruktiv. So wird es auch sein, wenn Sie mit Ihrem Partner darüber sprechen. Sie betrachten damit, was die Grundfeste Ihrer Beziehung zusammenhält.

Tun Sie einige dieser Dinge vor Ihrem Geständnis. Es wird dazu beitragen, eine warme, heilsame Atmosphäre zu schaffen.

Als nächstes sollten Sie die Kommunikation in Ihrer Beziehung überprüfen und verbessern. Diskutieren Sie über nonverbale Zeichen, in denen Sie beide miteinander «sprechen», und das, was sie normalerweise bedeuten. Hier einige Beispiele für die Interpretation solcher unhörbaren Äußerungsformen:

Verhalten	**Bedeutung im typischen Fall**
jemandem über den Kopf streicheln	überhören, was diese Person sagt
sich mit Haushaltsdingen beschäftigen	mit einer Vorstellung nicht einverstanden sein, aber die Konfrontation in einem Gespräch vermeiden wollen

Zeitung lesen, während jemand anders mit einem spricht	Distanz aufrechterhalten, Mangel an Interesse erkennen lassen
den anderen verführerisch streicheln, während er oder sie spricht	ein ernstes Gespräch vermeiden wollen oder die Erlaubnis erhalten wollen, jemanden zu manipulieren
Streichhölzer zerbrechen oder Papierschnipsel in kleine Fetzen zerreißen	Gefühle von Ruhelosigkeit, Ärger, Angst

Nur selten diskutieren Partner über ihre nichtverbale Kommunikation. Statt dessen nehmen die meisten von uns an, wir wüßten, was diese Gesten zu bedeuten haben – obwohl vielleicht von Zeit zu Zeit Zweifel an uns nagt. Um dazu beizutragen, ein Geständnis erfolgreicher zu machen, untersuchen Sie die nichtverbale Kommunikation in Ihrer Beziehung. Fangen Sie an, indem Sie über ein Mißverständnis sprechen, das Sie einmal hatten, oder eine Frage, die Sie jetzt haben.

Ähnliche Aufmerksamkeit sollten Sie auch auf die verbale Verständigung in Ihrer Beziehung legen. Wir würden zwar alle gern glauben, daß wir verstehen, was der andere sagt, aber das ist leider nicht immer so. Lewis Carroll formulierte das in *Alice hinter den Spiegeln* sehr treffend:

«Wenn *ich* ein Wort gebrauche», sagte Goggelmoggel in recht hochmütigem Ton, «dann heißt es genau, was ich für richtig halte – nicht mehr und nicht weniger.»

«Es fragt sich nur», sagte Alice, «ob man die Wörter einfach etwas anderes heißen lassen kann.»

«Es fragt sich nur», sagte Goggelmoggel, «wer der Stärkere ist, weiter nichts.»

Haben Sie im allgemeinen das Gefühl, von Ihrem Partner verstanden zu werden? Wenn nicht, sprechen Sie mit ihm oder ihr darüber. Ihr Ziel ist nicht, zu entscheiden, wer Schuld hat, sondern vielmehr zu erforschen, wie Sie sich fühlen. Nur dann können Sie anfangen, das Kommunikationssystem zu verändern.

Unterbricht zum Beispiel einer von Ihnen oder beide den anderen häufig? Haben Sie das Gefühl, daß Sie nicht immer zu Wort kommen? Wünschten Sie, Ihr Partner würde Ihnen mehr rückvermitteln? Vielleicht wünschen Sie sich eine andere Art der Reaktion. Statt sich in den anderen einzufühlen, versuchen zum Beispiel viele Menschen, die geäußerten Gefühle «in Ordnung» zu bringen. Sie versuchen vielleicht, den anderen davon zu überzeugen, daß es keinen Grund gibt, sich aufzuregen, sagen ihm, daß es nicht gut aussieht, in der Öffentlichkeit zu weinen, versuchen ein Problem zu lösen, bevor der andere dazu bereit ist, und so weiter.

Verwendet einer von Ihnen bestimmte Worte oder Ausdrücke, die den anderen immer irritieren? Manche Eltern nörgeln stets an einem Kind herum, es könne es doch wohl besser als das, was es geleistet hat. Es würde seinen Begabungen nicht gerecht. Oder sie sagen einer Heranwachsenden, sie sei anderen gegenüber «intolerant». Manche Frauen kritisieren bei ihren Ehemännern einen Mangel an «Männlichkeit», und viele Männer beklagen sich, ihre Frauen seien «zu emotional».

Wenn bestimmte Wörter eine negative Geschichte zwischen zwei Menschen bekommen, stören und verhüten sie schließlich eine produktive Kommunikation. Nehmen Sie sich einen Moment Zeit, um eine Liste von solchen Wörtern aufzustellen, die in Ihrer Beziehung wichtig sind. Zeigen Sie die Liste Ihrem Partner, vielleicht will er oder sie ein paar weitere hinzufügen. Beschließen Sie gemeinsam, andere, neutrale Begriffe zu verwenden, wann immer es möglich ist.

Hier einige Beispiele solch «befrachteter» Begriffe aus dem Leben meiner Patienten:

- tolerant
- egoistisch
- Muttersöhnchen
- ein richtiger Mann
- eine gute Ehefrau
- ein bißchen mehr Geduld
- sich mehr anstrengen
- ein richtiger Spielverderber
- ein lahmer Esel
- sei doch kooperativ

Für andere Menschen sind natürlich andere Begriffe besonders heikel.

Der nächste Schritt, Ihren Partner auf Ihr Geständnis vorzubereiten, besteht darin, ihr oder ihm zu versichern, wie wichtig Ihnen die Beziehung ist. Sagen Sie Ihrem Partner explizit, daß Ihre Absicht ist, sich miteinander zu verständigen, und nicht, einander zu kritisieren oder zu bestrafen. Lassen Sie ihn oder sie wissen, daß Ihnen die Gefühle wichtig sind, die Ihr Geständnis in ihr oder ihm auslösen wird: «Jim, das fällt mir sehr schwer, deshalb stelle ich mir vor, daß es auch für dich schwer ist. Ich verspreche, mir alles anzuhören, was du dazu zu sagen hast – ich möchte wirklich wissen, was du denkst.» Das kann Ihrem Partner helfen, daß er sich nicht wie Ihr Gegner fühlt.

Die meisten Menschen haben Angst vor diesem Prozeß, und es ist immer richtig, diese Angst mit dem Partner zu teilen. Es aktiviert die natürliche Sorge des Partners für Sie und verhilft außerdem dazu, ihm oder ihr deutlich zu machen, daß Sie nicht einfach kaltblütig und ohne Rücksicht auf Verluste vorwärtswalzen. Denken Sie daran, daß die Angst, wie wir vorher erörterten, geringer wird, wenn Sie darüber sprechen.

Wie gehen Sie und Ihr Partner mit Streß um? Hier einige häufige Antworten auf diese Frage:

- «Ich versuche einfach, Belastungen zu ignorieren, und tue so, als seien sie gar nicht vorhanden.»
- «Wir schlafen miteinander.»
- «Wir bringen alten Streit wieder hoch.»
- «Ich esse normalerweise Zeug, das ich nicht essen sollte.»
- «Ich gehe los und gebe Geld aus.»
- «Wir konzentrieren uns – positiv oder negativ – auf die Kinder.»
- «Wir sehen fern, um uns voneinander zurückziehen zu können.»
- «Einer von uns oder wir beide trinken etwas.»
- «Wir laden andere Leute ein und beziehen uns auf sie.»
- «Wir erledigen einige Arbeiten im Haus oder holen Büroarbeit auf.»

Da Sie diesem Thema vermutlich bisher nicht viele Gedanken gewidmet haben, tun Sie das jetzt, denn das Eingeständnis einer verheimlichten Wahrheit erzeugt wahrscheinlich Streß. Wie wirken sich Ihre Streßbewältigungsstrategien aus? Machen Sie das Problem noch schlimmer? Verstärken Sie das Gefühl von Machtlosigkeit? Machen Sie es unvermeidlich, daß es erneut zu Streß kommen wird?

Fallen Ihnen bessere Möglichkeiten ein, mit Beziehungsstreß umzugehen? Vielleicht finden Sie es nützlich, wenn Sie Ihren Partner (Ehepartner, Kind, Kollegen) bitten, ein Brainstorming mit Ihnen zu veranstalten. Eine Möglichkeit, besser mit Belastungen in der Beziehung umzugehen, besteht zum Beispiel darin, sich gemeinsam an Zeiten zu erinnern, wo Sie schwierige Situationen als Team bewältigt haben. Sie haben vielleicht mehrmals in der Woche bis spät in die Nacht darüber geredet oder einen Tag am Strand verbracht, um zu überlegen, ein Buch gekauft oder einen Experten aufgesucht.

In den meisten Beziehungen gibt es wenigstens ein paar solcher Erfahrungen erfolgreicher Streßbewältigung, selbst wenn sie schon einige Jahre zurückliegen. Sie hatten damals beide das Gefühl, angehört zu werden, oder? Und Sie fühlten sich als Partner, richtig? Denken Sie daran, die Erinnerung an dieses Gefühl ist der erste Schritt, um es wieder zu erzeugen.

Wenn Sie soweit gekommen sind, haben Sie Ihren Partner und Ihre Beziehung gut vorbereitet. Nun sollte Liebe in der Luft liegen. Die positiven Voraussetzungen Ihres Teams sollten Ihnen beiden bewußt sein, so daß Sie sich leicht darauf beziehen können. Die Wahrheit einzugestehen wird unter solchen Umständen von Augenblick zu Augenblick wahrscheinlicher.

Um sich selbst zu belohnen dafür, daß Sie so hart gearbeitet haben, gehen Sie zu einem Spaziergang in den Park. Es wartet mehr Arbeit auf Sie, wenn Sie zurückkommen.

Der richtige Augenblick und die richtigen Umstände

Blumen und Kerzenlicht? Würstchen und Kartoffelsalat? Peitschen und Ketten? Die richtige Atmosphäre zu schaffen und den richtigen Moment zu wählen, um jemandem ein Geheimnis anzuvertrauen, kann eine recht schwierige Aufgabe sein.

Selbstverständlich wollen Sie vor allem eine offene Stimmung und das Gefühl von Kooperation. Es gibt Möglichkeiten, die Wahrscheinlichkeit dafür zu verbessern, aber bleiben Sie realistisch. Sie werden es nicht in jedem Fall erreichen, selbst wenn Sie alles richtig machen. Nehmen Sie es nicht persönlich, und lassen Sie sich nicht davon abhalten, mit dem anderen darüber zu sprechen.

Manche Menschen sagen, es gäbe nichts Besseres, um die Nerven zu beruhigen, als einen Kasten Bier. Das Eingeständnis eines Geheimnisses erfordert jedoch einen klaren Kopf und aufrichtige Gefühle, beides wird von Alkohol verhindert. Wählen Sie deshalb eine Zeit, wenn Sie sicher sein können, daß keiner von Ihnen getrunken hat.

Damit sind vielleicht die Samstagnachmittage während der Fußballsaison ausgeschlossen oder Mitternacht, nachdem Ihre Gäste nach einem Abendessen aufgebrochen sind. Selbst wenn Sie sich einander zu diesen Zeiten sehr nahe fühlen, Alkohol kann ein Geständnis frustrierend oder sogar häßlich machen.

Wenn Sie einfach keine Zeit finden, wo Sie beide nüchtern *und* bereit sind, sich Zeit füreinander zu nehmen, um miteinander zu reden, befindet sich Ihre Beziehung in ernsthaften Schwierigkeiten.

Außerdem sollten Sie vermeiden, ein Bekenntnis abzulegen, wenn es ungelösten Ärger oder ähnliche Gefühle zwischen Ihnen und Ihrem Partner gibt. In einer solchen Situation wird ein anvertrautes Geheimnis oft als Teil dieser unerledigten Gefühle interpretiert. Es kann sogar als Strafe empfunden werden. Ihr Partner kann denken, Sie wollten damit sagen: «Da du nicht aufhörst, bei Parties zu flirten (worüber wir gestern gestritten haben), werde ich dir jetzt enthüllen, wie unzufrieden ich mit dir im Bett bin (um dich zu verletzen).»

Hier ein paar Beispiele von starken Gefühlen, die ein Geständnis komplizieren können, wenn sie nicht vom Tisch sind:

- «Du hast immer noch nicht erledigt, was du versprochen hast.»
- «Sex war lausig in letzter Zeit (oder fand überhaupt nicht statt).»
- «Wann wird dein Bruder endlich wieder gehen?»
- «Ich kann nicht glauben, daß du soviel Geld dafür ausgegeben hast.»
- «Wann wirst du endlich dafür sorgen, daß sich dieses Kind benimmt?»
- «Du hast mich gestern abend wieder in eine peinliche Situation gebracht.»
- «Ich bin wütend darüber, wieviel Zeit du mit Laufen zubringst.»
- «Ich wünschte, du würdest wegen dieser Schmerzen zum Arzt gehen.»

Dies sind Beispiele für wichtige Emotionen in einer Beziehung. Sie wissen bereits, daß Sie sie nicht ignorieren sollten. Ähnlich sollten Sie ihre Bedeutung nicht herabspielen, indem Sie die Atmosphäre mit den Gefühlen bewölken, die von Ihrem Geständnis ausgelöst werden.

Was brauchen Sie, um es nicht dazu kommen zu lassen? Zeit. Zeit, Ihre Gefühle darzustellen, die Reaktion Ihres Partners anzuhören und alles zu besprechen, was damit verbunden ist. Und noch zwei weitere Dinge: Zeit, das Ereignis selbst zu behandeln und hinterher wieder zueinanderzufinden. Das ereignet sich vielleicht nicht am gleichen Tag, deshalb sollten Sie bereit sein, sich später Zeit für weitere Gespräche zu nehmen.

Bevor Sie Ihr Geheimnis enthüllen, bitten Sie um das Einverständnis Ihres Partners für ein langes Gespräch. Wenn er oder sie nicht fähig oder bereit ist, gerade jetzt ein langes Gespräch zu führen, fragen Sie, wann das möglich sein wird. Beklagen Sie sich nicht, bitten Sie einfach um Information. Jede Beziehung braucht einen neutralen Weg, auf den sich beide einigen können, um den anderen fragen zu können: «Gut, wenn nicht jetzt, wann dann?»

Und ebenso wichtig wie genügend Zeit ist Vertraulichkeit. Um die Offenbarung Ihres Geheimnisses zu einer liebevollen, befriedigenden Erfahrung werden zu lassen, wie Sie es sich wünschen, müssen Sie sich von anderen zurückziehen und dürfen nicht gestört werden. Das bedeutet, nicht das Telefon zu beantworten, nicht den Braten zu begießen, nicht den Gartenbewässerer umzustellen, nicht nachzusehen, ob die Waschmaschine fertig ist. Fangen Sie gar nicht erst an mit etwas, was derartige Aufmerksamkeit erfordert, wenn Sie vorhaben, jemandem etwas Wichtiges anzuvertrauen. Und wenn Sie bereits damit angefangen haben, verschieben Sie Ihr Eingeständnis auf später.

Sorgen Sie schließlich dafür, daß die Sache vertraulich bleibt. Das scheint zwar eine Selbstverständlichkeit zu sein, aber überlegen Sie, was dabei herauskommen könnte, wenn Sie diesen Wunsch nicht ausdrücklich klarmachen.

Nehmen Sie zum Beispiel die Geschichte von Anna. Anna war die Frau eines Marineoffiziers, und zu der Zeit, als ich sie kennenlernte, fünfundvierzig Jahre alt.

«Ich wurde vor etwa einem Jahr vergewaltigt, in dem Stützpunkt meines Mannes», erzählte sie mir. «Das hat unser Leben völlig auf den Kopf gestellt. Ich stand lange Zeit unter Schock. Außerdem war meine Nase gebrochen, und ich sah monatelang furchtbar aus. Zuerst erzählte ich den Kindern, ich hätte einen Unfall gehabt», sagte sie. Ein solches Täuschungsmanöver ist nicht ungewöhnlich. Es ist eine Möglichkeit, eine furchtbare Erfahrung zu leugnen, und außerdem ein Versuch, einem geliebten Menschen Schmerz, Schuld und Scham zu ersparen.

«Nun, die Lüge wirkte eine Weile», fuhr Anna fort, «aber bei den wiederholten Anrufen von der Polizei und meinen unvorhersehbaren Tränenausbrüchen wurde die Geschichte dünner und dünner. Schließlich beschlossen Jorge und ich, ermutigt von der Sozialarbeiterin des Stützpunkts, unseren beiden Kindern die Wahrheit zu sagen. Sie waren damals sechs und zehn Jahre alt. Nun, allein schon zu erklären, was Vergewaltigung bedeutet, war entsetzlich anstrengend. Ich bin immer noch nicht sicher, ob sie völlig verstanden haben, was ich gesagt habe. Aber ich fühlte mich danach besser», sagte Anna, «irgendwie sauberer, als ob ich diesen kleinen Teil der Vergewaltigung nicht mehr mit mir herumschleppen müßte.»

So weit, so gut. Das Problem zeigte sich eine Woche später, als eine Freundin von Annas sechsjähriger Tochter Jenny sie nach der Vergewaltigung fragte. «Ich war völlig fassungslos», sagte sie. «Es stellte sich heraus, daß Jenny und ihre Freundinnen eines Tages über ihre Mütter gesprochen hatten, und Jenny hatte den anderen Kindern erzählt, was geschehen war.»

Das war ja schon schlimm genug. «Aber in der gleichen Woche rief mich die Mutter eines Kindes in der Nachbarschaft an und schrie mich an, ich solle meine Probleme für mich behalten. Als ich sie fragte, was sie meinte, sagte sie, meine ‹gottverdammte Vergewaltigung›. Sie sagte, die Geschichte hätte ihre elfjährige Tochter vor Furcht völlig gelähmt.

Als ich meiner Zehnjährigen die Geschichte an diesem Abend erzählte, fing sie an zu weinen. ‹Ich war so traurig, und du tatest mir so leid›, sagte sie zwischen Schluchzern, ‹und ich wußte nicht, was ich tun sollte. Schließlich fragte mich meine Freundin Lois, was los wäre, und ich erzählte es ihr. Und nun bist du mir böse.› Ich war böse, böse auf alle beide», sagte Anna.

«Aber ich erkannte auch, daß es mein Fehler war. Ich hätte wirklich betonen sollen, daß das eine sehr private Angelegenheit ist, die wir in unserer Familie unter uns behalten wollen, und hätte uns allen viel mehr Zeit geben sollen, mehr darüber zu sprechen.»

Anna und Jorge wären zufriedener gewesen mit dem Ergebnis ihres Geständnisses, wenn sie sensibler für die Bedürfnisse und Gefühle ihrer Kinder gewesen wären. Diese Sensibilität ist immer wichtig, wenn man den Augenblick vorbereitet, in dem man etwas Geheimgehaltenes offenbaren will.

Vielleicht gibt es ja normalerweise in der Woche bestimmte Zeiten, wo Ihr Partner entspannter ist als gewöhnlich. In unserem Haushalt ist das unter anderem das lange Sonntagsfrühstück, die Zeit, wenn wir Obst von den Bäumen in unserem Garten gepflückt haben, und abends nach einem Bad. Nehmen Sie sich jetzt einen Augenblick Zeit, und überlegen Sie sich, wann es bei Ihnen solche empfänglichen Augenblicke gibt.

Aber quälen Sie sich nicht damit, den richtigen Moment vorzubereiten. Den richtigen Moment gibt es nicht. Außerdem spiegelt sich in diesem Bemühen ja vielleicht wieder nur genau das Problem, das Sie zu lösen versuchen: Einmal mehr versuchen Sie, es Ihrem Partner recht zu machen, einmal mehr haben Sie das Gefühl, die Wahrheit müsse in eine «akzeptable» Form verpackt werden.

Vorbereitung auf die Konsequenzen

So wie die Erfahrung, jemandem ein Geheimnis anzuvertrauen, durch die damit verbundenen Konsequenzen abgerundet wird, so vervollständigt die Vorbereitung auf die Konsequenzen auch die Vorbereitung auf diese Erfahrung. Es herrscht hier eine regelrechte Symmetrie.

Fast jeder, der einem anderen eine unangenehme Wahrheit anvertraut, hat Angst vor den Folgen. Wir wissen zwar nicht, wie sich unsere Offenbarung letztlich auswirken wird, aber wir fürchten, das Resultat könne auf Dauer etwas verändern. Und die meisten von uns gehen davon aus, daß die Konsequenzen schmerzhaft sein werden, für uns selbst und für unsere Partner.

Ich glaube, unbewußt fürchten wir uns auch davor, daß das eigene Geständnis ein Geständnis des Partners zur Folge haben könnte. Was, wenn er oder sie etwas sagt, das wir nicht hören wollen?

Um sich auf Ihr Eingeständnis vorzubereiten, geben Sie solche Ängste zu. Gestehen Sie sich selbst, laut und deutlich, ein, wie Ihre Vision von den schlimmstmöglichen Folgen aussieht, aber auch welche Auswirkungen es haben kann, die weniger drastisch, eher wahrscheinlich sind. Die meisten Menschen fürchten unter anderem folgende Konsequenzen:

- Mein Partner wird mich ablehnen.
- Mein Partner wird mir ein Geheimnis anvertrauen, das mich sehr verletzen wird.
- Mein Partner wird mich nicht ernst nehmen.
- Mein Partner wird mich bestrafen.
- Mein Partner wird mein Vertrauen brechen.
- Ich werde erkennen, daß wir ernsthafte Schwierigkeiten haben.
- Ich werde Probleme für andere Menschen verursachen.
- Ich werde bedauern, die Wahrheit gesagt zu haben.

Interessanterweise geben nur wenige Menschen ihre Angst vor einem positiven Ergebnis zu, wie zum Beispiel:

- Mein Partner wird eine Veränderung ebenso willkommen heißen wie ich.
- Mein Partner wird mich auffordern, ihm mehr anzuvertrauen.
- Ich werde erkennen, daß mein Partner mich besser versteht, als ich glaubte.
- Ich werde erkennen, daß meine Beziehung stärker ist, als ich dachte.

Ironischerweise können diese positiven Folgen noch beängstigender sein als die negativeren Auswirkungen, denn es gibt nur eine Sache, die ebenso beängstigend ist wie Einsamkeit – ein engerer Kontakt. Aus diesem Grund ist es uns unangenehm, wenn Menschen uns anstarren oder wenn unsere Augen im Aufzug den Augen eines Fremden begegnen. Es erklärt außerdem, warum Menschen manchmal streiten, nachdem sie sich besonders nahegekommen sind.

Sie sollten sich mit Ihren Ängsten auseinandersetzen, aber Sie müssen sich auch selbst fragen: «Wenn das die Folge ist, wessen Problem würde das sein?» Nicht immer lautet die Antwort, daß es Ihr Problem ist.

Manche Konsequenzen *sind* jedoch ganz eindeutig Ihr Problem. Wenn Sie zum Beispiel enthüllen, mit Ihrem früheren Mann beim Liebesspiel Fesseln benutzt zu haben, und Ihr gegenwärtiger Liebhaber daraufhin beschließt, das nicht mehr mit Ihnen zu machen, weil die Vorstellung, daß Sie mit jemand anders in dieser Weise intim gewesen sind, ihm den Spaß daran verdirbt. Das ist zwar traurig, aber Sie werden es, wenigstens im Augenblick, akzeptieren müssen.

Andererseits betreffen manche Probleme die Person, der Sie sich anvertraut haben. Zum Beispiel wenn Sie Ihrem Mann enthüllen, daß Ihr Sexualtrieb stärker ist, als er dachte, und er deshalb jetzt eifersüchtig ist, wenn Sie in der Öffentlichkeit sind. Vorausgesetzt, daß Sie mit Ihrem Verhalten nicht dazu beitragen, um diese Gefühle bei ihm auszulösen, ist das ein Problem, mit dem er fertig werden muß.

Manche Folgen betreffen weder Sie noch Ihren Partner, sondern die Beziehung.

Nehmen Sie Faith und Johann, die zu mir kamen, weil Johann Ejakulationsschwierigkeiten hatte. Er konnte zwar zum Höhepunkt kommen, wenn Faith ihn mit der Hand oder mit dem Mund stimulierte, aber er konnte nicht in Faiths Vagina ejakulieren. Was sie in die Therapie brachte, sagten sie, war ihr Wunsch, in den nächsten ein oder zwei Jahren ein Kind zu bekommen. «Wir wollen anfangen und uns jetzt darauf vorbereiten», sagte Faith herzlich.

Ich setze mich normalerweise am Anfang von Paartherapien mit jedem Partner einzeln zusammen. In unserer Einzelsitzung fragte ich Faith, ob sie nichts gegen die Art hätte, wie sie miteinander schliefen. «Ganz und gar nicht», erwiderte sie rasch. «Johann ist aufmerksam und liebevoll, und ich habe normalerweise einen guten Orgasmus, wenn er mich manuell oder oral befriedigt.» Ich stellte die Frage noch ein- oder zweimal in anderer Form und bekam immer die gleiche Antwort. Ich nahm es für den Augenblick so an und fuhr fort.

Als wir alle drei zu der nächsten Paarsitzung zusammenkamen, kam das Gespräch auf sexuelle Befriedigung. Faith sah mich an: «Sie haben nicht wirklich geglaubt, daß ich zufrieden bin mit unserem Geschlechtsleben, oder?» Sie hatte recht: Ich hatte nicht das Gefühl gehabt, daß ihre Antwort vollständig war.

«Warum habe ich so schnell geantwortet?» fragte Faith rhetorisch. «Ich habe Angst, Wirbel zu machen, andere Leute aufzuregen. Die Wahrheit ist, ich habe etwas gegen unser Geschlechtsleben. Ich habe etwas dagegen, zuzusehen, wenn du ejakulierst, Johann, und mich ausgeschlossen zu fühlen. Sicher, ich möchte eines Tages ein Kind bekommen, aber ich will, daß sich das jetzt ändert. Für mich.»

Die Wahrheit war heraus. Johann, stets kühl und wissenschaftlich, blieb sachlich. «Wie traurig für dich», sagte er ruhig. «Ich hoffe, du wirst nicht mehr so unglücklich sein.» Aber in den folgenden Wochen wurde Faith noch unglücklicher. Der Grund war einfach: Johann schlief nicht mehr mit ihr. «Ich bin einfach in letzter Zeit nicht in Stimmung», sagte er flau. «Außerdem will ich nicht, daß Faith jedesmal über unsere Sexualität urteilt, wenn wir miteinander schlafen.»

Es sah aus wie ein Patt. Faith hatte Schuldgefühle und war wütend, verstärkt durch Johanns Selbstgerechtigkeit. Wie lange würde das dauern? «Niemand kann die Zukunft vorhersagen», bemerkte der Wissenschaftler. «Das stimmt, Johann», antwortete ich. «Es ist richtig, aber irrelevant.»

«Es geht doch offenbar darum», fuhr ich fort, nachdem ich mir damit seine Aufmerksamkeit gesichert hatte, «daß Sie beide eine Form von Intimität verloren haben. Ich glaube nicht, daß das in erster Linie Faiths Problem ist. Ich glaube, es ist das Problem Ihrer Ehe. Ich wüßte gern, was Ihr Team plant, dagegen zu unternehmen. Und wenn Ihr Team sich nicht mit dieser Frage auseinandersetzt, warum es das nicht tut.»

Das wurde dann zum Schwerpunkt der Sitzung. Was bedeutete es für diese beiden Menschen, ein Paar zu sein? Wie könnten sie mit ihren gemischten Gefühlen zu Bindung und Abhängigkeit umgehen? Diese Fragen, so spürte ich, waren entscheidend, um das Symptom zu beheben, mit dem sie zu mir gekommen waren. Als Faith erst einmal aufgehört hatte, so zu tun, als wäre alles in bester Ordnung, war es unvermeidlich, daß sich an der Beziehung etwas veränderte.

War Johann bereit dazu, sein Leben stärker mit ihrem zu verflechten? Zu seinen Gunsten muß ich sagen, daß er, wenn auch widerstrebend, einwilligte, diese Vorstellung weiter zu untersuchen und es zum zentralen Thema der Paartherapie zu machen. Jeder von ihnen begann nun zu spüren, daß sie eine sexuelle Beziehung miteinander hatten, die über ihre individuellen Persönlichkeiten hinausreichte. Diese wertvolle Perspektive ist Johann und Faith geblieben bis zum heutigen Tag.

Aber was geschieht, wenn Ihr Partner Sie ablehnt? Zuerst versichern Sie sich, daß Ihr Gefühl richtig ist. Werden Sie wirklich abgelehnt? Wirkliche Ablehnung klingt oft folgendermaßen:

- «Du hast das Gefühl nicht wirklich.»
- «Ich habe keine Zeit für diesen Unsinn.»
- «Ich habe das doch schon einmal gehört, und ich bin nicht daran interessiert.»
- «Wenn du ein richtiger Mann/eine richtige Frau wärst, hättest du das inzwischen gelöst.»
- «Wenn du anfangen willst, dich zu beklagen, bitte – ich habe selbst eine Menge, worüber ich mich beklagen könnte, also laß uns das Thema fallenlassen.»
- «Das hast du alles ganz verkehrt verstanden.»
- «Wenn du so empfindest, bist du vielleicht mit jemand anders glücklicher.»

Wenn Ihr Partner mit einer solchen Einstellung auf Ihr Eingeständnis reagiert, sagen Sie offen, Sie hätten das Gefühl, daß Ihnen nicht zugehört wird und Sie sich abgelehnt fühlen. Schlagen Sie vor, das Gespräch noch einmal von vorn zu beginnen, und beschreiben Sie Ihre Gefühle und Ihr Geheimnis anders. Daraufhin verändert sich vielleicht auch die Perspektive und die Reaktion Ihres Partners.

Wenn Ihr Partner das Gefühl hat, es sei gerechtfertigt, Sie abzulehnen, können Sie probieren, ob Sie mit einem der folgenden Versuche Erfolg haben:

- Fragen Sie, was Sie tun können, um sich besser verständlich zu machen.
- Erinnern Sie Ihren Partner daran, warum Sie ihm das offenbaren.
- Fordern Sie, daß Ihr Partner weiter mit Ihnen darüber spricht.
- Schlagen Sie eine Diskussion darüber vor, was Liebe und Bindung in dieser Beziehung bedeuten.
- Machen Sie eine Pause, und kommen Sie später auf das Thema zurück.
- Bewerten Sie neu, was Sie sich von Ihrem Geständnis erhofft haben.
- Bewerten Sie die Beziehung neu.

Was kann Ihnen helfen, um diese Reaktionen zu bewältigen? Geduld und Objektivität sind wertvolle Fähigkeiten, die dazu beitragen können, besser mit Ablehnung umzugehen. Sie werden Sie daran erinnern, daß es manchmal notwendig ist, eine kurze Phase von Isolation und Schmerz auszuhalten, wenn man sich mit jemandem über lange Zeit verbunden fühlt. Geduld und Objektivität erleichtern es auch zu ertragen, daß man manchmal das Objekt der schmerzhaften Gefühle von jemand anders wird.

Um mit Ihrem Eingeständnis Ihre Ziele zu erreichen, bedarf es zwar der Sensibilität für die Bedürfnisse Ihres Partners, aber denken Sie daran, daß es in Ordnung ist, wenn er oder sie sich über die anvertraute Wahrheit aufregt.

Und, wie bereits besprochen, nutzen Sie Ihr Unterstützungsnetz. Teilen Sie Ihre Sorgen und Gefühle mit Menschen, die Sie verstehen, ohne die Privatsphäre Ihres Partners zu verletzen. Finden Sie heraus, wie andere mit einer ähnlichen Situation umgegangen sind. Lassen Sie zu, daß sie Ihnen sagen, daß Sie wunderbar sind.

Und schließlich ist ein Sinn für Humor unschätzbar. Humor ist, Steve Martin zufolge: «Die Kunst, andere Menschen zum Lachen zu bringen, ohne daß sie sich erbrechen müssen.» Oder, so würde ich gern hinzufügen, ohne sie wütend zu machen oder herabzusetzen. Sanfter, liebevoller Humor kann Sie selbst und Ihren Partner daran erinnern, daß Ihre Beziehung mehr ist als all das, was im Augenblick geschieht. Was für ein schönes Geschenk, das Sie sich und einem geliebten Menschen geben können.

Wenn Sie über die Konsequenzen nachdenken, stellen Sie vielleicht fest, daß Ihre Entscheidung, Ihr Geheimnis einzugestehen, noch nicht völlig felsenfest steht. Bleiben Sie bei diesem Gefühl von

Vorsicht und Widerstreben. Vielleicht ist es doch letztendlich nicht das richtige, die Wahrheit zu sagen, oder vielleicht vertrauen Sie sie lieber nicht dieser Person an. Es gibt Situationen, die man besser bewältigen kann, wenn man bei anderen Menschen Unterstützung sucht als beim eigenen Partner.

Vielleicht brauchen Sie auch ein bißchen mehr Zeit. Nehmen Sie sich Zeit für die Lektüre des folgenden Kapitels, und stellen Sie sich vor, wie das Leben aussehen würde und wie Sie sich fühlen würden – wenn Sie sich entschließen, die Wahrheit, die Sie geheimhalten, *nicht* einzugestehen.

Überlegen Sie:
Bei der Vorbereitung auf das Eingeständnis meines Geheimnisses habe ich folgendes beachtet:

Ich habe meine Ziele geklärt.
Ich habe mir überlegt, wer mich unterstützen kann, und dafür gesorgt, daß ich mich an die Betreffenden wenden kann.
Ich habe meine Vision von Sexualität geklärt.
Ich habe meine Vision der Beziehung geklärt.
Ich habe meine Gefühle, Bedürfnisse und Stimmungen untersucht und angenommen.
Ich habe meine Angst vor Ablehnung untersucht und daran gearbeitet.
Ich habe die Situation, in der ich mein Geständnis ablege, im Geiste geprobt und visualisiert.
Ich habe mir meine Ängste eingestanden.
Ich habe daran gedacht, wer mit den erwarteten Konsequenzen fertig werden muß.
Ich habe daran gedacht, welche Konsequenzen es haben kann, wenn ich *nicht* die Wahrheit sage.

Bei der Vorbereitung zu dem Eingeständnis meines Geheimnisses denke ich an folgendes:
was unserer Beziehung im allgemeinen guttut,
die Kommunikation in der Beziehung zu verbessern (sowohl die verbale als auch die nonverbale),
meinem Partner zu versichern, wie bindend unsere Beziehung für mich ist,
mich darauf vorzubereiten, den Streß des Geständnisses zu bewältigen.

Bei der Vorbereitung denke ich daran, die Situation so zu wählen, daß
keiner von uns Alkohol getrunken hat,
es keine ungelösten negativen Gefühle zwischen uns gibt,
wir genug Zeit haben, um die Situation zu untersuchen und zu bewältigen,
wir lange genug ungestört sind,
wir einander ausreichend vertrauen können.

10. Wenn Sie Ihr Geheimnis für sich behalten wollen

Sie haben nicht versagt. Sie sind nicht schlecht oder emotional gehemmt. Sie haben einfach beschlossen, ein oder mehrere sexuelle Geheimnisse nicht einzugestehen.

Sie sind damit nicht allein.

Schließlich halten die meisten Menschen sexuelle Angelegenheiten geheim. Ihre Geheimhaltung ist nun jedoch das Resultat einer bewußten Entscheidung, nicht des Gefühls von Machtlosigkeit.

Ihre Einsicht verschafft Ihnen einen großen Vorteil. Es stimmt, Ihr Verhalten sieht vielleicht nach außen nicht anders aus als vor Ihrer Entscheidung. Aber nun, nach sorgfältigem Nachdenken, haben Sie sich für Ihr Verhalten *bewußt entschieden*. Weil Sie die Verantwortung für Ihr eigenes Leben übernommen haben, sind Sie nicht mehr länger Opfer. Ganz egal, was Sie beschlossen haben, eine solche Entscheidung ist ein wichtiger Meilenstein.

Damit Sie die Größenverhältnisse nicht aus den Augen verlieren, denken Sie daran, daß Ihre Entscheidung, ein sexuelles Geheimnis zu bewahren, nicht von Dauer sein muß. Sie können Ihre Meinung ändern und beschließen, es jemandem anzuvertrauen, wann immer Sie es wollen. Außerdem können Sie beschließen, jemandem nur einen oder zwei Aspekte Ihres Geheimnisses anzuvertrauen.

In diesem Kapitel beschäftigen wir uns mit den Gründen Ihrer Entscheidung für die Geheimhaltung, den möglichen Folgen und Anregungen zu ihrer Bewältigung. Wir werden sogar ein bißchen darüber sprechen, in welcher Situation Ihnen eine Psychotherapie helfen kann.

Konstruktive und destruktive Gründe, die Wahrheit für sich zu behalten

Sie werden sich von Kapitel 8 her erinnern, daß manche Gründe, ein Geheimnis zu offenbaren, weit besser sind als andere. Beispiele für gute Gründe sind unter anderem, dem Partner näherzukommen oder die sexuelle Beziehung zu verbessern. Beispiele für unangemessene Gründe sind unter anderem, einen Partner zu bestrafen und die Beziehung auszutesten. Wir haben außerdem darüber gesprochen, welche Anzeichen die Unangemessenheit eines Geständnisses signalisieren, wie etwa die Androhung von Gewalttätigkeiten oder ein eklatanter Mangel an Vertrauen.

Das Gebot der Geheimhaltung ist, wie Sie wissen, oftmals verantwortlich für unangemessene Gründe, die Wahrheit zu verheimlichen. Zu diesen destruktiven Motiven gehört etwa der Glaube, unsere Sexualität oder wir selbst seien schlecht, die Angst vor einem Verlust der Beziehung und die irrige Annahme, niemand sonst habe sexuelle Empfindungen, Gedanken oder Erfahrungen wie man selbst. Vergegenwärtigen Sie sich noch einmal die Gründe, die Sie bewogen, Ihr Geheimnis zu bewahren. Sind es gesunde Gründe? (Vielleicht hilft es Ihnen, die Richtlinien am Anfang von Kapitel 8 noch einmal nachzulesen.) Wie fühlen Sie sich damit – am Boden zerstört, entspannt, verwirrt, in die Defensive getrieben, zufrieden, frustriert?

Lernen und wachsen führt zu Selbsterkenntnis, aber Selbsterkenntnis hat auch eine schmerzhafte Seite. Indem Sie sich ein neues Wissen über sexuelle Geheimhaltung aneigneten, ist Ihnen vielleicht schmerzhaft bewußt geworden, daß Ihre Gründe, Ihre Geheimnisse für sich zu behalten, nicht konstruktiv sind. In diesem Fall ist es verständlich, wenn man sich schlecht – töricht, wütend, traurig, enttäuscht, betrogen – fühlt. Vielleicht werden Sie sogar depressiv.

Genau das erlebte Jay, ein älterer Mann, der von einem Geistlichen an mich überwiesen wurde. Jay war jahrelang zu Prostituierten gegangen, hatte das aber während der vier Monate, in denen er mit seiner zweiten Frau, Rose, verlobt war, völlig ausgeblendet.

«Ich wollte es ihr ja sagen», sagte er mit seiner rauhen Raucherstimme, «und ich will es immer noch. Aber ich hatte das Gefühl, ich würde sie schützen, wenn ich ihr nicht von etwas erzähle, womit sie nicht umgehen kann. Jetzt erkenne ich, daß ich Angst hatte, sie könnte mich verlassen. Ich war unsicher, aber ohne eigentlichen Grund. Die Wahrheit ist», sagte er, seinen Kopf schüttelnd, «sie ist verrückt nach mir. Es ist mir wirklich unangenehm», fuhr Jay fort, «als würde ich uns beide im Stich lassen. Ich nehme an, da ist auch dieses Aids-Problem zu bedenken. Und außerdem bin ich jetzt nervös wegen der anderen Sachen, die ich ihr nicht erzählt habe. Es hatte alles gute Gründe, wenigstens dachte ich so. Aber jetzt fällt es mir schwer, mir selbst zu trauen. Es hat mich völlig durcheinandergebracht, mich genauer damit auseinanderzusetzen.»

Meine Reaktion wird die Leser dieses Buches kaum überraschen: «Spüren Sie, was Sie fühlen», sagte ich Jay. «Ihre Gefühle sind verständlich. Es wird nicht das letzte Mal sein, daß Sie sich so fühlen, wissen Sie. Aber halten Sie nicht länger an diesen Gefühlen fest als notwendig», fügte ich hinzu. «Schließlich ist dies das erste Mal, daß Sie bewußt ein Geheimnis bewahren. Deshalb sollten Sie sich bei aller Selbstkritik auch etwas Sympathie entgegenbringen.»

Diese Worte trösteten Jay, und ich hoffe, daß auch andere Menschen Trost in dieser Einstellung finden. Ich bin sicher, Sie haben wie Jay stets so gehandelt, wie es Ihnen am besten schien. Ob Ihre gegenwärtige Entscheidung, Ihr Geheimnis nicht zu enthüllen, sich als wirklich gut erweisen wird oder nicht, wichtig ist, daß Sie einen aktiven Schritt unternahmen, indem Sie sich bewußt für die Verheimlichung *entschieden*.

Außerdem können Sie Ihre Entscheidung jederzeit revidieren, in einem Monat, in drei Monaten oder drei Jahren. Sie werden, wann immer Sie wollen, die Chance haben, sich anders zu entscheiden.

Ein anderer Vorteil von bewußten Entscheidungen, der Ihnen zugute kommen kann, besteht in der Auseinandersetzung, inwieweit ein solches Handeln sich mit Ihrem sonstigen Leben in Übereinstimmung bringen läßt. Das heißt, in der Entscheidung, eine Wahrheit weiter zu verbergen, spiegelt sich oft unser allgemeiner Umgang mit Emotionen.

Nehmen Sie sich jetzt gleich Zeit, um diesen wichtigen Punkt zu klären. Im Folgenden finden Sie drei Varianten, die unterschiedliche Formen vorstellen, wie die Entscheidung, bei der Verheimlichung zu bleiben, das gesamte Gefühlsleben eines Menschen spiegeln kann.

1. Sie sehen sich selbst als jemanden, der Entscheidungen sorgfältig abwägt, dann aber doch vor bestimmten Beschlüssen zurückschreckt.

Stan ist ein verheirateter Mann, der nach mehr Zuneigung und mehr Sex hungert. «Ich habe all diese Selbsthilfebücher gelesen, in denen es heißt, daß man aufrichtig eintreten muß für das, was man in sexueller Hinsicht will», sagt er. «Und aus Gesprächen mit anderen weiß ich, daß das, was ich mir wünsche, ganz vernünftig ist. Ich kann es wirklich kaum aushalten, daß Liz und ich so gut wie nie miteinander schlafen. Aber ich weiß, wir würden einen fürchterlichen Streit bekommen, wenn ich ihr sagen würde, wie sehr mich das stört. Ich will nicht gleich damit anfangen, deshalb lasse ich es erst mal eine Weile auf sich beruhen.»

Eine derartige Passivität hat außer den unmittelbaren Auswirkungen auf Ihre sexuelle Geheimhaltung vermutlich noch andere Auswirkungen:

- Sie werden Ihrem Boss nicht entgegentreten, auch wenn Sie recht haben.
- Sie bleiben in der Kindererziehung nicht immer fest in Ihren Entscheidungen.
- Sie sagen «nein» zu Verkäufern, hören dann aber doch auf ihre Anpreisungen, manchmal lassen Sie sich sogar so einschüchtern, daß Sie Sachen kaufen, die Sie gar nicht wollen.

2. Sie lassen zu, daß Furcht Ihr Denken trübt,
das ansonsten ganz klar ist.

Ohne daß Ihr Mann davon weiß, masturbiert Martha ein paarmal in der Woche. «Ich weiß, daß Masturbation nichts Böses ist», sagt sie, «und Frank ist allem Anschein nach wirklich offen, was Sex betrifft. Deshalb habe ich keinen Grund, es geheimzuhalten. Aber ich habe immer noch Angst, er wäre beleidigt, wenn er es herausfände. Ich würde tot umfallen! Ich kann dieses Risiko nicht eingehen.»

Außer der unmittelbaren Auswirkung auf die sexuelle Geheimhaltung hat eine solche Angst vermutlich noch andere Auswirkungen:

- Sie übernehmen nicht freiwillig gesellschaftliche Aufgaben, obwohl Sie wissen, daß Sie es könnten.
- Sie gewähren Ihren Kindern nicht genügend Unabhängigkeit.
- Sie zeigen anderen Menschen Ihre künstlerischen Versuche nicht, aus Angst, sie würden ihnen entweder nicht gefallen oder sie würden nur so tun, als ob sie ihnen gefallen, um höflich zu sein.

3. Sie lassen sich völlig von einem Gefühl gefangennehmen und halten hartnäckig daran fest, obwohl die Tatsachen offensichtlich das Gegenteil beweisen.

Jed wurde, als er sechs Jahre alt war, von seiner Mutter sexuell mißbraucht. «Ich wünschte, ich könnte meiner Verlobten erzählen, daß ich belästigt wurde», sagt er ruhig. «Überall im Fernsehen und in Zeitschriften heißt es, daß das Kind keine Schuld hat und daß das Opfer Mitgefühl verdient und keine Vorwürfe. Aber ich habe irgendwie immer noch das Gefühl, ich hätte es unterbinden müssen. Und ich fühle mich schuldig, weil mir gefiel, daß meine Mutter mir Aufmerksamkeit schenkte, obwohl ich haßte, was sie tat.

Deshalb kann ich es Cheryl einfach nicht erzählen. Ich glaube wirklich, es hält mich davon ab, einzuwilligen, Kinder zu bekommen. Aber wissen Sie, ich kann einfach nicht aufhören zu glauben, ich sei pervers und hätte meine Mutter irgendwie verführt.»

Andere Beispiele für die Besessenheit von einem Gefühl sind unter anderem:

- Sie glauben, daß der Mann Ihrer besten Freundin Sie nicht mag, obwohl er immer freundlich ist.
- Sie erwarten irgendwie bestraft zu werden, weil Sie bei der Arbeit konkurrieren und weil Sie sich Möglichkeiten ausmalen, wie Sie vorwärtskommen können.
- Sie bestehen darauf, Ihr Vater würde Sie wie ein Kind behandeln, obwohl er das gar nicht mehr tut.

Wenn Sie erkennen, daß Sie Ihre Gründe, Geheimnisse zu bewahren, nicht mögen, werden Sie in Ihrem negativen Urteil sich selbst gegenüber vielleicht sehr hart. Diese bestrafende, unbarmherzige

Einstellung gegen sich selbst ist nur eine andere Version von Selbstkritik und geringem Selbstwertgefühl, die es beide so wichtig erscheinen ließen, Ihr Geheimnis zu bewahren.

Anstatt sich das selbst anzutun, sollten Sie bewußt versuchen, sich selbst anzunehmen – genau jetzt, in diesem Augenblick. Erinnern Sie sich an Ihre guten Absichten und Ihre aufrichtigen Bemühungen in einer gegenwärtigen oder vor kurzem beendeten Beziehung.

Selbst wenn Ihre Gründe, weshalb Sie Ihr Geheimnis bewahren wollen, konstruktiv sind, ist die Wahrscheinlichkeit groß, daß Ihre Verheimlichung starke Gefühle in Ihnen hervorruft, nun, wo Sie sich ihr aufrichtig stellen. Um mit diesen Gefühlen umzugehen, sollten Sie versuchen, andere Wege zu finden, einander nahe zu sein und etwas zu teilen, aber respektieren Sie auch die Sorgen, die Sie dazu veranlaßt haben, sich für die Verheimlichung zu entscheiden.

Ein gutes Beispiel für diese Situation ist der Fall einer Frau, die sexuell neue Welten erschließen will, während ihr Partner sich engen Vorstellungen verpflichtet fühlt, was sexuell akzeptabel ist. Es gibt andere sinnliche Welten, die dieses Paar miteinander entdekken kann, zum Beispiel in einer unbekannten Umgebung spazierenzugehen oder ungewohnte Arten von Berührung zu erfahren, wie Hand- oder Fußmassage.

Solche Strategien sind besonders dann wichtig, wenn Ihre Motive, die Wahrheit einzugestehen, zwar konstruktiv sind, Sie aber gleichzeitig starke Signale empfangen, daß es ein Fehler wäre, Ihr Geheimnis zu offenbaren. In einer solchen Situation können Sie folgende Möglichkeiten ausprobieren:

- Lesen Sie ein Buch zusammen (Sie können es sich auch gegenseitig laut vorlesen).
- Nehmen Sie an einem Selbsterfahrungs-Workshop teil.
- Schlagen Sie vor, eine Paartherapie zu machen.
- Entwickeln Sie ein gemeinsames Hobby oder Projekt.
- Verbringen Sie mehr Zeit in der Familie.
- Verhandeln Sie andere Aspekte Ihrer Beziehung neu, zum Beispiel wieviel Zeit Sie allein miteinander verbringen können oder wie Geld ausgegeben wird.

- Verändern Sie Ihr eigenes sexuelles Verhalten, unternehmen Sie zum Beispiel häufiger den ersten Schritt, oder hören Sie auf, sich auf etwas einzulassen, das Sie nicht genießen.

Die Folgen der Geheimhaltung

Sie wurden bereits in Kapitel 2 vertraut mit den Konsequenzen der Geheimhaltung: Schuld, Angst, Wut, Isolation und sexuelle Unzufriedenheit. Aber wenn Sie sich bewußt entscheiden, ein Geheimnis zu bewahren, gibt es noch eine weitere Konsequenz: den Verlust der Unschuld.

Es ist eine Sache, sich zu Unaufrichtigkeit gezwungen zu fühlen, weil man meint, daß etwas mit einem selbst oder der eigenen Sexualität nicht stimmt. Eine derart verzerrte Sichtweise erlaubt Ihnen, viele schmerzhafte Aspekte der Realität zu verleugnen. Aber wenn wir uns bewußt entscheiden, etwas geheimzuhalten, geben wir damit zu, daß die Beziehung oder unser Partner nicht vollkommen ist. Außerdem fangen wir an, den Traum aufzugeben, daß unsere Partner oder unsere Beziehung in Zukunft vollkommen sein wird. Letztlich nähern wir uns einem wahrhaft tiefgreifenden Verlust: der Erkenntnis, daß vielleicht *keine* Beziehung je vollkommen sein wird. Vielleicht ist unser Traum unrealistisch.

Außerdem müssen wir den Verlust eines Teils unseres Selbstbildes hinnehmen. Wenn man bewußt die Wahrheit verschweigt, ist es schwierig (oder unmöglich) zu sagen: «Ich bin immer aufrichtig» oder: «Ich hatte nie eine Beziehung zu jemandem, dem gegenüber ich wirklich offen sein konnte.» In gewisser Weise verlieren wir das Selbst, das wir meinten zu kennen.

Niemand veranschaulicht das besser als Grace. «Ich habe ein schreckliches Geheimnis, und es bringt mich um», begann sie bei unserer ersten Sitzung. «Tatsächlich habe ich mit mehreren Menschen darüber gesprochen, aber nicht mit meiner Mutter. Ich sehe einfach keine Möglichkeit, wie ich ihr das sagen kann. Deshalb tue ich mir selbst weh, indem ich ‹das Richtige› tue. Genau das, was euch Seelenklempnern gefällt, was?»

Grace war Schmuckdesignerin und hatte sich mit einem bekannten Computerfachmann verlobt. Sie waren beide jung, attraktiv und auf dem Weg nach oben. Alle Welt dachte, diese Beziehung sei im Himmel geschlossen worden. Dann wurde das Verlöbnis abrupt gebrochen. Es gab ein paar vage Erklärungen, dann Gerüchte. Die Leute spürten, daß etwas nicht stimmte.

«Nur sehr wenige Leute wissen, daß ich nie mit Peter geschlafen habe», berichtete mir Grace in sachlichem Ton. «Vielleicht klingt es seltsam, aber ich wollte, daß Sex für uns etwas ganz Besonderes ist. Ich wünschte mir, wir würden ein neues Leben miteinander anfangen, ganz von vorn. Peter war zuerst nicht besonders angetan von dieser Idee, aber er liebte mich, und er behielt seinen Sinn für Humor. Alles war in schönster Ordnung – bis Silvester», fuhr Grace fort. «Wie die meisten Leute tranken wir zuviel. Aber wir amüsierten uns königlich. Wir beschlossen, eine Ausfahrt zu machen.» Ich erinnere mich, daß ich unbeabsichtigt eine Augenbraue hob. «Ja, ich weiß, wir hätten nicht fahren dürfen, nachdem wir getrunken hatten, aber lassen wir das jetzt.

Die wichtige Sache ist, daß er mich vergewaltigte», sagte Grace bitter. «Er sagte, ich sei so schön, er müsse mich einfach berühren. Ich sagte nein, er sagte ja, ich sagte nein, und er drehte durch, zerriß mein Kleid, quetschte meinen Arm und nahm mich, egoistisch, brutal... seine zukünftige Frau.» Das war vor über einem Jahr gewesen, und Grace hatte sich davon so gut erholt, wie eine Frau sich davon überhaupt erholen kann. Aber sie hatte immer noch nicht mit ihrer Mutter darüber gesprochen.

«Mama war fast am Boden zerstört, als ich Peter verließ», sagte sie. «Sie liebte ihn wie einen Sohn, liebte ihn mehr als ich, scherzte sie immer. Schöner Scherz. Es war den Leuten peinlich, wenn sie das sagte, weil ein Körnchen Wahrheit darin steckte. Mama warf mir einmal tatsächlich an den Kopf, sie würde mir nie verzeihen, daß ich ihn ‹vertrieben› habe. Als ich ihr erzählte, wir hätten uns getrennt, sah sie mich an und sagte: ‹Hast du es schließlich fertiggebracht, Mädchen, du hast das Beste weggeworfen, was du je bekommen konntest.› Sie fragte mich nicht einmal, was geschehen war, das fragte sie erst viel später.

Deshalb habe ich viel darüber nachgedacht, und ich habe beschlossen, daß es für alle besser wäre, wenn ich es ihr nicht erzählte. Das einzige Problem ist, daß sie glaubt, es wäre alles meine Schuld, und sie ist immer noch wütend auf mich. Es ist traurig, meine Mutter zu verlieren.» Sie weinte still vor sich hin.

Grace hatte eine schreckliche Erfahrung gemacht, und nun hat sie ein schreckliches Geheimnis. Sie hält es geheim, nicht weil sie sich minderwertig oder unzulänglich fühlt, sondern weil sie voll Rücksicht beschlossen hat, daß in dieser unvollkommenen Welt Geheimhaltung die beste Möglichkeit für sie ist.

Grace hat die Wahrheit über die Beziehung zu ihrer Mutter sehr, sehr verletzt. Sie wurde konfrontiert mit dem Verlust ihrer Würde und ihrer Illusionen. Sie wird nie wieder ganz dieselbe Grace sein, die sie vor diesem Verlust war, so wie sie nicht mehr die gleiche Frau sein wird wie vor der Vergewaltigung.

Auf den Verlust von Unschuld reagiert jeder auf unterschiedliche Weise. Manche Menschen fühlen sich einer Sache beraubt, auf die sie glauben ein Anrecht zu haben, und werden wütend. Sie greifen den Partner vielleicht an, der für diesen Verlust «verantwortlich» zu sein scheint, obwohl der Partner sich des Aufruhrs vielleicht gar nicht bewußt ist. Oder sie wenden die Wut nach innen und bringen sie als Depression zum Ausdruck.

Ich habe die verschiedensten Schilderungen gehört, wie dieses Gefühl erfahren wird:

- «Emotional ist mir völlig der Wind aus den Segeln genommen worden.»
- «Meine Welt ist nicht, wie sie früher war, und das, was davon noch übrig ist, will ich nicht unbedingt.»
- «Es ist total ungerecht.»
- «Es ist eben mein Schicksal, unglücklich zu sein, es gibt nichts, was ich dagegen tun kann.»
- «Ich war dumm, ihm/ihr zu trauen oder zu glauben. Ich schwöre, es kommt nie wieder vor.»
- «Zur Zeit erscheint mir nichts am Leben besonders attraktiv.»

Der Verlust der Unschuld führt zu derart zerstörerischen, kindlich-primitiven Gefühlen, sagt der Psychologe Sheldon Kopp, weil Überzeugungen, die einst als Lösung dienten, sich nun in Probleme verwandelt haben. Um die Kindheit zu überleben, ist es notwendig, an ein gerechtes, geordnetes Universum zu glauben. Wenn man dann als Erwachsener erkennt, daß das Überleben davon abhängig ist, vor geliebten Menschen Geheimnisse zu verbergen, wird dieser Glaube in Frage gestellt und zu einem existentiellen Dilemma.

In der Therapie dränge ich meine Klienten dazu, den Verlust der Unschuld anzunehmen und dazu zu nutzen, das Leben auf verläßlichere Fundamente aufzubauen. Im folgenden Abschnitt werden wir den dazu nötigen Trauerprozeß und andere Bewältigungsstrategien untersuchen.

Kraftquellen

Die bewußte Entscheidung für Geheimhaltung stellt Sie zwar vor neue Herausforderungen, Sie bietet Ihnen aber auch neue Mittel, um mit den Folgen Ihres Schweigens umzugehen. Erinnern Sie sich an die Unterscheidung zwischen der Respektierung der Privatsphäre und Geheimhaltung, die in Kapitel 2 besprochen wurde? Wenn Sie sich aus den richtigen Gründen für Geheimhaltung entschieden haben, so ist Ihr Geheimnis als Ihre Privatangelegenheit zu verstehen. Aus einer derartigen Funktionsbestimmung können Sie in vielfältiger Form Kraft schöpfen. Lassen Sie uns fünf davon genauer betrachten:

1. Sie können Ihre Entscheidung annehmen.

Wo wären Sie ohne Ihre Fähigkeit zu denken, zu analysieren, Entscheidungen zu treffen? Sie wären Ihr Leben lang ein Opfer der Umstände. Und wenn Sie ständig falsche Urteile fällen würden? In gewisser Weise wären Sie dann noch schlechter dran. Eine sorgfältig geplante und ausgeführte Entscheidung ist etwas, worauf Sie stolz sein können, und besonders, wenn es eine Entscheidung ist, die Sie einfach hätten umgehen können.

Nehmen Sie sich einen Augenblick Zeit, und schreiben Sie alle guten Gründe auf, die dazu führten, die Entscheidung zu fällen, die Sie getroffen haben. Sehen Sie in den folgenden Wochen diese Liste so häufig an, wie Sie es als notwendig empfinden, besonders in Situationen, in denen Sie sich schuldig, traurig oder einsam fühlen.

Die Entscheidung, Geheimnisse zu bewahren, ist schwierig, kann aber entscheidend für die persönliche Selbstbestimmung sein.

2. Sie können sich der Art, wie Sie und Ihr Partner sich einander anvertrauen und sich aufeinander beziehen, sicher sein.

Das mag allen selbstverständlich erscheinen, aber in den Tiefen der Enttäuschung und der Trauer über den Verlust der Unschuld ist es manchmal schwierig, daran zu denken, was gut an einer Partnerschaft ist. Aber in den meisten Beziehungen, ob zu einem Ehepartner, einem Kind, den Eltern oder Geschwistern, gibt es immer wieder Momente herzlicher Verbundenheit. Sich daran zu erinnern und sie zu würdigen kann Ihnen durch Wut und Einsamkeit helfen.

Nehmen Sie Ilene, eine Mutter von zwei Kindern, die mir zum erstenmal in einem Kurs eines Erwachsenenbildungsprogramms begegnete. Sie bat in der Pause um meine Karte und rief mich in der folgenden Woche an.

Ilene war offenbar schon seit Monaten beunruhigt, und das, was ich in dem Kurs gesagt hatte, drängte sie nun, zu handeln. «Es hat mir geholfen, meine Situation zu definieren», sagte sie, «und es irgendwie in meinem Kopf zu ordnen. Außerdem erkannte ich, daß ich nicht allein bin.»

Ilene begann unsere Sitzung, indem sie mir Bilder ihrer zwei Söhne zeigte. Sie hatte ihren älteren Sohn gestillt und gab ihrem zehn Monate alten Sohn immer noch die Brust. Sowohl Mutter als auch die Kinder waren damit sehr zufrieden.

«Aber da gibt es ein Problem zwischen meinem Mann Jim und mir», sagte sie traurig. «Wir haben immer noch ziemlich viel Spaß am Sex, aber ich will nicht, daß er meine Brüste berührt oder drückt.» Ich nickte verständnisvoll. «Manchmal schießt Milch heraus, das ist ärgerlich, aber darum geht es eigentlich nicht.» Ilene hielt inne und errötete.

«Fahren Sie fort», sagte ich sanft. «Sie machen das sehr gut.»

«Nun», fing sie wieder an, «ich fühle mich meinem Baby so nah, wir teilen so viel, und wir sind seit fast einem Jahr Tag und Nacht zusammen. Wenn es saugt, dann... dann fühle ich mich manchmal erregt. Es ist eine so innige Situation, und es fühlt sich so gut an. Ich bin vor ein paar Wochen fast gekommen.»

Ilene wurde rot. Als ich ihr erzählte, daß die meisten Frauen die gleiche Erfahrung machen, entspannte sie sich ein bißchen. «Okay, dann werde ich Ihnen die Wahrheit sagen», sagte sie. «Von Zeit zu Zeit habe ich tatsächlich einen Orgasmus.» Sie sah erleichtert aus, es war ein sehr herzlicher Augenblick.

«Aber das Problem ist», nahm sie ihren Bericht wieder auf, «Jim weiß nicht, wie verbunden ich mich Geoffrey fühle, wenn ich ihn stille, und wie sehr ich etwas dagegen habe, daß er meine Brüste berührt. Ich wollte es Jim viele Male sagen, aber er zieht mich immer damit auf. Er sagte sogar, meine Zeit sei um und ich dürfe Geoffrey nicht so verwöhnen, wie ich seinen Bruder verwöhnt habe.

Ich habe über all das viel nachgedacht, und es scheint mir klar zu sein, daß ich es ihm einfach nicht erzählen sollte. Aber ich fühle mich miserabel! Was für ein Start ins Leben ist das für die Jungen? Wie können Jim und ich uns je wieder nahekommen? Ich habe fast das Gefühl, untreu zu sein», schluchzte sie.

Wir verbrachten den größten Teil der Sitzung mit Gesprächen über die Dynamik ihrer Beziehungen sowohl zu ihren Eltern wie auch der zu ihrem Mann. Als sie in der folgenden Woche wiederkam, war sie immer noch bewegt, besonders weil sie sich entschieden hatte, von Jim getrennt (sie nannte es «entfernt») zu bleiben.

Ich wollte Ilene helfen, ihre Probleme in der richtigen Größenordnung zu sehen. Als Hausaufgabe bat ich sie zu überlegen, in welchen Bereichen sie und Jim sich immer noch so verbunden fühlten wie früher. Inwieweit funktionierten sie noch immer als glückliches Team? Wie sehr vertrauten sie einander?

Als sie zu ihrer dritten Sitzung wiederkehrte, fühlte sie sich viel besser. «Ich habe wirklich ein paar Dinge aus den Augen verloren», sagte Ilene. Immer noch gab es Gemeinsamkeiten zwischen ihr und Jim: Sie sangen gemeinsam im Kirchenchor und waren oft mit einem anderen Paar zusammen, das sie beide sehr gern hatten, dann hatten sie zusammen Spanisch gelernt und sprachen von Zeit zu Zeit spanisch miteinander – «normalerweise nicht sehr gut, worüber wir beide viel lachen müssen», erzählte Ilene. «Und eine andere Sache – wir schlafen miteinander, und es ist normalerweise ziemlich gut.»

Ich muß zugeben, daß ich enttäuscht war, daß Ilene beschloß, ihr Geheimnis vor Jim zu verbergen. Aber ich war zufrieden damit, wie sie mit ihrer Geheimhaltung letztlich umging.

Denken Sie an die vielen Dinge, wo Sie und Ihr Partner eine besondere Welt miteinander teilen. Dazu gehören vielleicht die folgenden:

- Kosenamen für die Genitalien des anderen
- das Ritual, sonntags morgens gemeinsam im Bett Zeitung zu lesen
- gegenseitige Unterstützung bei der gemeinsamen Kindererziehung
- gemeinsam im Fernsehen Sportsendungen anschauen
- lustvoller Sex
- gemeinsame Einladungen
- die Karriere des anderen unterstützen
- Zeit mit der Familie des anderen verbringen
- gemeinsam duschen, aus Spaß an der Freude

Im allgemeinen treten Gefühle von Distanz und Isolation auf, wenn Sie Geheimnisse voreinander haben. Doch Sie haben sich unter anderem für die Bewahrung Ihres Geheimnisses entschieden, weil Sie glauben, so die bestehende Nähe zu Ihrem Partner zu erhalten. Den Prozeß der Geheimhaltung mit seinen Konsequenzen sollten Sie nicht aus Ihrem Bewußtsein verdrängen, um diese Nähe auch wirklicher genießen zu können.

3. Sie können die wirkliche Bedeutung Ihrer Schuldgefühle erforschen und sich damit auseinandersetzen.

Viele Menschen, die sexuelle Geheimnisse bewahren, reagieren automatisch mit Schuldgefühlen. Sie sehen Sinn in ihrer Schuld, malen sich in der Phantasie aber schreckliche Folgen und Interpretationen aus. Ihr Geheimnis bedeutet jedoch nicht unbedingt das Ende Ihrer Beziehung, das Todesurteil für Ihr Geschlechtsleben, Gleichgültigkeit gegenüber Ihrem Partner oder einen Beweis für Ihren schlechten Charakter.

Diese Sorgen zeigen noch einmal, daß Menschen, die Scham und Selbstzweifel empfinden, Geheimhaltung als Symbol für alles betrachten, wofür sie sich schämen. Es nimmt kaum wunder, daß ein derartiger psychischer Mechanismus Schuldgefühle erzeugt.

Wenn Sie sich jedoch bewußt für Geheimhaltung entschieden haben, müssen Sie keine Schuldgefühle haben. Sie wissen, daß Ihre Sexualität nicht schlecht ist und Ihre Motive nicht verwerflich sind. Deshalb können Sie sicher sein, daß das Verschweigen Ihres sexuellen Geheimnisses ebenfalls nicht schlecht ist. Sie verdienen nicht, dafür bestraft zu werden. Es gibt nichts, weswegen Sie sich schuldig fühlen müßten.

Und doch können Schuldgefühle hartnäckig sein. Anstatt sie zu verleugnen oder ihnen zum Opfer zu fallen, sollten Sie sich damit auseinandersetzen. Vielleicht empfinden Sie tief innerlich eine verdeckte Wut: Sie sind ärgerlich, weil Sie einige Ihrer Träume verloren haben oder gezwungen sind zu erkennen, daß Sie nicht vollkommen sind. Vielleicht ist Ihr Schuldgefühl Ausdruck von Mitgefühl für Ihren Partner, der nicht einmal weiß, daß ihm oder ihr etwas von Ihnen vorenthalten wird.

Wenn Sie davon überzeugt sind, daß Ihre Sexualität nicht schlecht ist, können Schuldgefühle sehr aufschlußreich sein. Nehmen Sie sich einen Moment Zeit, um Ihre Schuldgefühle zu betrachten. Was können Sie daraus lernen?

Denken Sie daran, daß Sie Gefühle von Trauer, Scham oder Reue auch dann empfinden können, wenn Sie keine Schuldgefühle haben. Sorgen Sie dafür, daß es Menschen in Ihrem Leben gibt, die diese gesunde Einstellung unterstützen, auch wenn nur durch Bücher oder Workshops. Wenn schon Schuldgefühle in sexueller Hinsicht in unserer Kultur so massiv gefördert werden, sollten Sie versuchen, sich Unterstützung zu beschaffen, diese sexuelle Tyrannei zu bekämpfen.

4. Sie können sich jemand anders anvertrauen.

Diese Möglichkeit können Sie vor allem dann wählen, wenn Sie sich bewußt und mit guten Gründen entscheiden, ein Geheimnis vor Ihrem Partner zu bewahren. Denn wenn man selbst zu dem Gefühl gelangt ist, in Ordnung zu sein, ist die Wahrscheinlichkeit, daß man auch sehr intime Informationen preisgeben kann, weit größer.

Auf diesem Weg erhält man unter Umständen Unterstützung und emotionale Entlastung. Ein vertrautes Gespräch mit einer dritten Person kann einen Realitätstest darstellen. Die Versuchung allerdings ist groß, die Zeit unter vier Augen zu verwenden, um Schmerzen zu entkommen, anstatt die Möglichkeit wahrzunehmen, produktiv damit umzugehen. Vielleicht idealisieren Sie zum Beispiel die Person, die Sie ins Vertrauen ziehen.

Um das zu vermeiden, stellen Sie sich folgende Fragen:

- Hat mein Vertrauen zwanghaften oder suchthaften Charakter? Fühle ich mich «high», nachdem ich jemandem etwas anvertraut habe?
- Vertraue ich dieser Person mehr an als nur dieses Geheimnis? Das heißt, benutze ich die Chance, um mit meiner Vertrauensperson mehr Nähe herzustellen? Konstruiere ich einen Fall, um später mein Handeln rechtfertigen zu können?
- Wie würde ich es empfinden, wenn die Rollen vertauscht wären und jemand die gleiche Sache mir anvertrauen würde? Würde ich sagen, daß diese Person mir auf gesunde Weise etwas anvertraut oder mich benutzt, um den eigenen Problemen zu entkommen?
- Habe ich die richtige Person ins Vertrauen gezogen? Wie rechtfertige ich diese Wahl vor mir selbst?
- Bin ich eifersüchtig auf andere Beziehungen meiner Vertrauensperson? Vielleicht ist sie mir wichtiger, als angemessen wäre.
- Wenn ich mein Geheimnis jemandem anvertraut oder es mit jemand anders besprochen habe, fühle ich mich meinem Partner näher oder entfernter? (Das ist eine Möglichkeit, den Unterschied zu erkennen, ob es Ihnen darum geht, Unterstützung zu bekommen oder zu fliehen.)

Unter gewissen Umständen kann es Erleichterung und Bestätigung bedeuten und Ihnen Kraft geben, wenn Sie Ihr Geheimnis mit jemand anders als Ihrem Partner teilen. Sich jemandem anvertrauen ist eine sehr beeindruckende Erfahrung. Gehen Sie bewußt mit dieser Möglichkeit um, und entscheiden Sie sich, wie bei der Geheimhaltung, aus den richtigen Gründen dafür.

5. Sie können den Verlust der Unschuld betrauern.

Der Verlust der Unschuld ist ein besonderes Resultat von bewußter Geheimhaltung. Trauer ist das Gefühl von Leere, das der Anerkennung eines Verlusts folgt. Trauer ist die Art und Weise, mit diesem Gefühl umzugehen.

Judith Viorst nennt Trauer den «Prozeß, sich an die Verluste im Leben zu gewöhnen». C. S. Lewis erinnert uns daran, daß Trauer nicht ein Zustand, sondern ein Prozeß ist. Außerdem ist Trauer oft das Signal, daß eine Veränderung angenommen wird. So kann Trauer sowohl schmerzhaft als auch befreiend wirken.

Die Erkenntnis der Realität unserer existentiellen Getrenntheit ist ein guter Grund, zu trauern. Bis wir etwa sechs Monate alt sind, leben wir in seligem Unwissen über diese Getrenntheit. Wenn wir als Kleinkind die geistige Fähigkeit erwerben, zwischen uns selbst und anderen zu unterscheiden, ist das der Augenblick, in dem das Paradies verlorengeht. Den Rest unseres Lebens bringen wir mit dem vergeblichen Versuch dazu, diesen Verlust zu leugnen.

Die einzige Möglichkeit, über diesen Verlust hinauszugelangen, ist zu trauern, ihn anzunehmen und zu erkennen, daß wir menschlichen Wesen alle diese Erfahrung machen. Alternativ dazu kann man diesen Prozeß auch so betrachten, wie Sheldon Kopp vorschlägt: «Der einzige Weg, wie sich manche Probleme lösen lassen, besteht darin, ein ernsthaftes Interesse an ihnen zu verlieren.»

So sollten wir vielleicht den Verlust der Unschuld willkommen heißen und uns der Aufgabe, die unvermeidlich ist, konsequent widmen. Sich dieser Aufgabe zu entziehen oder ihre Notwendigkeit abzustreiten, bedeutet, das bißchen an Selbstbestimmung aufzugeben, das wir in dieser Situation haben können, ohne natürlich so den Verlust verhindern oder aufschieben zu können.

Trauer kann somit ein Zeichen dafür sein, daß man erwachsen geworden ist: «Ich bin für mich verantwortlich, selbst wenn mir nicht gefällt, wie die Welt eingerichtet ist. Ich werde nicht so tun, als sei ich ein Opfer, selbst wenn sich das besser anfühlt.» Wenn wir unsere Verluste betrauern, können wir besser würdigen, was wir haben, und dazu gehört die Fähigkeit, zu trauern und gehen zu lassen, was wir nicht mehr haben.

Wenn Sie trauern, erinnert uns die Psychologin Melba Colgrove, dürfen Sie sich nicht bestrafen mit «wenn nurs». Wie heißt es so schön? «Wenn wir Eier hätten, könnten wir Eier und Schinken machen, wenn wir bloß Schinken hätten.» Und vergessen Sie nicht, der Person zu vergeben, mit der Sie Ihr Geheimnis nicht teilen können. Diese Person befindet sich in genau der gleichen Lage wie wir selbst, denn das ist der normale Zustand des Menschseins.

Möglichkeiten und Grenzen von Therapie

Eheberatung und Psychotherapie sind hilfreiche Werkzeuge. Sie können helfen, sich selbst und den Partner besser zu verstehen, und Sie anleiten, neue Perspektiven zu entwickeln. Doch sollten Sie sich nicht mit falschen Erwartungen an einen Therapeuten wenden.

Vor fünfzig Jahren galten Menschen, die zu Psychotherapeuten gingen, als krank oder verrückt. Heute wissen wir, daß Therapie nützlich ist für Menschen, die immer wieder die gleichen Fehler machen, für Menschen, die Schwierigkeiten haben, Nähe zu anderen herzustellen, für Menschen, die Schwierigkeiten haben, eine objektive Sicht der Realität zu gewinnen, und für Menschen, die sich mit ihren Gefühlen nicht wohl fühlen.

Hier einige realistische Ziele einer Therapie:

- Sie wollen die wahren Gründe herausfinden, weshalb Sie sich für die Geheimhaltung entschlossen haben.
- Sie wollen Ihre Entscheidung, Ihr Geheimnis zu bewahren, annehmen.
- Sie wollen die wahren Konsequenzen der Geheimhaltung verstehen.
- Sie wollen neue Wege finden, mit diesen Konsequenzen umzugehen.
- Sie wollen Hilfe, um zukünftige Entscheidungen vorzubereiten.
- Sie wollen Ihre Schuldgefühle vermindern, die Sie wegen Ihrer Entscheidung empfinden.

Doch sind den therapeutischen Möglichkeiten Grenzen gesetzt. Sie werden enttäuscht sein, wenn Sie erwarten, daß der Therapeut

- auf magische Weise mehr Nähe schafft, als zwei Partner aushalten können, besonders wenn Sie nicht bereit sind, die Struktur der Beziehung zu verändern;

- zur Verbesserung Ihrer sexuellen Beziehung beiträgt, ohne daß Sie sich gegenseitig mehr anvertrauen oder etwas gegen Ihre Angst unternehmen;
- Geheimhaltung als gute Entscheidung bestätigt, wenn Sie sich aus den falschen Gründen dazu entschlossen haben;
- das, was Sie verheimlichen, gutheißt, selbst wenn es selbstzerstörerisch ist;
- etwas dagegen unternimmt, daß ein Partner wütend ist oder sich betrogen fühlt, wenn er oder sie entdeckt, daß etwas verheimlicht wurde;
- Ratschläge gibt.

Therapie bietet emotionale Unterstützung, wenn Sie sich allein gelassen fühlen, eine verläßliche Grundlage, von der aus Sie mit Veränderungen experimentieren können, und einen Verbündeten, der sich weigert, Selbstzerstörung zu ignorieren oder gutzuheißen.

Aber mit oder ohne Therapie – jeder ist letztendlich allein. Zum Glück aber sind wir in unserem Alleinsein nicht allein. Wir sitzen alle im gleichen leeren Boot.

11. Eltern und Kinder

In Kapitel 1 bis 10 erörterten wir Beispiele für Probleme, die entstehen, wenn Kinder sexuelle Geheimnisse vor ihren Eltern haben. In diesem Kapitel geht es um sexuelle Geheimnisse, die Eltern vor ihren Kindern verbergen.

«Aber», so sagen viele Eltern, «das ist keine Heimlichkeit, das ist normal. Und außerdem», so argumentieren sie,

- «ist es mir einfach zu peinlich, darüber zu sprechen.»
- «ist es im Interesse meines Kindes, wenn ich nicht darüber spreche.»
- «weiß ich nicht, was ich ihr sagen soll.»
- «verhalte ich mich einfach nur neutral, ich will sie nicht ermutigen.»
- «braucht er derartige Informationen noch nicht.»

Erinnern Sie sich an unsere Definition von sexueller Geheimhaltung: relevante Information über Sexualität, die anderen wichtigen Menschen vorenthalten wird. Dies ist nur insofern «neutral», als das Unbehagen der Eltern gegenüber der Sexualität ihrer Kinder sehr verbreitet ist. Dieses Unbehagen ist normalerweise der Grund für Eltern, sexuelle Geheimnisse vor ihren Kindern zu bewahren.

Sexuelle Themen, die oft verschwiegen werden, sind unter anderem:

- Masturbation
- Verhütung
- die grundsätzliche Gesundheit von Sexualität
- die Tatsache, daß Sex sich gut anfühlt
- die Sexualität der Eltern, besonders alleinstehender Eltern
- die Wichtigkeit ernsthafter Gespräche über Sexualität
- Informationen über den Körper
- die Realität, daß auch Kinder sexuelle Gefühle haben

Gründe, sexuelle Geheimnisse vor Kindern zu verbergen

Sie haben inzwischen erkannt, daß wir sexuelle Geheimnisse aus nicht vollständig bewußten Motiven für uns behalten. Geheimnisse zu bewahren ist ein Weg, bestimmte Ängste auszuagieren – über uns selbst, unsere Beziehungen und unsere Sexualität. Das gleiche trifft auf Geheimnisse zu, die wir vor unseren Kindern verschweigen. Ihnen bestimmte sexuelle Wahrheiten zu verheimlichen ist ein Weg, Ängste und Besorgnis auszuagieren.

Betrachten wir die vielfältige Dynamik, die hinter dieser Geheimhaltung steckt.

Verleugnung der sexuellen Realität

In Kapitel 5 wurde Verleugnung beschrieben als eine Form, schmerzhaften Gefühlen aus dem Weg zu gehen. Für manche Eltern ist die Tatsache, daß ihre Kinder eine Sexualität haben, einfach zu schwer zu verkraften. Zur Leugnung dieser Realität gehört, daß sie glauben, ihre Kinder brauchten keine sexuelle Aufklärung.

Das erinnert mich an eine Frau namens Trudy, die zu mir kam, weil ihr zehnjähriger Sohn Josh, wie sie es ausdrückte, «sexbesessen» war. Josh war offensichtlich ein sehr neugieriger Junge, er «stellt ständig Fragen, will sich Sex-Magazine ansehen und betrachtet die Biologiebücher seiner Schwester... Er hat sie in letzter Zeit sogar ein paarmal unter der Dusche beobachtet», erzählte sie mir.

Während Trudy wegen Joshs «Besessenheit» zutiefst verstört war, fragte ich mich, ob das nur die normale sexuelle Neugier eines Kindes war. Nichts von dem, was sie mir erzählte, ließ darauf schließen, daß der Junge irgendwelche schwerwiegenden Probleme hatte. Der wichtigste Punkt, den sie in verschiedener Form ständig wiederholte, war, daß er an Sex interessiert war, und das schien sie furchtbar zu ängstigen und zu verwirren.

Ich wußte, daß Trudy eine alleinstehende Mutter mit eigenen sexuellen Problemen war. «Ich habe das hinter mir», sagte sie kategorisch. «Es war miserabel, als ich verheiratet war, und jetzt bin ich damit fertig.» Vermißte sie nicht die Nähe zu einem Liebhaber, weiblich oder männlich? «Nein», beharrte sie. «Josh und ich sind dicke Freunde. Das reicht mir.» Ich bekam allmählich den Verdacht, Trudy wollte unbewußt verhindern, daß Josh heranwuchs und sie verließ.

Ich fragte Trudy, woran sie den Unterschied zwischen einem gesunden und einem ungesunden Interesse eines Kindes festmachen würde. Obwohl ich diese Frage zweimal stellte, schien sie sie nicht zu verstehen. Ich fragte sie, ob es sein könnte, daß Josh einfach versuchte, auf jede ihm mögliche Weise herauszufinden, was es mit der Sexualität auf sich hat. Schließlich war sein Vater nicht da, und seine Mutter war in dieser Hinsicht nicht allzu freimütig.

«Er kann solche Information nicht brauchen», sagte Trudy, erstaunt und ein bißchen wütend. «Er ist erst zehn Jahre alt.» Anders als seine Neugier über Maschinen und Forstwirtschaft hatte Joshs Interesse an Sex für seine Mutter keine Berechtigung. «Er kann einfach nicht daran interessiert sein. Er ist so unschuldig. Er ist praktisch noch ein Baby.»

Allmählich kamen wir der Wahrheit etwas näher. Trudy war aufgezogen worden in dem Glauben, Sex sei etwas Schmutziges. Der Sex in ihrer Ehe war ungeschickt, schmerzhaft und bestätigte diese Überzeugung. Trudy konnte nicht glauben, daß ihr kostbarer Sohn mit etwas so Schmutzigem und Zerstörerischem wie Sexualität zu tun haben könnte. Sie vermied, sich der schmerzhaften Realität zu stellen, indem sie sie verleugnete.

Anstatt ihr zuzustimmen, daß Josh die Ursache des Problems sei, arbeitete ich mit Trudy an ihren eigenen sexuellen Gefühlen. Sie wurde sich ihrer Furcht und ihrer Wut im Hinblick auf die Sexualität bewußt und erkannte, welchen Einfluß diese Gefühle auf ihre Ehe gehabt hatten. Außerdem erkannte sie immer deutlicher, wie sehr diese Gefühle sie auch jetzt beeinflußten. Schließlich konnte Trudy zugeben, daß sie Josh zukünftig erfüllte sexuelle Beziehungen wünschte – «nicht wie bei mir», sagte sie reuevoll. Mit der Visualisierung geistiger Bilder besuchten wir die Zukunft und beobachteten Joshs Ehe, einschließlich seiner gesunden sexuellen Beziehung. «Ich bin eifersüchtig», lachte Trudy an einem gewissen Punkt. Von da aus arbeiteten wir rückwärts und visualisierten die Art von Adoleszenz und Kindheit, die Josh benötigen würde, um ein derart befriedigendes Erwachsenenleben führen zu können. Das würde bedeuten, seine berechtigten sexuellen Interessen *in der Gegenwart* anzuerkennen.

«Es tut weh, aber mir bleibt wohl nichts anderes übrig», sagte Trudy und begann zu weinen. «Ob ich so tue, daß er klein bleibt, oder nicht, er wird heranwachsen, oder?» Wie vorauszusehen war, wurde es Trudy möglich, mit der Sexualität ihres Sohnes umzugehen, indem sie an ihrer eigenen Sexualität arbeitete. Sie brauchte nicht einmal mehr Unterstützung, als es darum ging, was sie ihm sagen wollte.

Als ich mit Trudy zusammensaß, erinnerte ich mich der Pionierin auf dem Gebiet der Sexualaufklärung, Mary Calderone: «Sie erziehen nicht nur Ihr Kind im Hinblick auf die Sexualität, Sie erziehen auch den zukünftigen Ehepartner, die zukünftige Mutter oder den zukünftigen Vater von jemandem.»

Manche Eltern fühlen sich entsetzlich bedroht durch die natürliche Trennung, die sie und ihre Kinder schließlich erfahren müssen. Daß diese schmerzhafte Trennung droht, wird deutlich durch die Beziehungen, die das Kind mit anderen eingeht. Da Sexualität ein Symbol für den Übergang der engen Beziehung eines Kindes von den Eltern zu Gleichaltrigen ist, kann die Verleugnung der Sexualität eine Möglichkeit für Eltern sein, sich diesem schmerzhaften Verlust nicht zu stellen.

Solche Familien wären viel besser dran, wenn die Erwachsenen lernten, sich mit ihrer eigenen Sexualität und ihren eigenen Gefühlen auseinanderzusetzen. Viele Eltern haben immer noch ihre *eigene* Sexualität nicht angenommen, deshalb wird es für sie besonders schmerzhaft, die Sexualität ihrer *Kinder* zu akzeptieren. Auch hier kann Geheimhaltung für Eltern eine Möglichkeit sein, einer schmerzhaften sexuellen Wirklichkeit aus dem Weg zu gehen.

Das erinnert mich an die Geschichte, wo eine Fünfjährige eines Tages die grundlegende philosophische Frage stellte: «Woher komme ich?» Ihr aufgeklärter Vater hatte alle notwendigen Bücher gelesen und wußte, sein Moment war gekommen und er dürfe ihn nicht ungenutzt vorbeigehen lassen. Er wollte alles richtig machen und erklärte ihr sämtliche Feinheiten der Fortpflanzungsphysiologie. «Nun», sagte er, als er fertig war, mit einem Lächeln, «hast du noch irgendwelche Fragen?» – «Nur eine», sagte das Kind eifrig. «Janet sagt, sie kommt aus Philadelphia. Und woher komme ich?»

Wenn Sie meinen, Sex sei etwas Gefährliches, ist es nur natürlich, daß Sie Ihre Kinder davor schützen wollen. Wirklich gefährlich ist jedoch, keine angemessenen Entscheidungen treffen zu können, weil man zuwenig darüber weiß.

Davor sollten Sie Ihre Kinder um jeden Preis schützen – durch Aufklärung. Sorgen Sie dafür, daß sie verläßliche Informationen erhalten, und widmen Sie ihnen liebevolle Aufmerksamkeit, damit sie intelligente Entscheidungen fällen können. Das bedeutet natürlich zuzugeben, daß sexuelle Gefühle, Fragen und Entscheidungen im Leben Ihres Kindes existieren.

Schmerzhafte Erfahrungen in der Kindheit

Eltern müssen anerkennen, daß Kinder nicht vor jeder möglichen schmerzhaften Erfahrung beschützt werden können. Alle Eltern wünschen sich das zwar, aber es ist einfach unmöglich. Und die Experten stimmen überein, daß es nicht einmal wünschenswert ist, Kinder auf diese Weise zu beschützen. Kinder müssen Lernerfahrungen machen, damit sie stark genug werden, um angemessen mit

Schmerz und Feindschaft im Erwachsenenleben umgehen zu können.

Und doch versuchen gewisse unrealistische Eltern weiter beharrlich, ihren Kindern jeden Schmerz zu ersparen, der mit Sexualität in Verbindung steht. Damit bringen sie ihnen bei, daß Sex gefährlich ist und daß ein Kind kein Zutrauen in sich haben kann, damit selbst umzugehen. Das ist ironischerweise genau der Boden, auf dem im späteren Leben sexuelle Probleme gedeihen (wie zum Beispiel Vergewaltigung und gehemmtes sexuelles Verlangen).

Die Aufgabe, einem Kind jeden Schmerz im Leben zu *ersparen*, ist in Wirklichkeit destruktiv. Wenn man zum Beispiel beschließt, ein Baby niemals hinfallen zu lassen, verhindert man, daß es je laufen lernt. Es wird in dem Gebrauch seiner Körperfunktionen verkrüppelt. Das ist eine Form von Kindesmißbrauch. Ebenso ist es, wenn man Kinder so aufzieht, daß sie zu Erwachsenen werden, die sexuell verkrüppelt sind.

Die Folgen der Geheimhaltung

Als Folge der Geheimhaltung entwickeln Kinder unrichtige oder sogar schädliche Vorstellungen über Sexualität. Sie lernen, daß Sexualität irgendwie schlecht ist, obwohl ihnen nie gesagt wird, warum. Sie lernen, sich böse zu fühlen, weil sie sexuelle Gefühle haben, ebenso ohne zu wissen warum.

Wenn man die normale vereinfachende Logik von Kindern berücksichtigt, ist nur zu verständlich, daß junge Menschen zu dem Schluß kommen, es würde irgend etwas mit ihnen nicht stimmen. Sie lernen, sich schuldig zu fühlen, nur weil sie so sind, wie sie sind.

Manche der falschen Vorstellungen, die unaufgeklärte Kinder bilden, sind komisch – zum Beispiel, daß Zwillinge durch einen Schluckauf während der Schwangerschaft zustande kommen. Andere Vorstellungen sind weniger komisch, so zum Beispiel, Sexualität sei ein Liebesbeweis. Und manche Mythen sind schlichtweg gefährlich, wie die verbreitete Vorstellung, daß man nicht schwanger werden kann, wenn man im Stehen Sex hat.

Durch Geheimhaltung hindert man Kinder auch daran, eine Verhaltenssicherheit auf sexuellem Gebiet zu entwickeln. In anderen Lebensbereichen bringen Eltern ihren Kindern bei, Entscheidungen zu treffen: zum Beispiel was ihre Identität angeht, wie sie gesunde Nahrungsmittel aussuchen und wie sie liebevolle Freunde finden.

Aber anstatt Kindern schonende und vernünftige Verhaltensformen in sexueller Hinsicht beizubringen, sagen wir entweder «Das darfst du nicht», oder wir weigern uns, überhaupt über Sex zu sprechen. Doch weder Verbote noch Ignoranz helfen einem jungen Menschen in verwirrenden oder gefährlichen sexuellen Situationen.

Wir bringen Jugendlichen auch bei, nicht mit uns über ihre sexuellen Sorgen zu sprechen. Wir etikettieren sexuelles Interesse als «schlecht» und ignorieren das Interesse unserer Kinder im besten Fall bzw. drohen ihnen bei Zuwiderhandlungen mit Strafen. Deshalb ist es nur natürlich, daß sie vor ihren Eltern verbergen, wenn sie im Zusammenhang mit Sexualität ein Problem haben. Und wenn die Eltern schließlich dahinterkommen, werden sie verlangen zu wissen: «Warum bist du damit nicht zu mir gekommen?» Die Antwort ist einfach: Ihr Leben lang wurde ihnen beigebracht, genau das nicht zu tun.

Schließlich verstärkt die Geheimhaltung der Eltern die Anfälligkeit von Kindern, sexuell ausgebeutet zu werden. Wenn sie nicht stolz auf ihren Körper sein oder das Gefühl haben können, daß er ihnen gehört, und wenn Sexualität mit Scham und Schuldgefühlen besetzt ist, werden sie kaum selbstbestimmt genug sein können, das zu verhindern.

Wenn Kinder nicht lernen, daß ihre Körper und ihre Sexualität gesund sind, haben sie Schwierigkeiten, Erwachsenen gegenüber, die sie belästigen, nein zu sagen. Als Heranwachsende können sie sich schlecht gegen Gleichaltrige zur Wehr setzen, die sie sexuell unter Druck setzen. Als Erwachsene haben sie kaum genug Selbstwertgefühl, um Druck zu widerstehen, der zum Beispiel bei Vergewaltigungen im Bekanntenkreis ausgeübt wird.

Und schließlich kann Ihre Weigerung, diese Fragen Ihrer Kinder anzuerkennen oder zu beantworten, Sie zum Gegner machen, denn alle normalen Kinder haben sexuelle Empfindungen und Fragen. Diese Gegnerschaft ist die traurigste aller Folgen.

Hier einige sexuelle Botschaften, die junge Menschen häufig durch das Schweigen ihrer Eltern vermittelt bekommen:

- Sex ist gefährlich.
- Sex kann dich verletzen.
- Sex ist nur etwas für verdorbene Mädchen.
- Sex ist ein großes Problem zwischen Männern und Frauen.
- Dein Körper ist schlecht.
- Es ist schlecht, sich gut zu fühlen.
- Du darfst nicht über deinen eigenen Körper bestimmen.
- Vorausdenken oder Kommunikation im Zusammenhang mit Sex ist schlecht.
- Gute Menschen werden sexuell nicht ausgebeutet.
- Wenn du Opfer eines sexuellen Angriffs wirst, ist es deine eigene Schuld.
- Männer denken immer nur an das eine.
- Frauen haben kein Interesse an Sex.
- Wenn du sexuelle Empfindungen hast, muß es Liebe sein.
- Vertraue deinen Gefühlen nicht.

Die Verantwortung der Eltern

Die sexuelle Aufklärung in der Familie hört nie wirklich auf. Gerade so, wie Ihre Kinder jedesmal, wenn Sie gemeinsam essen, Ihre Tischmanieren beobachten, beobachten sie, was Sie über Sexualität vermitteln. Sie sind sehr empfänglich für ihre Umgebung und nehmen jeden Hinweis auf, der Ihre wahren Gefühle und Überzeugungen enthüllt. Das charakterisiert sehr gut, was Emerson meinte, als er sagte: «Dein Sein spricht so laut, daß ich nicht hören kann, was du sagst.»

Deshalb ist sexuelle Aufklärung nicht etwas, das einmal stattfindet, sie vollzieht sich in einem fortwährenden Prozeß. Sie ist nicht beschränkt auf das eine Gespräch, das Sie mit Ihren Kindern führen. Es geht hier um die Einstellung, die bei Ihnen zu Hause herrscht – in der Beziehung der Eltern, in der Beziehung zwischen Eltern und Kindern und in der Beziehung des Kindes zu sich selbst.

Hier einige Beispiele für typische «Aufklärungsszenen», die Kinder in verschiedenen Familien aufnehmen:

Positiv:

- Es ist normal, daß die Eltern einander «ohne Grund» liebevoll berühren, Berührungen führen nicht automatisch zu Sex.
- Ein Kind sieht den Vater gelegentlich in der Unterwäsche, ohne daß darum viel Aufhebens gemacht wird.
- Einer der Eltern zieht den anderen gutmütig auf, daß der andere ein starkes Interesse an Sex hat.

Negativ:

- Ein Elternteil bestraft den Familienhund, weil er seine Genitalien leckt.
- Wenn Vater trinkt, versucht er immer, Mutter zu küssen, und sie stößt ihn immer fort.
- Eltern machen fortwährend Bemerkungen über bestimmte Frauen in der Nachbarschaft und bezeichnen sie als «Huren».

Die Einzelheiten solch subtiler Lektionen werden zwar im Lauf der Zeit meist vergessen, aber sie formen das feindliche Bild von Sexualität und Beziehungen fürs ganze Leben. Denken Sie daran, es sind in erster Linie die Eltern, die ihre Kinder aufklären, ob es ihnen gefällt oder nicht.

Die meisten Eltern sind froh, soviel Einfluß auf die Entwicklung der Wertvorstellungen und die Persönlichkeit ihres Kindes zu haben. Gleichzeitig erinnert es sie jedoch daran, daß ihr Zuhause und ihre sexuellen Einstellungen nicht restlos ihre Privatangelegenheit sind.

Diese Vorstellung ist uns aus anderen Zusammenhängen durchaus vertraut. So haben Sie vielleicht sagen wir Glaslampen besonders gern, aber wenn Sie kleine Kinder haben, kaufen Sie vermutlich eher Einrichtungsgegenstände aus Plastik oder anderem unzerbrechlichen Material und passen sich so den Bedürfnissen Ihrer Kleinen an.

«Habe ich nicht das Recht», fragen Eltern manchmal, «selbst zu entscheiden, ob ich mit meinem Kind über Sex sprechen will oder nicht?» Die Antwort ist ein lautes und deutliches Nein. Sie können entscheiden, was Sie mit Ihren Kindern besprechen wollen, aber im Interesse der psychischen Gesundheit Ihres Kindes müssen Sie auf irgendeine Weise die Realität von Sexualität in seinem Leben anerkennen. Wie so viele andere elterliche Verpflichtungen *gefällt* Ihnen das vielleicht nicht, aber Sie tun es, weil es zum Elternsein dazugehört.

Elternschaft verlangt, daß Sie Ihren Kindern Informationen vermitteln über so grundlegende Themen wie Gesundheit, Geld, Nahrung und Religion. Sexualität ist keine Ausnahme. Wenn Sie das Thema ignorieren, sowenig darauf eingehen wie möglich oder sich weigern, die elterliche Pflicht zu sexueller Aufklärung zu erfüllen, ist das unverantwortlich.

Der Umgang mit den Gefühlen

Gibt es einen optimalen Weg zur Bewältigung der emotionalen Irritationen, die die sexuelle Aufklärung von Kindern für Eltern mit sich bringt? Im Prinzip gelten die Verhaltensvorschläge, die Ihnen dieses Buch für unterschiedliche Problembereiche nahegelegt hat.

Zunächst sollten Sie die Gefühle Ihres Kindes ebenso anerkennen wie Ihre Irritation. Am Anfang dieses Kapitels erörterten wir die Schwierigkeiten, die die meisten Eltern mit der Anerkennung kindlicher Sexualität haben. Die Ablösung eines Kindes von den Eltern wird angstbesetzt, weil Eltern in diesem Prozeß mit ihren eigenen sexuellen Ängsten und der Furcht vor dem Alter konfrontiert werden. Und natürlich machen sich alle Eltern Sorgen, daß ihre Kinder irgendwie zu Schaden kommen könnten.

Die wichtigste Grundregel in dieser schwierigen Phase ist, die widerstreitenden Gefühle zuzulassen, sie nicht zu verleugnen oder herabzuspielen. Die Beherzigung nachstehender Grundregeln wird Ihnen helfen:

- Geben Sie laut und deutlich zu, daß *Sie* Bedürfnisse haben und diese Bedürfnisse völlig in Ordnung sind.
- Erkennen Sie, daß Ihr Schmerz in einem größeren Zusammenhang steht. Es geht um Ihre Verantwortung als Eltern insgesamt (die Sie auf anderen Gebieten bereits durchaus bewiesen haben).
- Teilen Sie *einige* Ihrer Sorgen mit Ihrem Kind, sagen Sie zum Beispiel: «Das fällt mir sehr schwer, Troy.»
- Setzen Sie sich ruhig hin, und überlegen Sie sich, was Ihr Kind auf diesem

besonderen Gebiet von Ihnen braucht. Wie läßt es sich vergleichen mit dem, was Sie selbst als Kind in diesem Alter brauchten?
- Sprechen Sie mit Ihrem Partner oder mit engen Freunden über Ihre Sorgen.
- Treten Sie einer Elterngruppe bei, um die Siege, Niederlagen und Ideen mit anderen zu teilen.
- Suchen Sie professionelle Hilfe – dazu gehören Psychologen, Ehe- und Familienberatung, Geistliche, Ärzte, Sozialarbeiter und Schulpsychologen an der Schule Ihres Kindes.

Und – und das ist vielleicht am wichtigsten von allem – behalten Sie Ihren Sinn für Humor. Ein scharfes Auge wie das von Bill Cosby sieht überall um uns herum die bittersüßen Bedingungen des Menschseins: «Meine elfjährige Tochter schleicht den ganzen Tag im Haus herum, bläst Trübsal und wartet darauf, daß ihre Brüste anfangen zu wachsen.»

Verständnisvolle Eltern

Das Gegenteil von Eltern, die Geheimnisse haben, sind verständnisvolle Eltern, an die man sich mit Fragen wenden kann. Wie werden Sie zu einem solchen Vater/einer solchen Mutter?
- Indem Sie sich Ihrer eigenen sexuellen Wertvorstellungen bewußt sind.
- Indem Sie diese Wertvorstellungen aufrichtig und ohne Entschuldigung darstellen.
- Indem Sie zugeben, daß Sexualität existiert und daß Ihre Kinder sexuelle Gefühle und Anliegen haben.
- Indem Sie Ihrem Kind deutlich machen, daß alle Fragen über Sex in Ordnung sind.
- Indem Sie zugeben, daß Sie nicht alles über Sex wissen.
- Indem Sie Ihren Kindern bei ihren persönlichen sexuellen Sorgen Hilfe anbieten und sie über die Tatsachen informieren.

Wenn Sie dieses Verhalten recht durchgängig erkennen lassen, werden Sie in den Augen Ihrer Kinder sehr glaubwürdig. Sie werden verstehen, daß Sie ihnen etwas geben und nicht ihre Sexualität unterdrücken wollen. Ihre Kinder werden gewiß aufgeschlossener auf Ihre Wertvorstellungen im sexuellen Bereich reagieren.

Kinder, die Eltern haben, an die sie sich mit ihren Problemen wenden können, werden vermutlich eher Fragen stellen – und zuhören. Sie sind offener dafür, sich anleiten zu lassen. Verleugnung und Verheimlichung bringen das nicht fertig. Für Eltern, denen an einem solchen Verhältnis zu ihren Kindern gelegen ist, besteht die Notwendigkeit, die eigenen Wertvorstellungen vorab zu klären, ansonsten werden sie kaum glaubwürdig auftreten können. Wie gehen Sie zum Beispiel damit um, wenn Ihr Kind im Supermarkt masturbiert? Bestätigen Sie das sexuelle Bedürfnis Ihres Kindes, und stellen Sie einen Zusammenhang zu Ihren Wertvorstellungen her? «Ja, das fühlt sich gut an, aber wir berühren uns so nicht in der Öffentlichkeit, nur wenn wir zu Hause sind.»

Kinder mit verständnisvollen Eltern sind weniger geneigt, Sex als Waffe gegen ihre Eltern einzusetzen. Denn sie haben nicht gelernt, daß Sex etwas Schlechtes ist, und setzen in der Folge diese Überzeugung auch nicht gegen sich selbst ein.

Umgang mit sexuellen Fragen

Obwohl jedes Kind einzigartig ist, konfrontieren die meisten Kinder ihre Eltern mit einem wohlbekannten Repertoire von Fragen, die die Sexualität betreffen. Diese Fragen können hier zwar nicht alle aufgezählt werden, aber einige davon sollen nun durchgespielt werden. Die Antworten entsprechen dem Ideal von verständnisvollen Eltern, die das Selbstbild ihres Kindes und seine Vorstellung von Sexualität positiv formen.

Die folgenden Antworten sind nicht dazu gedacht, den Dialog von Eltern und Kindern abzuschließen. Im Gegenteil, sie stellen nur einen Anfang dar. Lächelnd und in freundlichem Tonfall sollten Sie Ihr Kind ermutigen, weitere Fragen zu stellen und mehr über diese Themen zu sprechen.

Frage: Jasons Mutter hat uns erzählt, daß es böse ist, wenn man sich da unten anfaßt, und Gott mich haßt, wenn ich es tue. Aber du hast mir etwas ganz anderes erzählt. Wer hat recht?
Antwort: Manchmal gibt es keine Antwort, die in jeder Familie als

richtig gilt. Im Haus von deinem Onkel Herb zum Beispiel muß jeder den Teller leer essen, bis zum letzten Krümel. Du weißt, daß diese Regel bei uns nicht gilt.

So ist es auch mit Vorstellungen darüber, was es bedeutet, sich selbst anzufassen. Dein Vater und ich haben das Gefühl, daß dein Körper einer von Gottes wunderbaren Schöpfungen ist und daß die guten Gefühle, die du hast, wenn du ihn berührst, Gottes Geschenk sind. Solange du es nicht in der Öffentlichkeit tust, sind wir sicher, daß es völlig in Ordnung ist.

Zur Zeit deiner Urgroßmutter empfanden viele Leute so wie Jasons Mutter. Ich nehme an, die Vorstellungen von manchen Leuten ändern sich schneller als die der anderen.

Frage: Was sind Pariser?
Antwort: Wie die meisten Erwachsenen schlafen deine Mutter und ich miteinander, weil es für uns sehr schön ist. Wenn wir beim Sex kein Baby machen wollen, müssen wir eine Empfängnisverhütungsmethode benutzen. Pariser – oder Kondome, Präservative, Gummis – sind eine solche Methode. Ein Pariser paßt genau über den Penis, wenn der Mann ihn in die Vagina einer Frau steckt. Er verhindert, daß das Sperma zu ihrem Ei gelangen kann, denn so wird ein Baby gezeugt.

Frage: Was ist ein Homosexueller?
Antwort: Ein Homosexueller ist eine Person, der sexuelle Gefühle für jemanden seines eigenen Geschlechts hat. Niemand weiß, warum manche Menschen diese Gefühle für ihr eigenes Geschlecht haben und andere für das andere Geschlecht, aber ich stimme mit den Ärzten und Wissenschaftlern überein, die sagen, daß Homosexuelle – oder Schwule – im Grunde völlig normale Menschen sind.

Es gibt zwar Millionen und Abermillionen von Homosexuellen, aber man kann es ihnen nicht ansehen oder auch sonst nicht ohne weiteres erkennen. Leider glauben manche Leute, Homosexuelle seien böse oder krank, und behandeln sie sehr grausam. Das ist ebenso niederträchtig, wie wenn man andere schlecht behandelt, nur weil sie schwarz sind oder Juden.

Selbstverständlich gibt es Grenzen in der Offenheit zwischen Eltern und Kindern. Bestimmte Gedanken, Gefühle und Verhaltensweisen sind nicht für Kinder, ganz unabhängig vom Alter, bestimmt. Im Bereich der Sexualität gehören dazu:

- die Position, in der Sie Geschlechtsverkehr haben,
- wie oft Sie Geschlechtsverkehr haben,
- wie Ihr Partner sich beim Sex oder beim Orgasmus verhält,
- wie Ihre Genitalien aussehen.

Ja, Kinder fragen nach solchen Sachen. Grenzen zu setzen ist hier nicht nur angemessen, es ist notwendig. Nicht nur bewahren Sie so die sexuelle Privatsphäre, die Sie brauchen, es bildet auch bei Ihren Kindern die Überzeugung, daß jedem eine solche Privatsphäre zusteht.

Oft wird in diesem Zusammenhang gefragt, wie man sich in der Situation verhalten soll, wenn während des Liebesspiels die Kinder hereinmarschiert kommen. Zögern Sie nicht, Ihrem Bedürfnis nach einer Privatsphäre die Ehre zu geben – versichern Sie Ihrem Kind rasch, daß alles in Ordnung ist, und sagen Sie ihm, es solle das Zimmer verlassen – sofort! Wie Sol Gordon sagt: «‹Bitte› sagen können Sie am nächsten Morgen.»

Bei der Entscheidung, was Sie für sich behalten und was Sie Ihren Kindern mitteilen wollen, müssen Sie Ihr Bedürfnis nach Privatsphäre abwägen gegen die Bedürfnisse Ihres Kindes nach sexueller Aufklärung. Im Idealfall sollten Ihre Entscheidungen auf einem positiven Gefühl davon beruhen, was Sie als richtig empfinden, und nicht auf einem negativen Gefühl von Schuld oder Scham über Sexualität.

Sorgen Sie dafür, daß Ihre Kinder verstehen, warum Sie die Antwort verweigern, wenn Sie ihre Frage nach Information für zu persönlich halten (eine solche Zurückweisung ist übrigens ein Weg, wie Kinder Bescheidenheit erlernen). Wenn Ihre Weigerung aber auf der Überzeugung basiert, daß Sex etwas Schlechtes ist, werden Ihre Kinder das natürlich spüren. Sie werden wissen, daß Sie ihnen ein sexuelles Geheimnis vorenthalten. Unvermeidlich werden sie sich fragen, was wohl mit *ihnen* nicht stimmt.

Die unangemessene Frage eines Kindes ist außerdem eine Gelegenheit, zu zeigen, daß Menschen auch in einer engen Beziehung ‹nein› zueinander sagen können, ohne wütend zu werden. ‹Nein› zu sagen sollte die Beziehung zu Ihrem Kind in keiner Weise beschädigen.

Sicher, er oder sie darf sich nicht zurückgewiesen fühlen. Statt dessen sollte das Kind Ihre Bereitschaft erkennen und anerkennen können, daß Sie Grenzen setzen, die Sie als gut empfinden. Diese Grenzen sind Zeichen dafür, daß man Ihnen trauen kann: Ihre Kinder können davon ausgehen, daß Sie, wenn Sie eine persönliche Frage beantworten, dabei wirklich offen sind. Erinnern Sie Ihre Kinder daran und vermitteln Sie ihnen zugleich, daß sie fragen können, was sie wollen.

Sexuelle Ausbeutung: kein Geheimnis mehr

Was ist schlimmer, als Opfer erzwungener Sexualität zu werden? Opfer zu sein und sich schuldig zu fühlen und deshalb gezwungen, die schrecklichen Erlebnisse vor anderen zu verbergen. Sicher, klardenkende Eltern wollen wohl keinesfalls, daß Kinder derartige Informationen verheimlichen.

Und doch fördern wir mit unserer Einstellung zur Sexualität eine solche Reaktion. Wir bringen Kindern bei, nicht über Sex zu sprechen, daß es falsch ist, sexuelle Gefühle zu haben, daß ‹gute› Menschen niemanden sexuell angreifen oder niemals angegriffen werden. Deshalb meinen junge Menschen, wenn sie zu Opfern sexueller Ausbeutung werden (was in etwa einer von zehn Familien vorkommt), ihre Erfahrungen geheimhalten zu müssen. Tatsächlich sind sie doppelt zum Opfer geworden.

Manche Eltern glauben, mit sexueller Geheimhaltung ließe sich verhüten, daß Kinder zu Opfern werden. Im Gegenteil – es macht die Gefahr in Wirklichkeit *wahrscheinlicher*. Wenn wir unsere Verheimlichung aufgeben, indem wir den Kindern beibringen, ihren Körper zu mögen und sich in ihm zu Hause zu fühlen, lernen sie, «nein» zu sagen und sexuelle Belästigung abzuwehren. *Wir müssen*

Kindern vermitteln: «Wenn du belästigt wirst, ist es nicht deine Schuld, und ich werde keinesfalls böse auf dich sein.»

Sex und alleinstehende Eltern

Über die sexuellen Fragen hinaus, mit denen alle Eltern konfrontiert werden, stehen alleinerziehende Eltern bei der sexuellen Aufklärung vor besonderen Schwierigkeiten. In Familien mit alleinerziehenden Eltern sind Fragen von Bindung und Trennung normalerweise noch sehr schmerzhaft. Tod oder Scheidung haben sowohl dem erziehenden Elternteil wie auch dem Kind einen unersetzlichen Verlust zugefügt.

Zudem vermittelt der Kontrast zwischen der Idealisierung des Familienlebens in unserer Gesellschaft und der Art und Weise, wie es tatsächlich in den Familien aussieht, vor allem Kindern einen besonderen Leidensdruck.

Die meisten alleinstehenden Eltern wollen, daß ihre Kinder später erfüllte sexuelle Beziehungen haben. Aber die Kinder darauf vorzubereiten ist eine schwierige Aufgabe. Hindernisse sind unter anderem die Schuldgefühle oder Ängste der Eltern wie auch die Eifersucht und Wut der Kinder.

«Besonders verhext ist», sagt eine alleinstehende Mutter, «daß man Kindern die Botschaft vermittelt, es sei besser, in einer starken, liebevollen Beziehung Sex zu haben. Wie kann ich sie zu dieser Vorstellung anleiten, wenn manche meiner eigenen sexuellen Eroberungen nur sehr oberflächlich sind? Oder selbst wenn sie ernst sind, für die Kinder oberflächlich *aussehen*?»

Gute Frage. Es gibt darauf keine befriedigende Antwort, weil die Gesellschaft die sozialen Bedürfnisse alleinstehender Erwachsener immer noch nicht vollständig anerkennt. Religiöse Führer und Politiker schlagen alleinstehenden Erwachsenen vor, zölibatär zu leben, was unrealistisch und kleingeistig ist. Damit bringt man Kindern ganz sicherlich nichts Positives über die Sexualität bei.

Die beste Lösung ist, Ihren Kindern die Wahrheit so darzustellen, wie Sie sie erleben. Das heißt, die Initiative zu ergreifen und ihnen begreiflich zu machen, was Ihre Entscheidungen bedeuten, wie *Sie* sie verstehen und bewerten.

Was alleinstehende Eltern ihren Kindern vermutlich vermitteln wollen, ist unter anderem folgendes:

- Ein alleinstehender Mensch hat Freunde beiderlei Geschlechts.
- Eine alleinstehende Person braucht Zuneigung und Intimität.
- Es gibt einen wichtigen Unterschied zwischen Sex und Zuneigung.
- Eine alleinstehende Person braucht eine Privatsphäre.
- Manche Dinge gehen die Kinder nichts an.

Denken Sie daran: Ihre Einstellung zu Sexualität und Intimität und Ihre Offenheit gegenüber den sexuellen Anliegen Ihrer Kinder sind die wichtigste sexuelle Aufklärung, die Ihre Kinder erhalten werden.

«Das größte sexuelle Geheimnis, das ich vor meinen Kindern verberge», sagte ein Freund, «ist, daß ich mit dem ganzen Thema Sex nicht vollkommen auf dem laufenden bin.»

Das ist vermutlich das häufigste sexuelle Geheimnis, das Eltern vor ihren Kindern geheimhalten. Ironischerweise spüren Ihre Kinder das vermutlich zu einem bestimmten Grad. Schließlich wissen sie ja auch, daß Sie in allen anderen Bereichen ebenfalls nicht vollkommen sind, oder?

Deshalb ist das wichtigste, was Sie Ihren Kindern über Sex beibringen können, daß es *in Ordnung* ist, wenn man nicht alles darüber weiß. Die angemessene Reaktion ist, darüber zu lachen, daß es Ihnen peinlich ist, Ihr Unwissen zu erforschen, und zu verstehen, daß Sex kein todernstes, verbissenes Thema ist.

Schauen Sie nach vorn

Sehen Sie nach vorn, in die Zukunft Ihrer Sexualität und Ihrer Beziehungen.

Ich hoffe, Ihnen hat die Lektüre dieses Buches weitergeholfen.

Ich wünsche mir, daß Sie Ihre eigene Sexualität und Ihre sexuellen

Gedanken, Gefühle und Vorlieben annehmen und erkennen können, daß diese Selbstannahme der Grundpfeiler aller sexuellen und emotionalen Beziehungen ist.

Ich wünsche mir, daß Sie sich aussuchen können, ob Sie ein Geheimnis, das Sie bewahrt haben, eingestehen wollen oder nicht. Wenn Sie eine verheimlichte Wahrheit nicht eingestehen, dann deshalb, weil Sie sich dazu *entschieden* haben, und nicht, weil Sie sich schuldig, abnormal oder gezwungen fühlen.

Ich wünsche mir, Sie erkennen, daß sexuelle Geheimhaltung oft dazu beiträgt, die persönlichen Probleme und Beziehungsprobleme zu erhalten, die sie lösen soll.

Wenn Sie Kinder haben, erkennen Sie Ihre aktive Verantwortung, Ihre Kinder über Sexualität aufzuklären.

Sie wissen, daß Sie größer sind als Ihre Sexualität. Sie wissen, daß Ihre Sexualität nicht gefährlich ist, Sie nicht beherrscht und nur einen Teil Ihrer gesamten Persönlichkeit ausmacht.

Sie haben einen Schritt unternommen heraus aus der harten Wildnis von Selbstkritik und Leugnung hinein in das üppige Tal der Selbstannahme. Die emotionalen Stürme der Selbstverurteilung werden sich legen.

Danksagungen

Ich freue mich, die Möglichkeit zu haben, einigen der wichtigsten Menschen in meinem Leben öffentlich Dank auszusprechen.

Ich darf mich glücklich schätzen, von dem Autor, Pädagogen und Philosophen Dr. Sol Gordon unter die Fittiche genommen worden zu sein. Seine Bücher, sein Institut und sein politisches Engagement haben mich und meine Arbeit auf tiefgreifende Weise geprägt.

Da es niemals genug gute Vorbilder in dieser Welt gibt, fühle ich mich begünstigt, den Pädagogen und Autor Dr. Michael Carrera zu kennen. Wenn nur ein wenig seiner Originalität und Qualität auf mich abgefärbt haben, bin ich außerordentlich glücklich.

Ich bin Dr. Hal Zina Bennett, Dr. Jack Morin, Dr. Diane Morrissette und Carol Wells, R. N. dankbar für ihre aktive Beteiligung an der Entstehungsgeschichte dieses Buches. Noch dankbarer bin ich, sie meine Freunde nennen zu dürfen.

Ich danke meinen Mentoren aus Santa Barbara, Rose Pierce und Ted Berkman, daß sie stets für mich da waren und meine Arbeit rückhaltlos unterstützt haben.

Was ich als Therapeut und Sozialwissenschaftler erreicht habe, beruht weitgehend auf der Kreativität anderer, denen ich verpflichtet bin und die ich mit Freude nennen will: Lonnie Barbach, Mary Calderone, Dorothy Dinnerstein, Warren Farrell, Eleanor Hamilton, Helen Singer Kaplan, Sheldon Kopp, Kristin Luker, Alice Miller, C. Wright Mills und Bernie Zilbergeld.

Meine Kollegen in der «American Society of Journalists & Authors», die «Society for the Scientific Study of Sex» und «California Association of Marriage & Family Therapists» fördern und lehren mich noch heute.

Mein Agent, Michael Larsen, und mein Lektor, Leslie Wells, haben unschätzbar zu diesem Buch beigetragen.

Und meine Patienten setzen mich immer wieder in Erstaunen, sorgen dafür, daß ich nicht aufhöre zu lernen, und vertiefen meine Achtung vor dem menschlichen Geschlecht.

Ausgewählte Literatur

Atwater, Lynn: *The Extramarital Connection.* New York 1984

Barbach, Lonnie: *For yourself.* Berlin 1982

– Dies.: *Für einander. Das gemeinsame Erleben der Liebe.* Reinbek bei Hamburg 1985

– Dies.: *Mehr Lust.* Gemeinsame Freude an der Liebe. Reinbek bei Hamburg 1990

– Dies.: *... und mein Verlangen ist grenzenlos. Erotische Erzählungen.* München 1988

– Dies.: *Welche Farbe hat die Lust? Frauen erzählen ihre erotischen Phantasien.* Berlin 1987

– Dies./Levine, Linda: *Der einzige Weg, Oliven zu essen.* Berlin 1984

– Dies./Levine, Linda: *Fühlst du mich? Männerphantasien.* Berlin 1986

Bardwick, Judith: *In Transition.* New York 1979

Berne, Eric: *Spielarten und Spielregeln der Liebe. Psychologische Analyse der Partnerbeziehung.* Reinbek bei Hamburg 1974

– Ders.: *Spiele der Erwachsenen. Psychologie der menschlichen Beziehungen.* Reinbek bei Hamburg 1970

– Ders.: *Sprechstunden für die Seele. Psychiatrie und Psychoanalyse leichtgemacht.* Reinbek bei Hamburg 1972

Blum, Gloria/Blum, Barry: *Feeling Good About Yourself.* Mill Valley, Cal. 1981

Calderone, Mary/Ramey, James: *Sexualerziehung heute. Kinder fragen, Eltern antworten.* München 1987

Cassell, Carol: *Die Sehnsucht nach dem siebten Himmel. Frauen zwischen Liebe und Sexualität.* Reinbek bei Hamburg 1986

Colgrove, Melba et al.: *How to Survive the Loss of a Love.* New York 1976

Dinnerstein, Dorothy: *Das Arrangement der Geschlechter.* Stuttgart 1979

Dodson, Betty: *Sex for One – Die Lust am eigenen Körper.* München 1990

Ehrenreich, Barbara: *The Hearts of Men.* New York 1984

Freud, Sigmund: *Studienausgabe.* 12 Bde. einz. Bd. V.: *Sexualleben.* Frankfurt/M. 1982

Friday, Nancy: *Die sexuellen Phantasien der Frauen.* Reinbek bei Hamburg 1980

– Dies.: *Die sexuellen Phantasien der Männer.* Reinbek bei Hamburg 1983

Goldman, Ronald/Juliet Goldman: Children's Sexual Thinking, London 1982

Gordon, Sol/Gordon, Judith: *Raising A Child Conservatively in a Sexually Permissive World.* New York 1983

Hite, Shere: *Frauen und Liebe. Der neue Hite-Report. Gefühle im Wandel, Bestandsaufnahme, Analyse, Perspektiven.* München 1988

– Dies.: *Hite Report II.* 2 Bde. Bd. 1: *Das sexuelle Erleben des Mannes.* München 1986; Bd. 2: *Die sexuellen Vorlieben und Praktiken des männlichen Geschlechts.* München 1988
– Dies.: *Das sexuelle Erleben der Frau.* München 1989
– Dies.: *Weibliche Sexualität. Von Frauen für Frauen.* München 1982
– Dies./Colleran, Kate: *Keinen Mann um jeden Preis. Das neue Selbstverständnis der Frau in der Partnerbeziehung.* Niedernhausen 1989
Kopp, Sheldon B.: *Mach Schluß mit der Undschuld! Ohne Illusionen leben.* Neukirch 1986
Lazarus, Arnold: *Innenbilder. Imagination in der Therapie und als Selbsthilfe.* Hg. v. Mandel. Stuttgart 1980
– Ders.: *Fallstricke der Liebe. Vierundzwanzig Irrtümer über das Leben zu zweit.* Stuttgart (3. Aufl.) 1989
Miller, Alice: *Das Drama des begabten Kindes und die Suche nach dem wahren Selbst.* Frankfurt/M. 1979
Nin, Anaïs: *Die neue Empfindsamkeit. Über Frau und Mann.* Frankfurt/M. (7. Aufl.) 1989
– Dies.: *Sanftmut des Zorns. Was es heißt, Frau zu sein.* Vorträge, Seminare, Interviews. Hg. v. Hinz, Evelyn, Frankfurt/M. (6. Aufl.) 1988
Norwood, Robin: *Wenn Frauen zu sehr lieben. Die heimliche Sucht, gebraucht zu werden.* Reinbek bei Hamburg 1986
– Dies.: *Briefe von Frauen, die zu sehr lieben. Betroffene machen Hoffnung.* Reinbek bei Hamburg 1988
Offit, Avodah: *Das sexuelle Ich.* Stuttgart 1979
Satir, Virginia: *Familienbehandlung. Kommunikative Kommunikation und Beziehung in Theorie, Erleben und Therapie.* Freiburg (7. Aufl.) 1988
Steiner, Claude: *Wie man Lebenspläne verändert. Die Arbeit mit Skripts in der Transaktionsanalyse.* Paderborn 1982
– Ders.: *Macht ohne Ausbeutung. Zur Ökologie zwischenmenschlicher Beziehungen.* Paderborn 1985
Viorst, Judith: *Necessary Losses.* New York 1986
Zilbergeld, Bernie: *Männliche Sexualität. Was (nicht) alle schon immer über Männer wußten ...* (16. Aufl.) 1989

Liebe, Lust und Leidenschaft

George R. Bach/Ronald M. Deutsch
Pairing
Intimität und Offenheit in der Partnerschaft
rororo sachbuch 7263

Nathaniel Branden
Liebe für ein ganzes Leben
Psychologie der Zärtlichkeit
rororo sachbuch 7867

Carol Cassell
Die Sehnsucht nach dem siebten Himmel
Frauen zwischen Liebe und Sexualität
rororo sachbuch 7997

Elisabeth Flitner/Renate Valtin (Herausgeber)
Dritte im Bund: die Geliebte
Über das Leben im Beziehungsdreieck
rororo sachbuch 8432

Peter Kutter
Leidenschaften
Eine Psychoanalyse der Gefühle
rororo sachbuch 8485

Peter Lauster
Die Liebe
Psychologie eines Phänomens
rororo sachbuch 7677

John Selby
Einander finden
Übungen zur Psychologie der Begegnung in Freundschaft, Beruf und Liebe
rororo sachbuch 7991

C 2335/2